INADIMPLEMENTO ANTECIPADO DO CONTRATO NO DIREITO CIVIL BRASILEIRO

Luiz Philipe Tavares de Azevedo Cardoso

INADIMPLEMENTO ANTECIPADO DO CONTRATO NO DIREITO CIVIL BRASILEIRO

MALHEIROS
EDITORES

***INADIMPLEMENTO ANTECIPADO DO CONTRATO
NO DIREITO CIVIL BRASILEIRO***
© Luiz Philipe Tavares de Azevedo Cardoso

ISBN 978-85-392-0304-8

Direitos reservados desta edição por
MALHEIROS EDITORES LTDA.
Rua Paes de Araújo, 29, conjunto 171
CEP 04531-940 – São Paulo – SP
Tel.: (11) 3078-7205 – Fax: (11) 3168-5495
URL: www.malheiroseditores.com.br
e-mail: malheiroseditores@terra.com.br

Composição
PC Editorial Ltda.

Capa
Criação: Vânia Lúcia Amato
Arte: PC Editorial Ltda.

Impresso no Brasil
Printed in Brazil
08.2015

*Para Thais,
que navega este rio junto comigo.*

PREFÁCIO

Conheci Luiz Philipe quando, em virtude do falecimento do ilustre professor Antônio Junqueira de Azevedo, assumi a orientação de seu trabalho de Mestrado, na Faculdade de Direito da Universidade de São Paulo, sobre a influência da alteração das circunstâncias nos contratos. Já em fase adiantada, quase terminada, pude ver na dissertação do então candidato característica que, depois, o acompanhou no Doutorado: sério comprometimento com a pesquisa e o desenvolvimento crítico de tema do direito privado.

Pois o trabalho que agora se apresenta é, justamente, o resultado de seu Doutoramento. Versou sobre o inadimplemento antecipado; e, mais que a constatação do fenômeno, o estudo voltou-se à tentativa de sistematizá-lo, de organizar os critérios de identificação, os elementos de integração e as formas com que se pode apresentar.

Valeu-se o autor de recurso consistente na apresentação, antes, de casos de inadimplemento antecipado na experiência jurisprudencial do País. A partir deles examinou o histórico do instituto, particularmente nos Direitos Inglês e Americano, para, na sequência, avaliar sua assimilação ou correspondência na família romano-germânica. Prosseguiu diferenciando pressupostos positivos e negativos do inadimplemento antecipado, para invadir, então, a análise de seus elementos. Findou identificando os efeitos de sua ocorrência, sempre de forma sistemática e ao mesmo tempo crítica, enfrentando as dificuldades decorrentes da pouca sedimentação, ainda, do tema no Direito Brasileiro.

Neste sentido, o trabalho tencionou estabelecer esta exata ordenação do inadimplemento antecipado, partindo dos casos, posto que, exatamente, dispersos em suas remissões, para ensaiar uma uniformização e unificação em disciplina que lhe fosse compatível, dentro do quadro do inadimplemento no Direito Brasileiro.

E o resultado crê-se ter sido exitoso, do ponto de vista propositivo, como deve ser numa tese, aprovada em defesa tão proficiente quanto rigorosa foi a arguição.

Felicita-me sobremaneira, assim, poder apresentar o trabalho de um estudioso sério, comprometido, dotado de extrema humildade intelectual, própria de quem aprofunda o exame a que se dedica, no caso acabando por oferecer importante contributo à compreensão da dinâmica do inadimplemento antecipado.

Daí o especial prazer de apresentar o livro de Luiz Philipe Tavares de Azevedo Cardoso.

São Paulo, dezembro de 2014

CLAUDIO LUIZ BUENO DE GODOY
Professor Associado do Departamento de Direito Civil da USP

AGRADECIMENTOS

A conclusão do Doutorado e a publicação da tese aconteceram graças a muitas pessoas, para quem agora tenho a oportunidade de deixar registrada minha gratidão.

Ao professor Dr. Claudio Luiz Bueno de Godoy, pela orientação que deu estrutura de tese à ideia inicial apresentada, agradeço com admiração, por integrar com harmonia as profissões de Juiz e Professor universitário.

Aos professores que compuseram a Banca Examinadora, Dr. Cristiano de Sousa Zanetti, Dr. Eduardo Tomasevicius Filho, Dr. Giovanni Ettore Nanni, Dr. Hamid Charaf Bdine Jr., e ao Dr. Marco Fábio Morsello, que esteve no exame de qualificação, agradeço as observações e questões arguidas, que contribuíram para o aperfeiçoamento desta versão.

Agradeço também a toda a comunidade acadêmica da Faculdade de Direito do Largo de S. Francisco da Universidade de São Paulo, nas pessoas dos professores Dr. João Alberto Shützer Del Nero e Dr. Carlos Alberto de Salles, de quem fui monitor de seminários.

Não poderia deixar de lembrar aqui, do professor Dr. Antônio Junqueira de Azevedo (*in memoriam*), de quem fui aluno na Graduação e orientando no Mestrado, e que exerceu um papel fundamental na minha formação jurídica.

Meus agradecimentos também aos professores Dr. Renan Lotufo, ao lado de quem tive a honra de trabalhar, e Dr. José Osório de Azevedo Jr., pelas determinantes ajudas ao longo desses anos.

Agradeço também, de modo muito especial, ao Dr. Vicente de Abreu Amadei, Desembargador do Tribunal de Justiça do Estado de São Paulo, de quem tenho a honra de ser Assistente Jurídico, pelo exemplo de aplicação do Direito da forma mais técnica e justa possível. Na sua pessoa, agradeço a todos os meus colegas de trabalho.

Por fim, agradeço aos meus familiares e amigos, que sempre me incentivaram nos passos que trilhei. Meu avô, José Luiz Fonseca Tavares (*in memoriam*), Juiz de Direito, é minha permanente referência jurídica e intelectual. E aos meus pais, fontes de inspiração moral, política e acadêmica, meu terno agradecimento.

O Autor

SUMÁRIO

Prefácio 7

Agradecimentos 9

I – Introdução 15

II – O Inadimplemento Antecipado do Contrato no Direito Civil Brasileiro 21
1. *Noção prévia do inadimplemento antecipado do contrato* 22
2. *Ponto de partida: os casos jurisprudenciais* 24
   2.1 *Casos de omissão de atividade preparatória ou instrumental à prestação principal pelo compromitente-vendedor* 24
   2.2 *Casos de declaração de impossibilidade de adimplir pelo compromissário-comprador* 29
3. *A doutrina do inadimplemento antecipado do contrato* 34
4. *Síntese de jurisprudência e doutrina: análise crítica para a construção de um modelo teórico* 40
5. *O modelo do inadimplemento no Direito Brasileiro* 47

III – A Origem da Anticipatory Breach of Contract *e sua Expansão. Assimilação ou Correspondência em Alguns Direitos de Origem Romano-Germânica* 53
1. *Contextualização da* breach of contract *no Direito Inglês* 55
2. *A origem da* anticipatory breach of contract *e sua expansão ao Direito dos Estados Unidos da América* 62
3. *A assimilação ou correspondência da* anticipatory breach of contract *em alguns Direitos da família romano-germânica e em documentos de unificação do direito das obrigações* 69

IV – Os Pressupostos e Elementos do Inadimplemento Antecipado do Contrato no Direito Civil Brasileiro 77

1. Pressuposto positivo: a prestação principal sujeita a termo de vencimento 79
2. Pressuposto negativo: ausência de impossibilidade da prestação, absoluta e permanente, por causa não imputável ou imputável ao devedor 83
   2.1 Impossibilidade não imputável ao devedor 83
   2.2 Impossibilidade imputável ao devedor 90
3. Primeiro elemento: o inadimplemento de deveres preparatórios, instrumentais ou de lealdade e cooperação 94
   3.1 A obrigação e os deveres pertinentes ao vínculo contratual 94
   3.2 O inadimplemento dos deveres acessórios e laterais à prestação principal 102
   3.3 Formas de inadimplemento de deveres instrumentais ou preparatórios, de lealdade e cooperação
       3.3.1 Ausência de atividade preparatória ou instrumental à prestação principal 109
       3.3.2 Conduta contrária à finalidade contratual 111
       3.3.3 A declaração de não adimplir 111
4. Segundo elemento: a frustração da finalidade contratual. Perda da função social 115
   4.1 Formas de perda da função social 119
       4.1.1 A perda da confiança 120
       4.1.2 Impossibilidade relativa prospectiva de cumprimento da prestação no termo de vencimento 123

V – Efeitos do Inadimplemento Antecipado do Contrato 133

1. Exceção de contrato não cumprido: notas gerais 133
   1.1 Exceção de contrato não cumprido e inadimplemento antecipado do contrato 142
2. Resolução: notas gerais 148
   2.1 Resolução e inadimplemento antecipado do contrato 160
   2.2 A resolução no compromisso de compra e venda 164
   2.3 Cláusula resolutiva e inadimplemento antecipado do contrato 168
   2.4 A resolução pelo devedor no inadimplemento antecipado do contrato 174
   2.5 É cabível a resolução por inadimplemento antecipado pelo devedor na alienação fiduciária em garantia? 183

    2.6   As restituições no inadimplemento antecipado do contrato ... 187
3. **Indenização** 193
    3.1   Interesse positivo ou negativo 196
    3.2   Dano moral por inadimplemento antecipado do contrato ... 203
4. **Demanda de cumprimento: não cabimento** 204
    4.1   Obrigação acessória exigida por norma cogente 207

VI – Considerações Finais 211

Bibliografia 215

I
Introdução

Este trabalho tem como tema o inadimplemento antecipado do contrato.

O estudo é conduzido de forma a tratar de uma figura construída de maneira criativa no direito civil brasileiro, daí a originalidade até de seu nome.

O objetivo é o de identificar e esclarecer seus pressupostos, elementos e efeitos.

Em síntese inicial, é possível adiantar o seu desenho.

O inadimplemento antecipado do contrato requer, como pressuposto positivo, um contrato com prestação principal sujeita a termo; como pressuposto negativo, que não tenha havido impossibilidade, absoluta e permanente, desta prestação, seja por fato não imputável ao devedor – caso em que ele estaria exonerado da responsabilidade –, seja por fato a ele imputável – caso em que restaria configurado o inadimplemento absoluto em si, sem que se pudesse cogitar de inadimplemento antecipado. Dentro desses pressupostos, os elementos do inadimplemento antecipado são dois: o primeiro é o inadimplemento de deveres preparatórios, instrumentais ou de lealdade e cooperação; o segundo elemento é a perda da função social do contrato, no sentido de frustação da finalidade contratual gerada pelo inadimplemento dos deveres acessórios ou laterais. O primeiro elemento, correspondente a um inadimplemento de deveres que não a prestação principal, pode se dar de três formas: pela ausência de atividade preparatória necessária à prestação principal; pelo exercício de um ato contrário à prestação principal; e pela declaração de não adimplir. Todos esses elementos devem ocorrer antes do termo da prestação principal, pressuposto positivo. Já, o segundo elemento, consistente na frustração da finalidade contratual, pode se dar de duas formas: pela prospectiva impossibilidade relativa de cumprimento da prestação no seu termo ou pela legítima perda da confiança no cumprimento do fim contratual. Por fim, como efeitos do inadimplemento antecipado do contrato estão: a legitimação da exceção de contrato não cumprido; o direito de resolução contratual; e a indenização pelos danos sofridos pela parte lesada.

Tal figura vem despertando o interesse de juristas de muitos Países, representativos tanto dos direitos agrupados junto à família romano--germânica como também dos da família da *Common Law*. Estes últimos, aliás, já criaram uma figura original, a *anticipatory breach of contract*, que tem muita relação com o que aqui se chama inadimplemento antecipado do contrato.

No Direito Brasileiro, todavia, a figura não é alienígena. Ao contrário, ela já foi utilizada na jurisprudência, de modo a resolver problemas realmente práticos, no contexto do compromisso de compra e venda.

Entretanto, apesar do uso que se fez dela, não havia ainda um exame detalhado quanto a seus pressupostos e elementos, tampouco ela estava devidamente inserida no quadro geral do inadimplemento das obrigações.

Isso ocorre porque o inadimplemento antecipado do contrato é figura muito específica, de aplicação excepcional, que requer muitas sutilezas no seu delineamento, a fim de que não seja reduzida a outro tipo de inadimplemento, como também para não se transformar em panaceia para solução de qualquer descumprimento de dever durante a execução contratual.

O fato de ser antecipado e de poder gerar a resolução do contrato resulta em certa gravidade do remédio. Tratando-se de uma falta inicial, quando não ocorrido ainda o termo de vencimento, em princípio, estar--se-ia distante do inadimplemento absoluto, autorizador da resolução. Daí o cuidado com sua configuração e a prudência na aplicação do remédio resolutório.

Diante da quebra antecipada, poder-se-ia perguntar: como se pode resolver um contrato se o inadimplemento não é sequer materializado, pois não chegado ainda o termo de vencimento? Não haveria insegurança jurídica? Não seria um meio de se pressionar indevidamente o devedor? Ou para qualquer dos contratantes se liberar de um mau negócio, em desrespeito à força obrigatória dos contratos?

Entretanto, quando bem empregada, a figura do inadimplemento antecipado do contrato pode solucionar de modo muito satisfatório

I – INTRODUÇÃO

problemas reais de direito obrigacional, possibilitando melhoria da cooperação econômica, como também reequilibrando, em termos de justiça, uma relação contratual tornada iníqua.

Assim, diante de certas situações, poder-se-ia perguntar, também: se é inexorável que a obra não será entregue na data aprazada, que haverá atraso considerável, e até dúvida sobre a efetiva execução da prestação, com nítida frustração do escopo contratual, por que fazer o contratante lesado esperar o prazo final para resolver o contrato? Se antes do termo há graves irregularidades relativas ao registro do loteamento, é razoável fazer o adquirente aguardá-lo para então se desvincular do contrato? Se o contratante prevê que não poderá mais arcar com prestações pecuniárias por dificuldades econômicas e, sem se tornar inadimplente, declara tal impossibilidade, teria de esperar o credor tomar a iniciativa da resolução para então ter restituída parte das parcelas pagas?

A solução para tais questões é a grande contribuição jurisprudencial do inadimplemento antecipado. Por isso, o trabalho está estruturado com base nela, e por isso se pretende construir um modelo teórico à altura das soluções já encontradas, possibilitando o desenvolvimento da ciência do direito civil e apresentando ferramentas para sua aplicação, com justiça.

É o que se pretende ao apresentar um modelo teórico do inadimplemento antecipado do contrato.

O inadimplemento anterior ao termo é assunto interessante, pois proporciona um aprofundamento do estudo dos conceitos básicos do direito das obrigações – quais sejam: obrigação, deveres, inadimplemento, impossibilidade, responsabilidade e resolução –, visualizados todos no contexto da relação obrigacional complexa, e uma aplicação flexível desse conhecimento, para atender às necessidades sociais, criadoras de novos conflitos jurídicos.

Com efeito, a quebra antecipada do contrato é uma ferramenta apta a solucionar conflitos surgidos no desenvolver no tempo da relação contratual, em seu sinalagma funcional. Em outras palavras: é instrumento apto a lidar com os problemas da superveniência, muitas vezes não solucionáveis por figuras mais rígidas, de requisitos estanques, como é, por exemplo, a excessiva onerosidade.

O incumprimento antecipado, por sua vez, combina a possibilidade de resolução, com liberação das partes do vínculo contratual, responsabilidade do contratante culpado pelos prejuízos sofridos e restituição das atribuições patrimoniais prestadas por causa do contrato, prescindindo do exame de requisitos outros e de exame mais dificultoso, como a noção de imprevisibilidade, ou de assunção de riscos.

A resolução por inexecução antecipada de uma obrigação fundamental seria, assim, ferramenta útil, justa, interessante e flexível, que dialoga com todas as categorias básicas do direito das obrigações, sem quebrar o sistema ou sem representar uma simples solução do caso concreto, em caráter de exceção.

O interesse no estudo de tal figura não nasceu, como talvez possa parecer dos parágrafos anteriores, de uma ideia gestada abstratamente, mas, ao contrário, surgiu do exame de casos jurisprudenciais envolvendo o contrato de compromisso de compra e venda.

Foi em razão de estudos anteriores, para a dissertação de Mestrado, sobre o tema da onerosidade excessiva que se tomou conhecimento de uma jurisprudência que, reconhecendo a não incidência dos requisitos da teoria da imprevisão, pôde dar solução a casos concretos envolvendo problemas no sinalagma funcional de compromissos de compra e venda, aplicando conceitos chave do direito das obrigações.

Aprofundando o exame desta jurisprudência, pôde-se verificar a ocorrência de grupos de casos, aqui reunidos sob a denominação de "casos de inadimplemento antecipado do contrato" (expressão utilizada nos julgados), que reuniam características comuns e que tinham, e têm, certa frequência nos tribunais, não só no Estado de São Paulo, mas também em outras unidades federativas e no STJ.

Esses grupos de casos constituem o ponto de partida do estudo. Ou seja: não se busca, aqui, a criação de uma ferramenta em laboratório, mas, ao contrário, verificada sua utilização empírica, com certa frequência e com características comuns, pretende-se estudá-la à luz da atualizada doutrina sobre o direito das obrigações.

Essa é a explicação chave deste trabalho. Parte-se dos casos práticos, para estudá-los à luz da lei e da doutrina do direito das obrigações, verificando como se dão, intrinsecamente, as soluções jurisprudenciais, bem como testando se elas são adaptáveis ao sistema, sem subverter seus princípios básicos, como o de que os contratos devem ser cumpridos, que o devedor tem o dever de prestar, que o devedor culpado responde pelos prejuízos a que der causa, que credor e devedor devem agir de boa-fé durante a relação obrigacional, que a resolução é um remédio para o inadimplemento grave.[1]

---

1. Esse tipo de abordagem é inspirado no modo de pensar descrito por Fábio Konder Comparato ao explicar a criação da Ciência do Direito, em Roma. Os elementos fundamentais são "a construção do Direito caso a caso, por meio de decisões judiciais, e não a partir da declaração de normas gerais; (...) o saber jurídico, que

I – INTRODUÇÃO

Assim, não se tem, aqui, um trabalho de importação de uma figura estrangeira, a *anticipatory breach of the contract*, com seu delineamento e tentativa de uso no Direito Brasileiro. Essa talvez tenha sido a tônica de artigos específicos sobre esse tema produzidos no Brasil. Parte-se dos casos jurisprudenciais brasileiros e se os estuda à luz da lei e da doutrina. O Capítulo I dá uma noção geral de seus aspectos, apresenta os casos práticos e sintetiza a doutrina até então produzida no Brasil. Posteriormente há um capítulo destinado a uma visão panorâmica da figura em outros sistemas jurídicos. Contudo, sua função é comparativa: propiciar ideias, conhecimentos, a fim de entender melhor seus aspectos, principalmente os problemáticos. Ele é bastante útil, também, para encontrar a identidade própria da quebra antecipada no direito civil brasileiro.

O capítulo central da tese, por sua vez, é o que analisa os pressupostos e elementos do inadimplemento antecipado do contrato no direito civil brasileiro de maneira conceitual, inserindo-os no contexto dos institutos basilares do direito das obrigações, que são as noções de obrigação e relação obrigacional complexa, deveres principais, acessórios e laterais, pertinentes ao vínculo obrigacional, inadimplemento, impossibilidade, confiança, perda da função social e frustração da finalidade contratual. Visto como o inadimplemento anterior ao termo insere-se dentre essas figuras todas, será possível ter maior segurança no seu conhecimento e trato. É esse exercício, por outro lado, que confere a flexibilidade necessária e útil para sua aplicação, respeitados os princípios do sistema.

Após verificar os elementos que o caracterizam, há um capítulo destinado ao estudo dos seus efeitos. Ou seja: quais são as figuras jurídicas utilizadas para recompor a relação obrigacional perturbada pelo inadimplemento. Aqui entram em cena, principalmente, a resolução contratual, acompanhada de indenização por prejuízos e restituição de prestações pagas, e a exceção de contrato não cumprido, verificados sempre os seus requisitos próprios.

Embora seja dada, em momento oportuno, explicação para a terminologia adotada – "inadimplemento antecipado do contrato" –, para evitar repetições e permitir maior fluência no texto, o rigor técnico será calibrado para utilizar expressões tidas, então, por sinônimas, tais como "quebra antecipada", "inadimplemento anterior ao termo", "repúdio ao contrato", "inadimplência antecipada", "ruptura antecipada" etc.

os juristas de *Common Law* denominam, tal como os romanos, de *jurisprudence*, não procede por dedução de princípios gerais, mas pela generalização de situações concretas" (*Ética: Direito, Moral e Religião no Mundo Moderno*, São Paulo, Cia. das Letras, 2006, p. 115).

Ao final do percurso pretende-se, então, ter esclarecido um modelo teórico apto a apresentar o inadimplemento antecipado do contrato, com segurança, inserido no direito das obrigações brasileiro, e revelador de seu valor, jurídico, ético e prático.

II
O Inadimplemento Antecipado do Contrato no Direito Civil Brasileiro

1. Noção prévia do inadimplemento antecipado do contrato. 2. Ponto de partida: os casos jurisprudenciais: 2.1 Casos de omissão de atividade preparatória ou instrumental à prestação principal pelo compromitente-vendedor – 2.2 Casos de declaração de impossibilidade de adimplir pelo compromissário-comprador. 3. A doutrina do inadimplemento antecipado do contrato. 4. Síntese de jurisprudência e doutrina: análise crítica para a construção de um modelo teórico. 5. O modelo do inadimplemento no Direito Brasileiro.

Este capítulo inicial pretende transmitir a ideia de que o inadimplemento antecipado, embora seja figura nova, que vem despertando o interesse de jurisprudência, legislação e doutrina mais recentemente, já conta com algum delineamento no Direito Brasileiro. É, portanto, um capítulo descritivo.

Embora não haja consagração legislativa expressa da figura, a jurisprudência dela já se utilizou, assim como já houve manifestações da doutrina a respeito de seus elementos.

O ponto de partida do presente trabalho são os casos práticos, isto é, o uso da figura pela jurisprudência, em conflitos envolvendo o contrato de compromisso de compra e venda.

A doutrina passa a ter interesse num segundo momento, quando, após a análise preliminar dos casos, se passa a apresentar os requisitos indicados para a figura.

Faz-se, então, uma síntese da jurisprudência e da doutrina, que, analisada criticamente, permitirá o aprofundamento da análise conceitual da figura, em momento seguinte.

Por fim, apenas se apresenta o quadro geral do inadimplemento das obrigações no direito civil brasileiro, a fim de que, em momento posterior, se possa localizar, geograficamente, seu campo de atuação.

1. Noção prévia do inadimplemento antecipado do contrato

Partindo dessas premissas, o inadimplemento antecipado do contrato é assunto de cariz originariamente prático, antes que teórico. Com efeito, nesse tema – e talvez em todo o Direito seja assim –, necessidades práticas deram origem a figuras e a instrumentos jurisprudenciais que serviram de solução a casos concretos. A tarefa, então, da doutrina seria a de expor tais soluções, identificar seus elementos, explicá-los à luz de modelos lógicos, fornecendo bases para ulteriores desenvolvimentos e construindo critérios objetivos de segurança, justiça, e úteis a necessidades sociais.

No trato do compromisso de compra e venda, talvez "o mais brasileiro" de todos os contratos,[1] em que já se têm muitos desenvolvimentos em lei, doutrina e, principalmente, em jurisprudência, dois grupos de casos de ocorrências do inadimplemento antecipado podem ser notados.

O primeiro deles é o do inadimplemento antecipado do compromitente-vendedor. Segundo exposição de Francisco Eduardo Loureiro:

> Questão ligada à entrega da posse do imóvel, interessante e atual, a ser abordada como pressuposto da resolução, é a da quebra antecipada do contrato. Há situações em que se pode deduzir, conclusivamente, que o contrato não será cumprido, de tal forma que não seria razoável aguardar o vencimento da prestação, ou obrigar o contratante fiel a cumprir, desde logo, a prestação correspectiva. Não há, propriamente, quebra da prestação principal, ainda não vencida, mas sim quebra da confiança no cumprimento futuro, pautada em elementos objetivos e razoáveis. Admite-se, em tais casos, resolução do contrato, desde logo. Tomem-se como exemplos casos recentes em que se contratou a aquisição futura de apartamento, a ser construído, mediante pagamento parcelado. Aproximando-se a data da entrega da unidade, sem que nem as fundações do edifício estivessem concluídas, razoável supor que a unidade não seria entregue na data aprazada, ou próxima. Viável a resolução, abrindo desde logo ao adquirente a possibilidade de reaver os valores pagos e de exonerar-se dos pagamentos vincendos.[2]

---

1. A expressão é de José Osório de Azevedo Jr., *Compromisso de Compra e Venda*, 6ª ed., São Paulo, Malheiros Editores, 2013, p. 15.

2. Francisco Eduardo Loureiro, "Responsabilidade civil no compromisso de compra e venda", in Regina Beatriz Tavares da Silva (coord.), *Responsabilidade Civil e sua Repercussão nos Tribunais*, 2ª ed., São Paulo, Saraiva, 2009, pp. 225-226.

Em outro grupo de casos o inadimplemento antecipado é causado pelo compromissário-comprador. Seguindo explicação de Francisco Eduardo Loureiro:

> O retorno ao estado anterior decorrente da natureza da resolução, com composição de perdas e danos, levou a interessante situação, na qual o promitente-comprador que deixou de pagar as parcelas do preço tem interesse em postular a extinção do contrato, para reaver ao menos parte do valor já pago. (...). O STJ, em dezenas de julgados, assentou admitir-se "a possibilidade de resilição do compromisso de compra e venda por iniciativa do devedor, se este não mais reúne condições econômicas para suportar o pagamento das prestações avençadas com a empresa vendedora do imóvel".[3]

Tais grupos de casos foram os primeiros que marcaram o tema do inadimplemento antecipado para além de uma questão de caráter mais acadêmico.

A abordagem do inadimplemento antecipado, entretanto, não se resumiu a tais grupos de casos. Há alguns outros exemplos eloquentes no tocante à ampliação de sua aplicação.

Assim, José Osório de Azevedo Jr. afirma:

> Se alguém comprou de um loteador um lote de terreno, com construção ou sem construção, e não tem condições de pagar, por um motivo defensável (desemprego, doença na família, necessidade de mudança para cidade distante etc.), não há obrigação de manter o contrato. É possível dizer ao loteador ou à imobiliária que, por um daqueles motivos mencionados acima, o contrato deve ser considerado desfeito. Trata-se de uma espécie de desistência, de modo que o comprador pode devolver o imóvel e o vendedor, por sua vez, fica obrigado a restituir o valor das prestações pagas, descontando-se o valor do desfrute que o comprador teve com o imóvel, isto é, da vantagem que o comprador teve com a ocupação do imóvel.[4]

Com esses exemplos fecha-se aqui esta colocação introdutória da figura. Viu-se que, para além de uma questão teórica, o inadimplemento antecipado já conta com consideráveis aplicações práticas.

Uma síntese conceitual e bem recorrente do inadimplemento antecipado do contrato em julgados e em outras obras é a de Ruy Rosado de Aguiar Jr., que aqui se coloca como fecho desta parte introdutória:

---

3. Idem, p. 212.
4. José Osório de Azevedo Jr., *Direitos Imobiliários da População Urbana de Baixa Renda*, São Paulo, Sarandi, 2011, p. 20.

É possível caracterizar-se o inadimplemento antes do tempo se o devedor pratica atos nitidamente contrários ao cumprimento ou faz declarações expressas nesse sentido, acompanhadas de comportamento efetivo contra a prestação, de tal sorte que se possa deduzir conclusivamente, dos dados objetivos existentes, que não haverá o cumprimento. Se essa situação se verificar, o autor pode propor a ação de resolução. O incumprimento ocorrerá sempre que o devedor, beneficiado com um prazo, durante ele praticar atos que, por força da natureza ou da lei, impeçam o futuro cumprimento.[5]

Feitas estas considerações preambulares, passa-se ao exame da jurisprudência.

2. Ponto de partida: os casos jurisprudenciais

O objetivo imediato desta parte é o de examinar os casos que envolveram o inadimplemento antecipado e identificar seus elementos determinantes. Como já mencionado, há dois grupos absolutamente preponderantes de casos jurisprudenciais sobre o tema. Um deles é o do inadimplemento antecipado causado pelo compromitente-vendedor, aqui denominados de "casos de omissão de atividade preparatória ou instrumental à prestação principal", que envolvem, por sua vez, uma série de variantes. Outro grupo de casos é o do inadimplemento antecipado causado pelo compromissário-comprador, aqui denominados de "casos de declaração de impossibilidade de adimplir". O objetivo dos dois itens seguintes é o de detalhar tais grupos de casos.

2.1 Casos de omissão de atividade preparatória ou instrumental à prestação principal pelo compromitente-vendedor

No TJSP são vários os casos em que se alude ao inadimplemento antecipado. Serão citados no corpo do texto julgados de diferentes Câmaras e julgadores, e em notas de rodapé serão apontados acórdãos relatados pelo mesmo desembargador que apresentem alguma variação na matéria de fato.

Na Ap 534.004.4/2-00 (4ª Câmara de Direito Privado, rel. Des. Francisco Loureiro, j. 10.7.2008) o inadimplemento antecipado envol-

---

5. Ruy Rosado de Aguiar Jr., in Sálvio de Figueiredo Teixeira (coord.), *Comentários ao Novo Código Civil*, vol. VI, t. II ("Da Extinção do Contrato"), Rio de Janeiro, Forense, 2011, pp. 579-580.

vendo compromisso de compra e venda se deu em razão de ausência de regularização de loteamento. O entendimento foi o de que, como a lei não permite a venda sem regularização do loteamento, mesmo antes do cumprimento integral da obrigação dos adquirentes já havia inadimplemento antecipado, a autorizar a resolução. Não faria sentido aguardar o pagamento integral para, então, daí se exigir a resolução. A perfeição dominial tinha de ser prévia.[6]

Na Ap 85.517-4/6 (6ª Câmara de Direito Privado, rel. Des. Reis Kuntz) a questão colocada foi a do inadimplemento antecipado em razão de obra parada, que não seria concluída no termo previsto. Constou do acórdão: "A ideia de que a mora só poderia ser caracterizada após decorrido o prazo estipulado e a prorrogação prevista em contrato diverge dos princípios do Direito. Se no curso do contrato se verifica que o vendedor não conseguirá cumprir sua obrigação, isto é, entregar a obra no prazo avençado, já está configurada a justa causa para a rescisão do contrato. A mora está configurada pela impossibilidade material do cumprimento do contrato pelo construtor-vendedor, sendo esse o espírito do princípio *exceptio non adimpleti contractus*". A questão é resolvida, por fim, com base no inadimplemento antecipado, enfatizando-se a culpa pelo descumprimento do contrato, autorizando sua rescisão com restituição de quantias pagas. Constou que não haveria tempo hábil para a conclusão das obras.

6. Do mesmo Julgador há ainda outros julgados tratando do inadimplemento antecipado. Na Ap 503.502.4/3-00 (4ª Câmara de Direito Privado, rel. Des. Francisco Loureiro, j. 29.11.2007) a questão colocada foi relativa à ausência de domínio pela vendedora do lote compromissado, além da questão da prévia regularização do loteamento. Na Ap 340.980.4/6-00 (4ª Câmara de Direito Privado, rel. Des. Francisco Loureiro, j. 25.10.2007) a questão de fato foi a mesma; contudo, a tutela dada ao compromissário-comprador foi a de legitimar a suspensão de pagamentos por ele realizada, sem que lhe fosse atribuída mora por isso, em razão da ausência de regularização, como uma exceção de contrato não cumprido. O caso que melhor explica a questão dos deveres acessórios e a do prazo para o adimplemento ser só o da entrega da escritura é o da Ap 456.337.4/3-00 (4ª Câmara de Direito Privado, rel. Des. Francisco Loureiro, j. 24.5.2007). Em outro caso, Ap 306.617.4/1-00 (4ª Câmara de Direito Privado, rel. Des. Francisco Loureiro, j. 2.2.2006) consignou-se que, por não terem sido as obras do empreendimento sequer iniciadas depois de decorrida boa parte do prazo de entrega das unidades, sem que houvesse implemento do termo, caracterizado estava o inadimplemento antecipado. Foi provada a culpa da empreendedora e autorizou-se a resolução, somada à impossibilidade e à ausência de sentido em se aguardar o termo. Há vários casos nesse sentido, por exemplo: Ap 413.104.4/6, 4ª Câmara de direito Privado, rel. Des. Francisco Loureiro, j. 10.4.2008.

Na Ap 362.831-4/8-00 (2ª Câmara de Direito Privado, rel. Des. Ariovaldo Santini Teodoro, j. 1.4.2008) entendeu-se que a ausência de registro da incorporação caracterizava o inadimplemento antecipado do contrato.[7] Na Ap 9187302-49.2005.8.26.0000 (3ª Câmara de Direito Privado, rel. Des. Carlos Alberto Garbi, j. 30.8.2011) decidiu-se a questão do inadimplemento antecipado por obra não construída próxima à data da entrega. Constou que "é típico caso de inadimplemento antecipado quando o credor da obrigação verifica, antes do termo, que o devedor não poderá cumprir o que foi contratado na forma e no tempo ajustados".[8]

A Ap 994.03.110649-1 (9ª Câmara de Direito Privado, rel. Des. Piva Rodrigues, j. 9.3.2010) é exemplar caso de inadimplemento antecipado em razão de se verificar que as obras não estariam prontas no tempo convencionado. Autorizou-se a resolução. No mesmo sentido, veja-se a Ap 222.548-4/4-00 (8ª Câmara de Direito Privado, rel. Des. Ribeiro da Silva, j. 1.6.2006).

Tratando do inadimplemento antecipado por conta da ausência de registro de loteamento, veja-se a Ap 660.549-4/5 (4ª Câmara de direito Privado, rel. Des. Maia da Cunha, j. 27.8.2009).

Houve caso também em que o imóvel foi arrematado antes do termo, de modo que caracterizado o inadimplemento antecipado do contrato (Ap 411.649-4/8-00, 3ª Câmara de Direito Privado, rel. Des. Beretta da Silveira, j. 5.9.2006).[9]

7. No mesmo sentido, do mesmo Julgador: Ap 228.230-4/7-00, j. 18.7.2006. Na Ap 404.443-4/1-00 (2ª Câmara de Direito Privado, rel. Des. Ariovaldo Santini Teodoro, j. 2.12.2008) o inadimplemento antecipado foi caracterizado por conduta da incorporadora, que antes do final do prazo contratou outra construtora para finalizar a obra, sinalizando claramente, em reunião com os adquirentes, que a obra não seria entregue no prazo. Isso autorizou a suspensão dos pagamentos, sem mora. Na Ap 317.624-4/9-00 (2ª Câmara de Direito Privado, rel. Des. Ariovaldo Santini Teodoro, j. 23.10.2007) registrou-se o inadimplemento antecipado pelo atraso no cronograma da obra, legitimada a suspensão de pagamento. Consignou-se a desnecessidade de interpelação pela Lei 4.591/1964. No mesmo sentido, do mesmo Julgador, Ap 179.350-4/3-00 (j. 30.5.2006); e, com referência à ausência de mora, Ap 159.042-4/1-00 (j. 9.5.2006). Citem-se, ainda: Ap 183.647-4/3-00 (j. 14.11.2006), Ap 170.517-4/0-00 (j. 31.10.2006), Ap 234.491-4/6-00 (j. 1.8.2006).

8. No mesmo sentido, mesmo Julgador: ED 9187302-49.2005.8.26.0000, j. 8.11.2011.

9. Cumpre trazer à colação, aqui, dois casos de características diferentes mas que valem pela sua singularidade. Um deles foi o da Ap 577.263-4/8, da Câmara Especial de Falências e Recuperações Judiciais de Direito Privado (rel. Des. José Roberto Lino Machado, voto vencedor do Des. Romeu Ricupero, j. 9.6.2009). Além de proveitoso estudo sobre o *swap*, afirmou-se que a ele não se aplicava o inadimplemento anteci-

Não só no TJSP, mas em tribunais de outras unidades federativas também já se julgou sob o viés do inadimplemento antecipado do contrato.

No TJRJ há caso bastante completo sobre atraso em obra anterior ao termo, na Ap 2005.001.19441 (8ª Câmara Cível, rel. Des. Luiz Felipe Francisco, j. 11.8.2005). Nele foi examinada não só a situação de quando a devedora da prestação futura toma atitude claramente contrária à avença, demonstrando firmemente que não cumprirá o contrato, de modo que não seria razoável que os desfavorecidos esperassem o esgotamento do prazo contratual para uma medida judicial, mas também a aplicação da *exceptio non adimpleti contractus*.

Também no TJRS já surgiu a questão do inadimplemento antecipado por conta de obra atrasada: Recurso inominado 71002537397 (3ª Turma Recursal Cível, rel. Des. Jerson Moacir Gubert, j. 29.4.2010).

Talvez o primeiro caso de inadimplemento antecipado que tenha ficado célebre tenha sido um julgado do TJRS, em 8.2.1983, na Ap 582000378 (1ª Câmara Cível, rel. Des. Athos Gusmão Carneiro). O julgado não usa a expressão "inadimplemento antecipado". Entretanto, foi objeto de artigo de Anelise Becker, publicado na *Revista de Direito do Consumidor*, em 1994, por ter a autora nele vislumbrado tal figura.[10]

Tratava-se de um empreendimento em que se prometia a construção de um hospital com serviço gratuito de atendimento médico aos associados, mas sem prazo estipulado. Entretanto, passados mais de cinco anos, sequer o terreno para o hospital havia sido comprado. O Tribunal entendeu que o inadimplemento estava caracterizado, pois seu cumprimento era absolutamente inviável, dando o contrato por resolvido, com base na exceção de contrato não cumprido.

Por fim, corroborando a hipótese de se tratar de tema nacional, e não adstrito a uma região, há um precedente no STJ, no REsp 309.626-RJ (4ª Turma, rel. Min. Ruy Rosado de Aguiar, j. 7.6.2001), cuja

---

pado, por ser contrato unilateral, em que a obrigação caberia só a uma parte, sem se saber, na conclusão do ajuste, por seu caráter aleatório, qual das partes seria a devedora, até o implemento do termo. Outro interessante caso de inadimplemento antecipado deu-se por desrespeito de vedação à concorrência desleal concomitante ao ajuste de compra e venda de mobiliário e de estoque, com cessão de marca. Antes do integral cumprimento de todas as obrigações do contrato foi caracterizado o inadimplemento antecipado, na Ap 9136513-12.2006.8.26.0000 (3ª Câmara de Direito Privado, rel. Des. Carlos Alberto Garbi, j. 4.10.2011).

10. Anelise Becker, "Inadimplemento antecipado do contrato", *Revista de Direito do Consumidor* 12/68-78, São Paulo, Ed. RT, outubro-dezembro/1994.

ementa afirma, sob a rubrica de "quebra antecipada do contrato", que, evidenciado que a construtora não cumprirá o contrato, o promissário-comprador pode pedir a extinção da avença e a devolução das importâncias que pagou.

Esses são os casos em que o inadimplemento antecipado se dá pelo compromitente-vendedor. Como se pôde notar, envolvem compromisso de compra e venda em que o loteador, ou construtor, não cumpre com suas obrigações, de modo a deixar evidenciado que ocorrerá o inadimplemento anterior ao implemento do termo. A imagem da obra cujo andamento revela que o cronograma não será cumprido é bastante eloquente.

É possível identificar, rapidamente, alguns elementos dos casos citados.

Em primeiro lugar, na configuração do inadimplemento antecipado. Aqui, tem-se um grupo considerável de casos em que se entendeu que o descumprimento de uma obrigação acessória instrumental, como é a de regularizar o loteamento ou de registrar a incorporação, bem como a de promover a regularidade dominial do imóvel, configura o inadimplemento antecipado, na medida em que, por ser descumprida, enseja algum efeito para o credor antes mesmo do término do pagamento de suas prestações ou da outorga da escritura definitiva.

Outros casos referem-se ao exemplo mais ilustrativo da construção quase nada desenvolvida em data próxima ao termo ou transcorrido tempo considerável desde a conclusão do ajuste. Aqui, há ausência de uma atividade preparatória indispensável, que prejudica o desempenho da prestação principal.

Em alguns casos o inadimplemento antecipado deu-se por declaração, como na assembleia chamada para informar sobre o atraso das obras. Em outros, foi o comportamento do devedor, na sua omissão, que caracterizou o inadimplemento, como na obra atrasada ou na falta de regularização. No caso da obra atrasada chega-se a afirmar a impossibilidade material da prestação. Em outros casos, como no da arrematação do imóvel, há um ato do devedor contrário à prestação devida.

Ao tutelar o inadimplemento antecipado do contrato os julgados fizeram remissão à violação positiva do contrato, além de à já aludida impossibilidade da prestação. Outro argumento bastante lançado foi o da irrazoabilidade de obrigar o credor a esperar o termo para ser tutelado de alguma forma.

Com relação aos efeitos do inadimplemento antecipado houve também variação.

Um dos mais importantes é o afastamento ou não configuração da mora para o credor que deixa de prestar o correspectivo da obrigação inadimplida, como, por exemplo, o pagamento de parcelas do preço. Aqui, num primeiro momento, a situação aproxima-se bastante da exceção de contrato não cumprido.

Outro efeito foi a possibilidade de resolução, dispensada a interpelação, para liberar o credor do vínculo, juntamente com a restituição de parcelas pagas. Nos julgados viu-se também a aplicação de alguma penalidade moratória, como juros, multa moratória, ou indenização prevista em contrato.

Esses, em suma, foram os elementos vistos nos casos, sobre os quais será aprofundado o estudo.

2.2 Casos de declaração de impossibilidade de adimplir pelo compromissário-comprador

Como já adiantado, há outro grupo de casos envolvendo o tema, agora relacionados mais diretamente com o inadimplemento do compromissário-comprador. O acórdão-paradigma, que será adiante melhor estudado, do TJSP, é a Ap 38.024-4/7[11] (4ª Câmara de Direito Privado, rel. Des. José Osório, j. 18.6.1998). Nele, o inadimplemento antecipado foi utilizado para afirmar a possibilidade de que o compromissário que não podia mais continuar pagando suas prestações resolvesse o contrato, inclusive reavendo parte das parcelas pagas.

Houve muitos outros casos semelhantes. Nesse momento é importante trazer aqueles que mencionaram o inadimplemento antecipado como uma das justificativas da decisão: Ap 214.338-4/2-00 (4ª Câmara de Direito Privado, rel. Des. Jacobina Rabello, j. 26.10.2006); Ap 526.138-4/0-00 (7ª Câmara de Direito Privado, rel. Des. Natan Zelinschi de Arruda, j. 1.4.2009). Na Ap 55.120-4/0 (4ª Câmara de Direito Privado, rel. Des. Cunha Cintra) constam do voto do Relator alguns elementos importantes na configuração do inadimplemento antecipado, como a declaração do devedor de não adimplir. Além disso, o advento da quebra antecipada da obrigação dá ensejo à construção de novas relações de crédito e débito – ideia, esta, bastante expressiva, e que será novamente utilizada.

O grupo de casos de inadimplemento antecipado pelo compromissário-comprador envolve tanto a declaração do inadimplemento, ou, melhor,

---

11. Este julgado apresenta também o seguinte número: 9077057-83.1996.8.26.0000.

de não poder continuar adimplindo, bem como, em certo grau, alguma impossibilidade de prestar, ou, em outra expressão, alguma insuportabilidade das prestações.

Esse grupo de casos, que conta com muitos outros exemplos além dos trazidos acima (que mencionaram o inadimplemento antecipado), nem sempre foi tratado como uma hipótese de quebra anterior ao termo. Ao contrário, o tema também encontrou várias fundamentações. A proposta deste trabalho, entretanto, é tratá-lo sob a ótica do inadimplemento antecipado. Assim, passa-se a uma breve exposição sobre ele, com citação de outros julgados que não se referiram ao inadimplemento antecipado, que datam de meados da década de 1990.[12]

Em compromissos de compra e venda em que se previa o reajuste de parcelas por determinado índice, compromissários-compradores passaram a vir ao Judiciário alegando insuportabilidade das prestações em razão de seus salários serem reajustados por índices inferiores aos utilizados nos contratos. Por diversificados fundamentos, o TJSP e o STJ julgaram procedentes os pedidos, resolvendo os contratos e, ainda, determinando a devolução de quantias pagas, abatido montante proporcional às despesas dos compromissários-vendedores.

Diversos tópicos despertam o interesse diante desse contexto.

Vê-se que o problema não caracteriza onerosidade excessiva superveniente, pois não ocorre desequilíbrio entre prestação e contraprestação contratuais. A insuportabilidade decorre de aspectos particulares da situação patrimonial do devedor pré-inadimplente.

A resolução contratual, por sua vez, em princípio, é direito que cabe ao credor, em decorrência do inadimplemento do devedor, como decorre do art. 475 do CC. Quais seriam, então, as particularidades que fizeram surgir esse direito para o devedor que repudia sua obrigação?

A jurisprudência variou os fundamentos para tal resolução.

José Osório de Azevedo Jr.,[13] tratando do tema como uma questão particularmente difícil, expõe seu ponto de vista por meio de uma série

---

12. Como exemplos: TJSP, Ap 226.264-2 (13ª Câmara Cível, rel. Des. Marrey Neto, j. 12.4.1994, *JTJ* 159/34); TJ/SP, Ap 256.637-2 (12ª Câmara Cível, rel. Des. Carlos Ortiz, j. 30.5.1995, *JTJ* 178/47); STJ, REsp 200.019-SP (3ª Turma, rel. Min. Waldemar Zveiter, rel. para o acórdão Min. Ari Pargendler, j. 17.5.2001, *DJU* 27.8.2001); STJ, REsp 132.903-SP (4ª Turma, rel. Min. Ruy Rosado de Aguiar, j. 16.9.1997, *DJU* 19.12.1997); STJ, REsp 109.960-RS (4ª Turma, rel. Min. Ruy Rosado de Aguiar, j. 24.2.1997, *DJU* 24.3.1997).

13. José Osório de Azevedo Jr., *Compromisso do Compra e Venda*, cit., 6ª ed., pp. 224-228.

de razões, a seguir sintetizadas, que justificam a concessão do provimento liberatório.

(a) Mesmo diante de inadimplemento imputável ao devedor, ou seja, decorrente de sua culpa – e, portanto, dentro do campo da responsabilidade contratual –, o devedor seria autorizado a pedir a resolução, por ser o inadimplemento consequência de dificuldades econômicas, e não de intenção de prejudicar o credor; logo, eticamente justificável.

(b) Como o devedor, por meio de declaração de vontade, passou diretamente ao estado de inadimplência, sem passar pela mora, configura-se o inadimplemento antecipado do contrato, que é aceito como causa justificadora da resolução, sem qualquer impedimento legal.

(c) Como o devedor declarou que não vai mais pagar o preço, a resolução do contrato é fatal, haja vista o disposto no art. 474 do CC (à época, art. 1.163 do CC de 1916), certo, ainda, que havia cláusula resolutória expressa. Além disso, diante da ausência de patrimônio suficiente para honrar a obrigação, a alternativa que teria o credor de exigir o pagamento do preço evidenciava-se inviável, sendo a resolução com perdas e danos a única saída factível.

(d) Mesmo com a resolução, operou-se certa responsabilização do devedor: ele foi liberado do vínculo, mas teve retidas algumas parcelas, a título de perdas e danos. Assim, cumpriu-se o princípio *pacta sunt servanda*. A questão central foi a de se estipular o *quantum* a ser retido, se lícita ou não a retenção de todas as parcelas pagas. E o único meio para se discutir tal valor era a ação de resolução.

(e) No tocante ao valor retido, o art. 53, *caput*, do Código de Defesa do Consumidor/CDC veda a retenção de todas as parcelas pagas; e, portanto, o devedor, mesmo inadimplente, era também credor da quantia já paga.

Explicitadas tais razões, prossegue José Osório de Azevedo Jr.,[14] reforçando que não se trata de admitir um direito de arrependimento por parte do adquirente, mas que há motivos éticos e econômicos suficientes para justificar seu comportamento, tais como, por exemplo, desemprego, graves dificuldades financeiras, morte ou doença na família.

Já, para Ruy Rosado de Aguiar Jr. a hipótese retratada configura um caso especial de resolução pelo devedor em decorrência da perda da base do negócio,[15] no seu aspecto de frustração da finalidade contratual.

---

14. Idem, pp. 229-230.
15. Ruy Rosado de Aguiar Jr., in Sálvio de Figueiredo Teixeira (coord.), *Comentários ao Novo Código Civil*, cit., vol. VI, t. II, p. 615.

Em acórdão de sua relatoria[16] em que julgou hipótese semelhante, entendeu que houve modificações supervenientes que alteraram a base do negócio, tornando insuportável seu cumprimento para uma das partes. Não se tratava de teoria da imprevisão, mas seria possível pedido de resolução ou de revisão. Isso porque, de acordo com a teoria da base do negócio, se os índices inflacionários desnaturaram a obrigação ou foram calculados de forma diversa da aplicada aos rendimentos do devedor, inviabilizando os pagamentos, tem lugar a extinção ou modificação do pacto. Citava, ainda, o art. 924 do CC de 1916 (correspondente ao art. 413 do Código vigente) como fundamento para limitar os valores de retenção para patamares que mantivessem a justiça contratual, evitando-se o enriquecimento ilícito.

Em outro acórdão de sua relatoria,[17] o compromissário-comprador, em razão da situação fática sob exame, alegou impossibilidade relativa de prestar para fundamentar a pretensão resolutória. Seu pedido foi julgado procedente, declarando-se, ainda, que mesmo o art. 53 do CDC não exclui a possibilidade de o próprio devedor promover a demanda liberatória.

Em outro julgado do STJ[18] o mesmo entendimento foi consagrado, reiterando-se a associação entre impossibilidade relativa e perda da base objetiva do negócio, como reflexo jurídico do desequilíbrio do orçamento do devedor.

Veja-se até aqui que, se para alguns julgados a questão se fundamentava na responsabilização do devedor, permitida a liberação do vínculo como solução viável diante de justificação ética, para outros foi utilizada a teoria da base do negócio, ainda que com imputação de responsabilidade ao devedor, admitida a devolução de quantias pagas com parcial retenção, para se evitar enriquecimento injustificado de qualquer das partes. Nesses casos, um papel determinante foi exercido pelo art. 53 do CDC.[19]

Ora, como salientado pelos acórdãos que reconheceram o direito do devedor inadimplente de pleitear a resolução do contrato, o que se objetivava era dar ao consumidor um meio de reaver as parcelas pagas, que

16. STJ, 4ª Turma, REsp 73.370-AM, j. 21.11.1995, *DJU* 12.2.1996.
17. STJ, 4ª Turma, REsp 132.903-SP, j. 16.9.1997, *DJU* 19.12.1997.
18. STJ, 4ª Turma, REsp 109.331-SP, rel. Min. Ruy Rosado, j. 24.2.1997, *DJU* 31.3.1997.
19. Assim é que o art. 53 do CDC dispõe: Nos contratos de compra e venda de móveis ou imóveis mediante pagamento em prestações, bem como nas alienações fiduciárias em garantia, consideram-se nulas de pleno direito as cláusulas que estabeleçam a perda total das prestações pagas em benefício do credor que, em razão do inadimplemento, pleitear a resolução do contrato e a retomada do produto alienado".

tinham ficado com o vendedor/fornecedor. A resolução contratual foi um meio de assegurar ao inadimplente um direito que era seu, minimizando as perdas decorridas da frustração do negócio.

Ao remeter o tema para o inadimplemento antecipado, é importante identificar os elementos comuns que justifiquem a tentativa de tratar os grupos de casos sob a mesma figura.

Assim, em comum com o primeiro grupo de casos analisado, este aqui apresenta as seguintes características.

Inexiste uma situação de vencimento de prestação principal sem que ela tenha sido efetuada. Se nos primeiros casos o termo ainda estava longe, e o inadimplemento antecipado se deu por uma omissão do devedor que gerava evidente impossibilidade de cumprimento da prestação no seu termo, nesse segundo grupo de casos as prestações vêm sendo cumpridas, mas o devedor declara não mais poder continuar pagando. É, portanto, mais próximo dos casos em que há declaração de não adimplir.

Como consequência dessa declaração, nesse segundo grupo de casos avulta a resolução, aqui em favor do devedor inadimplente, para reaver parte das parcelas pagas ao seu credor. Veja-se que nesse aspecto os grupos de casos também se aproximam, pois nos dois há restituição de prestações pagas, operada por meio da resolução.

Percebe-se que há, assim, certo caráter prático na figura: nela não se foca, imediatamente, em quem tem culpa pelo descumprimento, apesar de a culpa ser reconhecida para cobrança de encargos moratórios. O objetivo principal parece ser a busca de reajuste nas relações de crédito e débito, muitas vezes utilizando o instrumento da resolução. Há, portanto, uma proteção mais rápida ao credor. O aspecto de culpa se dá como pressuposto para responsabilidade e em caráter secundário, como medida compensatória.

A análise da jurisprudência revela uma Ciência do Direito mais típica da *Interpretatio*, em que predomina a intuição do justo, sem preocupação determinante com a criação de modelos e sistemas analíticos de explicação.

Nas palavras de Antônio Junqueira de Azevedo, "a *Interpretatio* baseia-se, fundamentalmente, na intuição do justo e do injusto, usa do que poderia chamar lógica teleológica e visa a dar a melhor solução para o caso concreto. O entendimento ou a inteligência no sentido de leitura pelo centro do caso não pode ser nela dispensada".[20]

20. Antônio Junqueira de Azevedo, "Ciência do Direito, negócio jurídico e ideologia", in *Estudos e Pareceres de Direito Privado*, São Paulo, Saraiva, 2004, pp. 40-41.

Esta tese pretende partir da *Interpretatio* para a Dogmática que, por sua vez, "usa a Lógica formal e visa a transmitir ao interessado o conhecimento do direito positivo. Nela, há todo um esforço de elaboração sistemática, que a distingue, com facilidade, da *Interpretatio*. Ainda que o jurista, no trabalho dogmático, não possa abrir mão da intuição do justo e do injusto, o que ele procura, principalmente, aí, são sistemas e modelos, tanto quanto possível operacionais, que facilitem, ao prático, o conhecimento e aplicação da lei".[21]

Esta tese é, predominantemente, de Dogmática. Nessa toada é que se parte para o estudo da doutrina brasileira do inadimplemento anterior ao termo. Expondo-a, será possível também criticá-la, tanto sob o aspecto da jurisprudência já vista como, também, pelo aspecto formal, utilizando-se do método dialético. Feito isso, o trabalho poderá assumir a forma de mais uma proposta de modelo teórico para a figura analisada.

3. A doutrina do inadimplemento antecipado do contrato

Um pioneiro estudo monográfico sobre o inadimplemento antecipado do contrato foi o de Fortunato Azulay.[22] É um livro bastante citado nos julgados do TJSP que reconheceram o inadimplemento antecipado. Não se pode deixar de mencionar a também pioneira abordagem de José Maria de Serpa Lopes, em obra monográfica sobre a exceção de contrato não cumprido, que tratou de hipóteses típicas de inadimplemento antecipado, sem o referir explicitamente.[23] Há também, como um dos primeiros estudos sobre o tema no Brasil, o conduzido por João Baptista Villela.[24] Outro artigo que geralmente é lembrado nos julgados é o de

---

21. Idem, p. 41.

22. Fortunato Azulay, *Do Inadimplemento Antecipado do Contrato*, Rio de Janeiro, Brasília/Rio, 1977.

23. José Maria de Serpa Lopes, *Exceções Substanciais: Exceção de Contrato Não Cumprido* (**Exceptio Non Adimpleti Contractus**), Rio de Janeiro, Freitas Bastos, 1959, pp. 291-295.

24. Cf. Fortunato Azulay, "Inadimplemento contratual antecipado", in Rubens Limongi França (coord.), *Enciclopédia Saraiva do Direito*, vol. 43, São Paulo, Saraiva, 1977, pp. 104-106. João Baptista Villela produziu estudo anterior sobre o tema: *Sanção por Inadimplemento Contratual Antecipado: Subsídios para uma Teoria Intersistemática das Obrigações*, Belo Horizonte, Del Rey, 1966. Trata-se de comunicação apresentada ao VII Congresso Internacional de Direito Comparado, realizado em Upsala/Suécia, como informa Cristiano de Sousa Zanetti ("Inadimplemento antecipado da obrigação contratual", in Alberto Amaral Jr., Maristela Basso e Umberto Celli Jr. (coords.), *Arbitragem e Comércio Internacional: Estudos em Homenagem a Luiz Olavo Baptista*, São Paulo, Quartier Latin, 2013, p. 322).

Anelise Becker.[25] A partir da primeira década do século XXI alguns outros artigos trataram do tema,[26] como também houve a publicação do estudo de Aline de Miranda Valverde Terra.[27] Por fim, há dois artigos que permitem maiores aprofundamentos no trato da figura, o de Judith Martins-Costa[28] e o de Cristiano de Sousa Zanetti.[29] Devem ser lembradas, ainda, como ocorrências da figura na doutrina brasileira, as remissões a ela nos Enunciados 437 e 438 aprovados na V Jornada de Direito Civil.[30]

No estudo de Fortunato Azulay avulta a tentativa de se adaptar a figura da *anticipatory breach of the contract* ao Direito Brasileiro. Para isso, o autor busca a caracterização de situações como a de pré-inadimplência ou a temática da cláusula resolutiva tácita para tentar justificar seu uso sem a específica consagração legal.[31]

Uma remissão aos Direitos Inglês e Norte-Americano, sistemas oriundos da *Common Law*, é particularmente comum em todos os trabalhos que trataram da figura, ante a originalidade da doutrina da *anticipatory breach*.

O estudo de Anelise Becker, por sua vez, traz a contribuição maior de examinar, ainda que de maneira introdutória, o inadimplemento an-

25. Anelise Becker, "Inadimplemento antecipado do contrato", cit., *Revista de Direito do Consumidor* 12/68-78.

26. Guilherme Magalhães Martins, "Inadimplemento antecipado do contrato", *Revista Trimestral de Direito Civil* 36, outubro-dezembro/2008; Anderson Schreiber, "A tríplice transformação do adimplemento: adimplemento substancial, inadimplemento antecipado e outras figuras", *Revista Trimestral de Direito Civil* 32, outubro-dezembro/2007; Raphael Manhães Martins, "Inadimplemento antecipado: perspectivas para sua aplicação no Direito Brasileiro", *RF* 391, Ano 103, Rio de Janeiro, Forense, maio-junho/2007.

27. Aline de Miranda Valverde Terra, *Inadimplemento Anterior ao Termo*, Rio de Janeiro, Renovar, 2009.

28. Judith Martins-Costa, "A recepção do incumprimento antecipado do contrato no Direito Brasileiro: configuração e limites", *RT* 885/30-48, São Paulo, Ed. RT, julho/2009.

29. Cristiano de Sousa Zanetti, "Inadimplemento antecipado da obrigação contratual", cit., in Alberto Amaral Jr., Maristela Basso e Umberto Celli Jr. (coords.), *Arbitragem e Comércio Internacional: Estudos em Homenagem a Luiz Olavo Baptista*, pp. 312-332.

30. "Enunciado 437 – Art. 475. A resolução da relação jurídica contratual também pode decorrer do inadimplemento antecipado"; "Enunciado 438 – Art. 477. A exceção de inseguridade, prevista no art. 477, também pode ser oposta à parte cuja conduta põe, manifestamente, em risco a execução do programa contratual".

31. Fortunato Azulay, *Do Inadimplemento Antecipado do Contrato*, cit., p. 24.

tecipado do contrato à luz da relação obrigacional como um processo. A ideia central é que, durante o processo obrigacional, o devedor se encontra sempre, e não só ao devido termo, num estado de sujeição à finalidade de adimplemento.[32]

Ruy Rosado de Aguiar Jr. trata do tema como "quebra antecipada do contrato", o que por si só já revela uma tendência a não associar o problema diretamente à temática do inadimplemento.[33]

Esse incumprimento pode ser caracterizado por três formas distintas. Na primeira delas existe uma ação do devedor que vai em sentido contrário ao da prestação, por exemplo, pela venda da mercadoria a ser entregue. Na segunda haveria uma omissão do devedor no tocante a medidas indispensáveis para o cumprimento da prestação. Na terceira o devedor declara expressamente que não irá cumprir a obrigação.[34] Em todos esses casos se exige demonstração inequívoca de que certamente haverá incumprimento.

O que ocorre, segundo o autor, não é propriamente um inadimplemento da obrigação principal, visto que ainda inexigível. Há uma situação que caracteriza a frustração da prestação, que torna inútil a espera até o termo contratual. Em outros termos: isso indicaria uma quebra da confiança quanto ao futuro cumprimento, o que leva à perda do interesse social na manutenção do vínculo.[35]

Nesse sentido, um dos pontos controversos trazidos refere-se à interpelação, feita pelo credor ao devedor, antes do termo, a respeito do interesse deste em cumprir o contrato. Apesar de a conduta poder ser caracterizada como uma tentativa forçada de se obter a declaração de inadimplemento, há possibilidade de ela representar apenas fundada preocupação do credor quanto à plausibilidade do adimplemento, pelo quê não poderia ser, em princípio, rechaçada.[36]

Discute-se, ainda, a possibilidade de retratação. Lembra o autor, de saída, que a ninguém é dado *venire contra factum proprium*. Porém, caso subsista ainda o interesse do credor na prestação por aquele devedor, o

32. Anelise Becker, "Inadimplemento antecipado do contrato", cit., *Revista de Direito do Consumidor* 12/76-77.
33. Ruy Rosado de Aguiar Jr., in Sálvio de Figueiredo Teixeira (coord.), *Comentários ao Novo Código Civil*, cit., vol. VI, t. II, p. 579.
34. Idem, pp. 580-581.
35. Idem, p. 581.
36. Idem, p. 583.

princípio da manutenção dos pactos permitiria a retratação, permitindo-se, por exceção, a conduta contraditória.[37]

Com relação aos seus efeitos, admite a faculdade de resolução pelo credor. Com relação à exigência de cumprimento da prestação, entende o autor que tal pretensão inexiste no Direito Brasileiro, em razão da proibição do art. 939 do CC, que veda a cobrança antecipada de dívida. Ressalta, entretanto, a possibilidade de defesa da exceção, bem como de ajuizamento de medidas cautelares visando à garantia de cumprimento.[38]

A classificação das formas de caracterização do inadimplemento pelo comportamento do devedor é frequente nos estudos.

Para Aline de Miranda Valverde Terra tais condutas se dividiriam em manifestação de não querer ou não poder adimplir, expressa ou tácita. A manifestação expressa seria justamente aquela em que, por meio de declaração receptícia, o devedor manifesta que não irá adimplir.[39]

Já, a manifestação tácita de não querer adimplir abarcaria os casos em que há aquela tomada de atitude contrária à prestação pelo devedor. A manifestação tácita de não poder adimplir está ligada, justamente, à questão da impossibilidade da prestação, nas variantes obrigacionais de dar, restituir, fazer ou não fazer. Dentro da temática da impossibilidade estariam os casos em que se viola um dever acessório da prestação.[40]

Por fim, a autora ainda aponta outra espécie de inadimplemento antecipado. Seria "o comportamento comissivo ou omissivo do devedor que inviabilizar o adimplemento no termo ajustado, a ensejar perda da utilidade para o credor". Tratar-se-ia de "mora anterior ao termo", em razão da qual a prestação se tornaria inútil ao credor.[41]

Em todos esses casos a autora ressalta a presença do elemento subjetivo da culpa do devedor.[42]

Uma importante distinção, na visão da autora, refere-se ao inadimplemento anterior ao termo e o risco de descumprimento da prestação. O mero risco de descumprir não configura o inadimplemento antecipado, de modo que a ele se aplicaria o art. 477 do CC, a exceção de insegurança.[43]

37. Idem, p. 584.
38. Idem, ibidem.
39. Aline de Miranda Valverde Terra, *Inadimplemento Anterior ao Termo*, cit., p. 161.
40. Idem, pp. 166-176.
41. Idem, p. 177.
42. Idem, p. 182.
43. Idem, pp. 184-185.

O inadimplemento anterior ao termo seria hipoteticamente possível em qualquer contrato a termo, unilateral ou bilateral, não se justificando sua limitação a esses últimos.[44] E assim é porque seu fundamento é o inadimplemento da prestação devida, no contexto do esforço teórico de alargamento do conceito de adimplemento, e, consequentemente, de inadimplemento, o que se dá em qualquer relação obrigacional, independentemente da estrutura contratual.[45]

Por isso, como efeitos a autora admite o pedido de perdas e danos, a demanda de resolução e a demanda de cumprimento. Para o risco de descumprimento – hipótese apartada, na sua visão – os efeitos seriam os da exceção de insegurança.[46]

Guilherme Magalhães Martins traz a interessante contribuição de separar os casos de inadimplemento antecipado sob duas vertentes: a primeira seria a das situações que envolvem o descumprimento de um dever acessório, de modo a gerar, no futuro, ou a mora ou o inadimplemento absoluto; a segunda referir-se-ia aos casos de quebra de um dever lateral, o de confiança, em razão de ato contrário ao cumprimento da prestação principal ou da própria declaração de inadimplir, de modo que se aproximaria da violação positiva do contrato.[47]

Para Raphael Manhães Martins o primeiro elemento a ser levado em conta é o elemento temporal. Assim, para o autor, no adimplemento antecipado do contrato a prestação a que o credor tem direito ainda não pode ser exigível. Se já o for, não se estaria no campo do inadimplemento antecipado.[48]

Segundo Judith Martins-Costa, o inadimplemento antecipado surge como um problema no Direito Brasileiro em razão do disposto no art. 333 do CC, que, dando como regra o princípio da pontualidade, só admite como exceção, para cobrança da dívida antes do termo, as hipóteses ali elencadas, dentre as quais não se encontra o inadimplemento antecipado. Além disso, o art. 939 do Código responsabiliza o credor que exigir dívida antes de vencida. Surgem como alternativa, portanto, somente as

---

44. Idem, p. 208.
45. Idem, p. 230.
46. Idem, pp. 246-259.
47. Guilherme Magalhães Martins, "Inadimplemento antecipado do contrato", cit., *Revista Trimestral de Direito Civil* 36/87.
48. Raphael Manhães Martins, "Inadimplemento antecipado: perspectivas para sua aplicação no Direito Brasileiro", cit., *RF* 391/165.

exceções relativas aos contratos bilaterais, como meio de defesa daquele devedor que vê situação de insegurança, ou perturbação, na prestação correspectiva a que tem direito.[49]

De forma a propiciar entendimento mais seguro da figura, a autora elenca os requisitos que devem estar presentes para sua caracterização, sempre em caráter excepcional. São eles: (a) uma violação grave do contrato, de modo a caracterizar justa causa para a resolução; (b) haver plena certeza de que o cumprimento não se dará até o vencimento; (c) agir culposamente o devedor.[50]

Esses requisitos já contribuem muito para o entendimento da figura, pois colocam o inadimplemento antecipado na linha de algumas figuras já estudadas no Direito Brasileiro, contribuindo para sua adaptação. Assim a justa causa para a resolução e a culpa do devedor, de modo a gerar sua responsabilidade.

Assim, quanto à gravidade do incumprimento, configura ela um dos requisitos para a resolução, pois, caso não seja caracterizada uma quebra fundamental no contrato, a resolução seria uma consequência grave demais, desproporcional – e, portanto, incabível. Observa, porém, que o incumprimento grave, que retira a utilidade da prestação para o credor, pode se dar na prestação principal ou em deveres acessórios ou anexos, desde que instrumentalizados à prestação principal, com referência à relação obrigacional complexa. Esse descumprimento de deveres principais ou acessórios gera uma desconfiança na contraparte, que torna razoável o remédio resolutório.[51]

Outro requisito é o da certeza do futuro inadimplemento. Este elemento é, talvez, o mais evidente e problemático da figura, o que traz a sua marca, com lembranças à sua origem estrangeira, e até revelador de um simples bom-senso. Serve ele para evitar os casos de simples especulação acerca de um possível inadimplemento ao tempo da incidência do termo contratual. É necessária, portanto, inequívoca situação de futuro inadimplemento.[52]

Por fim, o comportamento ou declaração do devedor de não cumprimento deve ser a ele imputável, pois, caso a conduta do devedor encontre

---

49. Judith Martins-Costa, "A recepção do incumprimento antecipado do contrato no Direito Brasileiro: configuração e limites", cit., *RT* 885/31.
50. Idem, p. 41.
51. Idem, pp. 42-44.
52. Idem, pp. 44-45.

alguma justificativa legal, que importe sua não responsabilização, não se poderia falar em inadimplemento culposo.[53]

Cristiano de Sousa Zanetti apresenta um refinamento do nome da figura, denominando-a de "inadimplemento antecipado da obrigação contratual", reforçando o papel da boa-fé no encontro de soluções para o problema, principalmente a partir do art. 477 do CC (exceção de inseguridade), mas sem deixar de reconhecer a possibilidade de resolução. O autor traz, ainda, referências completas sobre a ocorrência da figura em diplomas de unificação do direito das obrigações.[54]

No geral, seriam esses os delineamentos da doutrina para o problema: distinção dos casos em que se configura o inadimplemento, os possíveis efeitos dele, bem como sua fundamentação jurídica, com os desdobramentos que ela acarreta. Avultam suas ligações com os deveres principais, acessórios e laterais do contrato e com o entendimento da obrigação como processo. É presente a tentativa de trazer maior segurança à configuração da figura, o que a aproximação com o problema da impossibilidade parece revelar. Relativamente aos efeitos, a resolução não se coloca em dúvida, ao contrário da execução específica. Não se pode, contudo, deixar de reconhecer, na solução da figura, certo embaralhamento das ideias de recusa, deveres secundários, impossibilidade de prestar, exceção de segurança, mora e inadimplemento. É preciso, portanto, tentar construir um modelo mais claro e seguro para lidar com o problema, inclusive para dar conta dos avanços jurisprudenciais e para propiciar o contínuo desenvolvimento do direito das obrigações.

4. Síntese de jurisprudência e doutrina: análise crítica para a construção de um modelo teórico

O problema do inadimplemento antecipado é entendido de modo mais claro ao se desdobrar o fenômeno obrigacional no seu processo e nos seus diferentes grupos de deveres, todos eles podendo, por isso, ocasionar algum tipo de inadimplemento.

Assim, quando se diz, em princípio, "inadimplemento antecipado", ou "inadimplemento anterior ao termo", há que se reconhecer que esse termo aí indicado o é da prestação principal. Ou seja: é a obra entregue,

---

53. Idem, ibidem, p. 45.
54. Cristiano de Sousa Zanetti, "Inadimplemento antecipado da obrigação contratual", cit., in Alberto Amaral Jr., Maristela Basso e Umberto Celli Jr. (coords.), *Arbitragem e Comércio Internacional: Estudos em Homenagem a Luiz Olavo Baptista*, pp. 312-332.

II – INADIMPLEMENTO ANTECIPADO DO CONTRATO NO DIREITO CIVIL

a transmissão da propriedade do imóvel, o pagamento de certo preço, o deslocamento de certa mercadoria, que tem determinado termo. A anterioridade ou antecipação refere-se ao termo da obrigação principal, portanto.

Justamente por estar sujeita a termo, esta prestação principal ainda não é exigível. Por isso, quanto a ela, especificamente, não se poderia enxergar inadimplemento.

Contudo, ao lado dos deveres principais, é sabido e ressaltado que existem deveres acessórios e laterais. Esses deveres, por sua vez, não parecem, em um primeiro momento, estar sujeitos ao termo da obrigação principal. Assim no caso do registro e regularização do loteamento ou da incorporação antes da venda do imóvel, do ajuste da sua documentação antes de sua posterior alienação. O descumprimento desses deveres gera um tipo de inadimplemento, que pode se dar anteriormente ao termo da prestação principal.

Por outro lado, uma ação ou omissão do devedor em sentido contrário ao da prestação principal bem como uma declaração do devedor no sentido de não adimplir quebram outros deveres, laterais à obrigação principal: os deveres de lealdade e cooperação, ínsitos à boa-fé objetiva, que demanda a confiança entre as partes. A lealdade e a confiança quebradas geram também um inadimplemento anterior ao termo da obrigação principal.

Visto dessa maneira o problema, percebe-se que há sempre um inadimplemento no contexto do processo obrigacional, anterior ao termo da obrigação principal, que, por sua vez, gera consequências.

Esse inadimplemento (dos deveres acessórios ou laterais) é reconhecido de acordo com alguma das formas já classificadas pela doutrina.

Ou ele se dá pela declaração de que se vai inadimplir (quebra de dever de confiança); ou ele se dá pela conduta contrária à prestação principal, que pode ser por ação ou omissão (alienação do bem, atraso na obra, ausência de regularização do loteamento e da documentação imobiliária).

Ocorre que nos dois casos, tanto no da declaração de inadimplir quanto no da conduta contrária à prestação principal, há um outro elemento. Esse outro elemento é a certeza inequívoca de que vai haver incumprimento da prestação principal no seu termo.

Essa questão é muito relevante.

Nos casos de ausência de cumprimento de dever acessório, como a regularização do loteamento, basta o descumprimento do dever, ou há a necessidade de que tal descumprimento leve à certeza inequívoca de incumprimento da prestação principal?

Veja-se: o fato de o empreendedor não ter regularizado o loteamento e ter compromissado a venda enseja, por si só, o inadimplemento antecipado pelo descumprimento atual do dever acessório antes do termo da obrigação principal, ou se há de ter uma certeza inequívoca de que não se fará tal regularização até o termo da obrigação principal?

No caso da declaração de inadimplir, é ela bastante para quebra da confiança, a ensejar o inadimplemento antecipado, ou é necessário que se declare a intenção de inadimplir e ainda se verifique que, nem que a intenção fosse adimplir, não haveria meios suficientes para fazê-lo?

Desse modo, percebe-se que, ao lado da questão do inadimplemento de um dever acessório ou lateral, coloca-se o problema da impossibilidade da prestação no termo estabelecido ou, ao menos, o da confiança no futuro adimplemento das obrigações contratuais.

Se se exige a certeza inequívoca do futuro inadimplemento da prestação principal, se está próximo, mas não sobreposto, ao âmbito da impossibilidade da prestação. Os julgados fizeram menção a essa impossibilidade tanto no caso da obra atrasada quanto no caso do devedor que alega insuportabilidade das prestações. No caso da ausência de regularização essa impossibilidade não ficou tão evidente. Pareceu que o dever de regularização quebrado, inclusive com violação de norma de ordem pública, já foi suficiente para quebra da confiança.

Se é o próprio devedor que o alega, sua declaração de inadimplir deve vir acompanhada de alguma impossibilidade de prestar. Se não, sua conduta configura mero arrependimento, violação direta do *pacta sunt servanda*. Lembre-se que os autores aludem a uma causa defensável para o pedido de resolução pelo devedor inadimplente.

Assim, de alguma maneira o tema da impossibilidade toca o problema do inadimplemento antecipado do contrato. Agora, de que maneira específica isso se dá é ainda um pouco nebuloso, tanto na doutrina quanto na jurisprudência. As decisões judiciais revelaram a intuição do justo. Mas como transmitir essa intuição para um conceito que abarque a generalidade dos casos? Seria o conceito de impossibilidade da prestação? Este é um ponto de aprofundamento.

Por fim, o inadimplemento do dever lateral ou acessório, somado ou não à impossibilidade da prestação principal no termo, pode ou não fazer com que o credor perca seu interesse nela. Esse ponto não foi explorado pela doutrina.

Se o credor perde o interesse, como visto nos exemplos jurisprudenciais, os tribunais não deixam de tutelá-lo com a resolução. Isso se dá comumente nos casos de loteamentos irregulares, obras atrasadas, ou mesmo quando há impossibilidade relativa para o compromissário--comprador.

Agora, se o credor mantiver o interesse, de modo a ensejar algo próximo da mora, haveria como ele demandar alguma conduta do devedor? Até aqui, a resposta segura da questão parece ser quanto à possibilidade de suspensão legítima da prestação correspectiva do credor. A execução específica encontra o obstáculo da inexigibilidade da prestação principal.

O problema não cessa aqui. Verificada a quebra da confiança, a impossibilidade da prestação em seu termo, poderia, contudo, haver adimplemento substancial, de modo a desautorizar a resolução. E tudo isso, veja-se, antes do termo. Haveria aqui uma relativização do termo contratual, em função dos interesses de credor e do devedor na manutenção do vínculo.

Por fim, a questão da indenização, que em doutrina parece incontroversa, mas que na jurisprudência não parece ter tido a relevância que a ela é dada em doutrina. Juros moratórios e cláusula penal incidiram expressamente em alguns julgados. Porém, haveria que se verificar com maior precisão os termos iniciais de contagem de juros, bem como a redução da cláusula penal pela minoração dos danos efetivamente ocorridos. O que se tem com larga frequência na jurisprudência é o simples pedido de indenização, com o inadimplemento já configurado, pelo efetivo atraso ocorrido na entrega da prestação principal.

A indenização, por sua vez, supõe a responsabilização do devedor pelo inadimplemento, o que faz com que a figura se enquadre nas hipóteses de inadimplemento imputável ao devedor, pois caso não houvesse culpa,[55] ou incidisse outra excludente de responsabilidade, as soluções seriam diversas.

Em suma, o inadimplemento antecipado do contrato necessita, para ser bem definido, dos seguintes elementos: o inadimplemento de um dever acessório ou lateral antes do termo da obrigação principal; a impossibilidade do cumprimento da prestação principal no momento do termo, imputável ao devedor; a verificação da perda do interesse do credor, de modo a ajustar as faculdades que lhe servem: suspensão de pagamentos, resolução, indenização.

O modo como esses elementos todos se relacionam, de maneira a ensejar a correta solução jurídica, ainda não está bem delineado.

55. Adiante será esclarecido o uso dos termos "culpa" ou "imputação" para a responsabilidade contratual.

Aqui é interessante a assertiva de um julgado de que, ocorrendo o inadimplemento antecipado, novas relações de crédito e débito são originadas. A questão é justamente essa: enxergar como se relacionam os elementos configuradores do inadimplemento antecipado, para, então, identificar as novas relações de crédito e débito originadas – o que se dá, principalmente, pela resolução e restituição do que foi pago.

É importante, antes de aprofundar o estudo, tecer breve digressão a respeito da escolha sistemática de se tratar o problema da ausência de registro do loteamento ou da incorporação imobiliária como inadimplemento de obrigação acessória, a atuar no plano da eficácia do negócio jurídico. É que, havendo disposição legal expressa estabelecendo como condição prévia à negociação de lotes ou de unidades autônomas o registro do empreendimento (Lei 6.766/1979, arts. 37 e 38, e Lei 4.591/1964, art. 32), o problema da sua ausência poderia ser tratado no plano da validade do negócio. Assim, é razoável pensar em termos de objeto ilícito, gerador de nulidade, ou de alguma forma de irregularidade causadora de anulabilidade, por suposição.[56]

Este trabalho segue linha jurisprudencial no sentido de tratar o problema como de inadimplemento antecipado. Entretanto, a escolha não é arbitrária, nem meramente formal, no sentido de repetir a jurisprudência. Há razões legais, práticas e teóricas para tanto.

No caso do loteamento, a lei incidente veda a venda ou promessa de venda de loteamento não registrado (art. 37). Ocorre que no dispositivo seguinte (art. 38) a lei autoriza o adquirente a suspender o pagamento de suas prestações enquanto não regularizada a exigência. Além disso, estabelece a lei providências a serem tomadas para a efetiva regularização, envolvendo inclusive a Municipalidade. E, por fim, a lei comina de nulidade, em caso de ausência de inscrição do loteamento, apenas a cláusula de rescisão por inadimplemento do adquirente (art. 39). Ora, é possível concluir, de tais disposições, que a lei não impõe uma nulidade de pleno direito por objeto ilícito do contrato de compromisso de compra e venda, mas ela própria soluciona o problema no plano da eficácia, sem prejuízo da obrigatoriedade da norma.

---

56. Nesse sentido, apresentando a problemática mas solucionando a controvérsia no plano da eficácia, admitidos o inadimplemento e a resolução, no caso de compromisso de compra e venda de imóvel em construção sem observância das exigências de registro da incorporação imobiliária: TJSP, 1ª Câmara de Direito Privado, Ap 9098525-64.2000.8.26.0000, rel. Des. Cláudio Godoy, j. 20.9.2011.

Nesse sentido, doutrina especializada também afasta a ocorrência de nulidade de pleno direito no caso em tela.[57] José Osório de Azevedo Jr. defende ponto de vista no sentido de que a aplicação rígida dos princípios da teoria das nulidades poderia causar maiores danos à parte já prejudicada, fazendo-se necessária uma gradação das sanções, em correspondência com a gravidade da ilicitude e as consequências pretendidas.[58]

No campo da incorporação imobiliária, o STJ, em julgado-líder, que conta com adesão também no TJSP, afastou a ocorrência de nulidade ou anulabilidade em decorrência do descumprimento do art. 32 da Lei 4.591/1964, solucionando a questão pela resolução por inadimplemento.[59] Constou do voto do Relator, com respeito à nulidade, a consequente

57. "Outra consideração de grande repercussão prática é a que diz respeito à nulidade do ato jurídico pelo qual o parcelador vende ou promete vender parcela do loteamento ou desmembramento não registrado. À primeira vista, sob o enfoque puramente literal, poderia parecer que o ato de venda ou de promessa de venda, naquelas condições, seria nulo de pleno direito, nos termos do inciso II do art. 145 do CC, dado que celebrado contra vedação legal expressa. Contudo, tal conclusão não prospera se atendermos a uma interpretação sistemática da Lei 6.766, abrangendo outros dispositivos conexos à questão ora em pauta. Em primeiro lugar, é preciso notar que a conduta vedada pela disposição do art. 37, se levada a efeito, implicará a qualificação do crime descrito no art. 50, conforme estatui seu parágrafo único, I (...). Sob o ponto de vista do direito civil, mister se faz observar o disposto nos arts. 38 e 39, em razão do quê é manifesta a intenção do legislador em não considerar nulo o contrato de venda ou de promessa de venda de lote originado de loteamento ou desmembramento não registrado. De fato, se a lei possibilita (ou impõe?) ao adquirente, nos termos do art. 38, a suspensão do pagamento das prestações restantes, na hipótese descrita, é porque admite a validade do vínculo contratual e a possibilidade de o adquirente continuar com o imóvel objeto de transação irregular, desde que assim o deseje. Por outro lado, conforme reza o art. 39, será nula de pleno direito a cláusula da rescisão de contrato por inadimplemento do adquirente quando o parcelamento não estiver regularmente inscrito. Isto quer dizer que a própria lei reconhece a validade do vínculo contratual estabelecido antes de ter sido o loteamento ou o desmembramento registrado" (Alaôr Caffé Alves, Paulo José Villela Lomar e Toshio Mukai, *Loteamentos e Desmembramentos Urbanos, Comentários à Nova Lei n. 6.766, de 19.12.1979*, São Paulo, Sugestões Literárias, 1980, pp. 212-213).

58. José Osório de Azevedo Jr., *Compromisso de Compra e Venda*, cit., 6ª ed., pp. 146-149.

59. STJ, 3ª Turma, REsp 49.847-3-SP, rel. Min. Eduardo Ribeiro, j. 28.8.1995, *DJU* 9.10.1995. Reiterando o entendimento: STJ, REsp 201.457-MG, rel. Min. Barros Monteiro, j. 6.5.1999, *DJU* 13.9.1999; STJ, 4ª Turma, REsp 281.684-MG, rel. Min. Aldir Passarinho Jr., j. 12.6.2007, *DJU* 6.8.2007; TJSP, 2ª Câmara de Direito Privado, Ap 490.196-4/8-00, rel. Des. Bóris Kauffmann, j. 31.7.2007; TJSP, 3ª Câmara de Direito Privado, Ap 0050818-54.2012.8.26.0577, rel. Des. Donegá Morandini, j. 2.7.2013.

criação de resultados inadmissíveis, como, por exemplo, a declaração de nulidade de ofício pelo juiz mesmo numa ação ajuizada pelo adquirente. Com relação à anulabilidade, consignou-se a ausência de dispositivo legal expresso e a inadequação da hipótese à previsão genérica do art. 147 do CC de 1916 (art. 171 do CC vigente).

Com efeito, uma das demandas que encontraria obstáculo ao julgamento caso consagrado o entendimento da nulidade absoluta seria a de revisão contratual, cuja possibilidade já foi reconhecida pelo TJSP em caso semelhante.[60] Ademais, a anulabilidade sujeita-se a prazo de decadência, com o passar do qual o negócio convalesce. Entretanto, a falta de registro de tais empreendimentos não é vício que possa ser convalescido com o passar do tempo.

A teoria das nulidades no direito civil brasileiro, por sua vez, ainda não apresenta exatidão e uniformidade em suas linhas mestras, tanto no seu tratamento legal quanto no seu tratamento doutrinário.[61] Na verdade, a lei civil simplistamente distinguiu entre nulidades a anulabilidades, aquelas mais graves do que estas – do que decorre, em princípio, que as nulidades são absolutas, de ordem pública, insanáveis, de pleno direito e independentemente de ação, enquanto as anulabilidades seriam relativas, de ordem particular, sanáveis, dependentes de sentença e ação. O inconveniente de tal dicotomia estanque é justamente a rigidez dos critérios e a consequente criação de um grande número de exceções – como por exemplo, o casamento.[62]

A dificuldade de se tratar do tema no campo da teoria das nulidades, tanto pela geração de consequências desproporcionais em prejuízo de quem se pretende proteger (nulidade absoluta) quanto pela ausência de sanção específica pertinente (anulabilidade), é um motivo relevante para seguir a linha jurisprudencial e tratar do problema no campo da eficácia.

Além disso, a adoção do modelo da relação jurídica obrigacional complexa, como se verá,[63] é melhor para tratar de um processo essencialmente dinâmico, como é a obrigação, na qual os deveres são múltiplos

60. TJSP, 2ª Câmara de Direito Privado, Ap 490.196-4/8-00, rel. Des. Bóris Kauffmann, j. 31.7.2007.

61. Antônio Junqueira de Azevedo, *Negócio Jurídico, Existência, Validade e Eficácia*, 4ª ed., São Paulo, Saraiva, 2002, pp. 62-71.

62. Antônio Junqueira de Azevedo, *Negócio Jurídico e Declaração Negocial (Noções Gerais e Formação da Declaração Negocial)*, tese para o concurso de Professor Titular de Direito Civil da Faculdade de Direito da USP, São Paulo, 1986, pp. 109-115.

63. Capítulo IV.

e se modificam no decorrer do tempo, permitindo a necessária flexibilidade, que parece ainda não ter sido precisamente adicionada à teoria das nulidades.

Mais que isso, não se pode esquecer que, no tocante à matéria da irregularidade do negócio jurídico e das possíveis sanções a serem aplicadas, vigora o princípio da conservação, segundo o qual, como regra de aplicação da lei, "deve-se procurar salvar o máximo possível o negócio jurídico realizado. Entre duas sanções cabíveis, deve ser escolhida a que permita a produção do maior número de efeitos".[64]

Nesse sentido, parece ser afastável pela lei e pela jurisprudência, e por seus efeitos indesejáveis, por desproporcionais, a sanção de nulidade no plano da validade. Entre a anulabilidade (ainda no plano da validade) e o descumprimento de deveres acessórios e laterais (no plano da eficácia), esta última concepção teórica parece estar, no momento, mais apta a lidar com os problemas pragmáticos que surgem na vida jurídica, pelo seu desenvolvimento, sua flexibilidade e por sua adequação a preceitos gerais do Direito Brasileiro, como os arts. 389 e 475 do CC. As anulabilidades possuem incidência mais restrita aos vícios do negócio jurídico, exigindo disposições expressas, inexistentes para os casos ora estudados.[65]

5. O modelo do inadimplemento no Direito Brasileiro

O inadimplemento antecipado do contrato deve ser colocado no contexto das modalidades de inadimplemento, em sentido geral, que se encontram no Direito Brasileiro. É necessário, assim, mostrar a conformação interna do inadimplemento no Direito Brasileiro.

64. Antônio Junqueira de Azevedo, *Negócio Jurídico e Declaração Negocial (Noções Gerais e Formação da Declaração Negocial)*, cit., p. 109.

65. Nesse sentido, vale a pena ser transcrita ementa do julgado do TJ/SP na Ap 9177468-80.2009.8.26.0000 (3ª Câmara de Direito Privado, rel. Des. João Pazine Neto, j. 16.4.2013): "Revisão contratual c/c nulidade de cláusulas contratuais, antecipação de tutela e repetição de indébito – Compromisso de compra e venda – Sentença de extinção do processo sem resolução do mérito, por impossibilidade jurídica do pedido – Loteamento irregular. Contrato de terreno em loteamento irregular é apenas ineficaz em relação às pretensões do loteador – Pedido que se mostra possível para discutir a revisão do contrato em relação ao preço e ao índice de atualização – Ausência de ilegalidades, nulidades ou irregularidades – Extinção afastada – Precedentes – Recurso da ré considerado deserto – Aplicação do art. 515, § 3º, do CPC, para se julgar a ação improcedente – Recurso do autor provido em parte, considerado deserto o recurso da ré" [*art. 515, § 3º DO CPC-1973: v. art. 1.013 do novo CPC*].

O Código Civil brasileiro não trouxe uma conceituação de inadimplemento, nem se ocupou de classificar pormenorizadamente suas hipóteses. Trouxe uma consequência central do inadimplemento (art. 389), além de mencionar, em outros dispositivos, a mora (arts. 394 e ss.). Haveria, ainda, de acordo com outros dispositivos, que têm conteúdo ligado à boa-fé objetiva (arts. 113, 187, 422), espaço para outra categoria de inadimplemento, ligada justamente ao descumprimento de deveres secundários.

A obrigação, na sua essência e por natureza, impõe o adimplemento ao devedor. O sentido e o fim da obrigação, portanto, é ser cumprida. Se não houver adimplemento, haverá sua negação, encontrando-se o inadimplemento, ou seja, aquilo que necessariamente nega o adimplemento.[66]

A partir daí é que se pode falar da conformação interna do inadimplemento no Direito Brasileiro, isto é, a classificação das espécies de inadimplemento, exaurindo ou não suas possibilidades.[67]

A classificação proposta por Jorge Cesa Ferreira da Silva constitui ponto de partida suficientemente completo e ao mesmo tempo simples para dar conta da matéria. Segundo o autor, as hipóteses de inadimplemento compreendem: (a) inadimplemento absoluto; (b) mora; (c) violação positiva do contrato.[68]

A dicotomia entre inadimplemento absoluto e mora ou entre inadimplemento absoluto e relativo é central ao sistema, e já foi bem explorada por obras clássicas, como a de Agostinho Alvim. Segundo este autor, existe inadimplemento absoluto quando a prestação não foi cumprida e não existe mais a possibilidade de o credor a receber. A mora existe quando persiste essa possibilidade.[69]

Se o inadimplemento absoluto é o não cumprimento que inviabiliza o recebimento da prestação pelo credor, isso pode ocorrer de dois modos. Um dos modos é relativo ao objeto da prestação: esse modo é designado por "impossibilidade", ou seja: não há mais possibilidade, no sentido último do termo, de ocorrer a conduta imposta ao devedor. O outro modo diz respeito à relação entre os interesses do credor e a realização da prestação: a prestação, como conduta do devedor, é possível, mas ela

---

66. Cássio Cavalli, *Mora e Utilidade: os **Standards** da Utilidade no Modelo Jurídico da Mora do Devedor*, Rio de Janeiro, Editora FGV, 2011, p. 28.
67. Jorge Cesa Ferreira da Silva, *A Boa-Fé e a Violação Positiva do Contrato*, 2ª tir., Rio de Janeiro, Renovar, 2007, p. 121.
68. Idem, pp. 121 e ss.
69. Agostinho Alvim, *Da Inexecução das Obrigações e suas Consequências*, 2ª ed., São Paulo, Saraiva, 1955, p. 19.

não mais satisfaz a necessidade que o credor visava a suprir, tornou-se inútil a ele.⁷⁰

Em síntese, existe inadimplemento absoluto (a) ou por impossibilidade da prestação (a1), ou por perda de interesse do credor na prestação (a2).⁷¹

A impossibilidade será objeto de estudo mais aprofundado a seguir. Neste momento fica a advertência de que se deve ter certo cuidado na identificação do uso que se faz dela. No sentido utilizado acima, impossibilidade é modalidade de inadimplemento absoluto. Isso supõe que ela seja imputável ao devedor. Existe ao lado dessa impossibilidade, caracterizadora do inadimplemento absoluto, a impossibilidade exoneratória, isto é, que faz extinguir a responsabilidade do devedor pela prestação. Essa exoneração ocorre quando não pode ser imputada ao devedor a impossibilidade da prestação. Tudo isso será examinado adiante, em pormenores. Neste momento, fica o lembrete.⁷²

Evitando essa indevida confusão entre impossibilidade-responsabilidade e impossibilidade-exoneração, Pontes de Miranda traz uma classificação dos atos ilícitos relativos, entendidos estes como os atos violadores de obrigações pessoais. Nesta categoria estariam: (a) a impossibilidade superveniente da prestação, com culpa do devedor; (b) o inadimplemento, com a figura da mora; (c) a violação positiva do contrato.⁷³

Nesta classificação, o item "(a)" corresponde ao item "(a1)" da classificação anteriormente exposta. O item "(b)" abrangeria as hipóteses do item "(a2)" e também as da mora, item "(b)" da classificação de Jorge Cesa Ferreira da Silva. As duas classificações apontam a terceira espécie, referente à violação positiva do contrato, "(c)".

70. Jorge Cesa Ferreira da Silva, *A Boa-Fé e a Violação Positiva do Contrato*, cit., 2ª tir., p. 131.

71. Ruy Rosado de Aguiar Jr., in Sálvio de Figueiredo Teixeira (coord.), *Comentários ao Novo Código Civil*, cit., vol. VI, t. II, p. 543.

72. É de se notar que, ao tratar da impossibilidade mesmo como modalidade do inadimplemento absoluto, os autores parecem estar tratando de impossibilidade exoneratória, o que dificulta e confunde o tema, pois acaba ocorrendo superposição das modalidades. Quando a impossibilidade é tratada como um tema em si, comportando suas variantes de imputável e inimputável, a primeira variante respeita ao tema do inadimplemento absoluto das obrigações, enquanto a segunda variante respeita ao tema da exclusão de responsabilidade. Não só os autores encontram dificuldade para tratar do tema. A própria lei o faz de maneira pouco esclarecedora, em termos classificatórios, como se vê, por exemplo, dos arts. 234 ou 248 do CC.

73. Pontes de Miranda, *Tratado de Direito Privado*, t. II, Rio de Janeiro, Borsói, 1954, p. 227.

A classificação de Pontes de Miranda tem o mérito de se referir aos casos em que há responsabilidade do devedor, sem confundir com hipóteses de exoneração dela. Entretanto, deve-se voltar à classificação anterior, mais simples, para tratar da mora e da violação positiva do contrato.

Separado o inadimplemento absoluto, ou por impossibilidade da prestação, ou por falta de interesse do credor na prestação, a mora é o inadimplemento que ainda mantém esse interesse.

Os elementos do suporte fático da mora, por sua vez, no Direito Brasileiro são *objetivos*, condizentes com a ausência de pagamento no tempo, lugar e forma estabelecidos, e *subjetivos*, condizentes com a imputabilidade.[74] A inovação do Direito Brasileiro na matéria reside em adicionar ao elemento temporal os requisitos de lugar e forma. Contudo, como aponta Jorge Cesa Ferreira da Silva, o elemento temporal corresponde ao núcleo material da mora. Se é certo que o lugar e a forma devem ser respeitados para o adimplemento perfeito, eles, sozinhos, não bastam para sua caracterização. Devem, portanto, ser examinados em função do tempo da prestação, ou, melhor, do atraso que impuserem à prestação.[75]

Em suma, não basta uma prestação não atrasada. Se esta prestação, ainda que no tempo certo, descumprir requisitos de lugar ou forma, ela equivale a uma prestação não efetuada. Se houver ainda interesse no seu recebimento, caracterizada estará a mora.

Como a mora, portanto, está diretamente vinculada ao elemento temporal, ela é a espécie de inadimplemento mais distante do objeto deste estudo, que é o inadimplemento antecipado. Com efeito, como se examinará adiante, o termo de vencimento ainda não ocorrido é essencial para surgir o problema do inadimplemento antecipado.

Prosseguindo na exposição de Jorge Cesa Ferreira da Silva, resta tratar da violação positiva do contrato. Em breve síntese, a violação positiva do contrato foi uma teoria cunhada na Alemanha para suprir lacunas relativas à conformação interna do inadimplemento. No Código Civil alemão, tal como originalmente positivado, o inadimplemento dava-se ou por impossibilidade ou por mora. Fora dessas hipóteses não haveria inadimplemento. Por isso, a teoria da violação positiva do contrato veio conferir proteção a casos não abrangidos pela lei até então. Referia-se ela, após alguma elaboração, às seguintes hipóteses: (i) descumprimento de

---

74. A mora do credor não é objeto de interesse, pois a questão do inadimplemento antecipado do contrato está diretamente ligada ao inadimplemento do devedor.

75. Jorge Cesa Ferreira da Silva, *A Boa-Fé e a Violação Positiva do Contrato*, cit., 2ª tir., pp. 143-149.

obrigações negativas; (ii) descumprimento de deveres laterais; (iii) mau cumprimento de deveres de proteção, gerando danos distintos dos causados pela mora ou pela impossibilidade; (iv) descumprimento de dever de entrega em contrato de fornecimento sucessivo; (v) recusa antecipada do devedor em cumprir a obrigação.[76]

Ocorre que no Direito Brasileiro, em virtude do regramento legal do inadimplemento, do tratamento geral dos vícios redibitórios (arts. 441 a 446 do CC), somado à proteção do consumidor por fato ou vício do produto ou do serviço (arts. 12 a 25 do CDC), bem como do alargamento da noção de mora para além do mero atraso, o campo de aplicação da violação positiva do contrato fica reduzido. Esta ficaria adstrita ao inadimplemento decorrente de descumprimentos de deveres laterais quando estes deveres não tiverem vinculação direta com os interesses do credor na prestação.[77]

Essa aplicação precisa da violação positiva do contrato não é somente uma assertiva teórica acerca do Direito Brasileiro. Com efeito, a partir da vigência do atual Código Civil, com expressa alusão à boa-fé objetiva (arts. 113, 187 e 422), há fundamento legal expresso para, nas relações obrigacionais, se integrar deveres laterais, ainda que não expressamente previstos em termos negociais.

Pode-se, portanto, como ponto de partida, dar por certa esta classificação tríplice do inadimplemento no direito civil brasileiro. Dada essa conformação interna, resta averiguar, concomitantemente à análise dos pressupostos e elementos do inadimplemento antecipado no direito civil brasileiro, a colocação pertinente da figura no quadro geral exposto.

---

76. Idem, pp. 207 e ss.
77. Idem, pp. 230 e ss.

III

A Origem da Anticipatory Breach of Contract e sua Expansão. Assimilação ou Correspondência em Alguns Direitos de Origem Romano-Germânica

1. Contextualização da breach of contract *no Direito Inglês. 2. A origem da* anticipatory breach of contract *e sua expansão ao Direito dos Estados Unidos da América. 3. A assimilação ou correspondência da* anticipatory breach of contract *em alguns Direitos da família romano-germânica e em documentos de unificação do direito das obrigações.*

Como exposto anteriormente, este trabalho visa ao estudo do inadimplemento antecipado do contrato no Direito Brasileiro e, mais ainda, está embasado principalmente em jurisprudência sobre compromisso de compra e venda.

Ocorre que não se pode passar indiferente ao fato de que existe uma figura jurídica relativa ao inadimplemento contratual, a chamada *anticipatory breach of contract*, originada no Direito Inglês, que é reconhecida internacionalmente por sua originalidade e que, em certo aspecto, é muito semelhante ao inadimplemento antecipado do contrato.

Uma menção a ela é necessária não só por esse motivo, mas também porque diversos trabalhos acadêmicos, praticamente todos no Brasil, e mais alguns estrangeiros que tratam do tema ora proposto dedicam algumas páginas ao assunto.

Não se trata de importação de figura estrangeira, tampouco de verificar a possibilidade de sua recepção, como é a tônica de alguns estudos.

Trata-se de ter ciência do que seja a *anticipatory breach*, e da problemática que a envolve.

Ademais, é notório o atual interesse que tal figura tem despertado nos juristas da família do Direito romano-germânico, talvez por razões econômicas, talvez por ser um exemplo culturalmente marcante que pode justificar a influência da *Common Law* na *Civil Law*.

É importante adiantar também que, ao se aprofundar a parte estritamente dogmática do inadimplemento antecipado no Direito Brasileiro, quando for necessário recorrer ao Direito estrangeiro, para melhor compreensão do problema e da sua solução, essa ferramenta será devidamente explicitada.

Por fim, o traço de algumas linhas sobre a origem da *anticipatory breach* inglesa, sua expansão ao Direito dos Estados Unidos da América e sua correspondência ou sua assimilação em figuras de certos Direitos de origem continental não é apenas de interesse paralelo.

Ele permitirá identificar, por sua vez, a originalidade do Direito Brasileiro na matéria, formada jurisprudencialmente, com uma identidade própria. Este tópico será retomado em considerações finais, como o tom do direito civil brasileiro na matéria, e, por isso, é importante como ferramenta para sua melhor compreensão.

Todavia, a breve empreitada que ora se inicia deve ser bem delimitada, sob o risco de se alargar indevidamente o objeto do trabalho.

Assim, é preciso mencionar que se fará uma contextualização do inadimplemento no Direito Inglês, campo em que surge a *anticipatory breach of contract*. Posteriormente serão mostrados alguns de seus problemas. Em momento posterior será ilustrada sua expansão ao Direito dos Estados Unidos da América, com suas notas características. Por fim, serão identificadas a tentativa de assimilação da figura no Direito Francês e certa correspondência com soluções do Direito Italiano. O Direito Alemão será também mencionado. Por fim, alude-se a tentativas de uniformização do direito das obrigações. Tudo de maneira sintética.

É preciso não descuidar, ao tratar de figura do Direito estrangeiro, das dificuldades de método, principalmente quando se tem certo aspecto comparativo envolvido.

Por isso, não obstante as críticas pertinentes, utiliza-se aqui como pressuposto a classificação de René Davi sobre as famílias de Direito, pois esta serve, didaticamente, ao fim ora proposto. Assim, a *anticipatory breach* é figura originada no Direito Inglês, no tronco da *Common Law*, marcada pela forma consuetudinária de construção, tendo em vista também a unificação do Reino sob o poder real e a finalidade primordial de restabelecimento da ordem, então perturbada pelo conflito entre súditos.

A este tronco opõem-se os Direitos da família romano-germânica, que possuem raiz no Direito Romano, com influência do Direito Germânico e do Direito Canônico, estudado e reelaborado nas universidades a partir do século XII, e que veio a culminar, após a passagem ao mundo moderno, nos códigos de conduta sistematizados, dentre os quais despontou, como central, o de direito civil.[1]

Assim, todo o cuidado é necessário, principalmente com a linguagem, para não se concluir, apressadamente, pela total semelhança ou diferença de conceitos, mas aproveitar para, no choque com o diferente, entender melhor a própria identidade.

1. Contextualização da breach of contract no Direito Inglês

Dado que é indispensável noticiar a doutrina da *anticipatory breach of contract*, originada no Direito Inglês, é necessário contextualizar sua incidência no campo da *breach of contract* e de suas consequências, em linhas gerais.

A primeira dificuldade é terminológica. Não só porque é tormentosa e até indevida uma tradução dos termos técnicos lá utilizados para os conceitos do Direito Brasileiro, mas também porque a terminologia lá utilizada não é uniforme como apontam os próprios autores ingleses.[2]

A questão envolve as expressões *termination of contract*, *rescission of contract*, *repudiation* e *breach of contract*.

Para facilitar o entendimento, antecipam-se os resultados da pesquisa: num raciocínio puramente aproximativo, o que se entende por

---

1. René David, *Os Grandes Sistemas do Direito Contemporâneo (Direito Comparado)*, 2ª ed., Lisboa, Meridiano, 1978, pp. 44-48. Rodolfo Sacco e Antonio Gambaro, em obra de Direito Comparado (*Sistemi Giuridici Comparati*, reimpr., Turim, UTET, 1998, pp. 14-19) mostram as críticas e a utilidade da classificação de René David. Embora haja muitas outras famílias além dessas duas, e embora haja muitas convergências entre elas, no tocante ao direito privado, e tendo como todo apenas a oposição entre *Common Law* e *Civil Law*, há diferenças de formação, de conceitos, de didática e de exposição. O conteúdo das regras, entretanto, é similar. É o que se poderá notar adiante.

2. Patrick S. Atiyah, *An Introduction to the Law of Contract*, 5ª ed., Oxford, Clarendon, 1996, p. 398; Guenter H. Treitel, *The Law of Contract*, 6ª ed., Londres, Stevens & Sons, 1983, p. 570.

"inadimplemento" no Brasil está mais perto da noção de *breach of contract*. E o que se entende por "resolução contratual" aproxima-se de *termination of contract*.

Primeiramente, haveria uma distinção entre *rescission* e *termination of contract*. *Rescission* operaria *ab initio*, teria efeitos retroativos e recolocaria as partes na situação em que se encontravam antes da conclusão do acordo. Se uma das partes opta pela *rescission*, ela está pretendendo eliminar os deveres oriundos do contrato. Por isso, não é compatível com o pedido de *rescission* a pretensão de *damages* por *breach of contract*. Quando, por outro lado, um contrato é *terminated for breach*, não há *rescission ab initio*. A *termination* simplesmente põe fim aos deveres de cumprimento de obrigações ainda não cumpridas, e não atua retroativamente, eliminando *breaches* anteriores. Nesse caso se mantém, portanto, o direito de *claim damages for breach of contract*.[3]

Os casos de quebra de deveres que dão ensejo a um *right to rescind* são diferentes dos casos de quebra de deveres que dão ensejo a um *right to terminate*. Enquanto os primeiros são ligados a deveres originados não do contrato, mas da *equity*, impondo regras sobre como os contratos devem ser formados, os segundos são quebras de deveres cuja origem é o contrato. Por isso, não se fala, em caso de *breach of contract*, em *right to rescind*, mas somente em *right to terminate*. Exemplos de quebra de deveres que dão ensejo a um *right to rescind* são a fraude, ou o que se denomina *misrepresentation*, como uma espécie de vício de consentimento. Pode haver, contudo, *claim for damages* compatível com o *right to rescind*. Entretanto, os deveres descumpridos que autorizam a indenização referem-se não aos deveres contratuais, mas aos extracontratuais, a respeito da formação dos contratos.[4]

Já, o *right to terminate* refere-se a violação de um dever oriundo do contrato: o que significa *breach of contract*. Tal *breach of contract* pode se dar de formas diversas, que serão adiante mencionadas.

Em síntese, importa pontuar: há uma diferença entre quebra de deveres contratuais e quebra de deveres extracontratuais. A quebra de deveres extracontratuais dá ensejo a um remédio que elimina o contrato formado retroativamente. Já, a quebra de deveres contratuais dá ensejo a eliminar os deveres de cumprimento de obrigações ainda não cumpridas, mantendo-se os descumprimentos até então ocorridos, e permitindo a

---

3. Patrick S. Atiyah, *An Introduction to the Law of Contract*, cit., 5ª ed., pp. 398-399.

4. Idem, pp. 399-401.

indenização dos danos advindos das violações ocorridas, com base no contrato.

Patrick S. Atiyah utiliza a expressão *termination* para se referir à modalidade de extinção do contrato sem efeitos retroativos e autorizadora da ação de danos. Entretanto, Guenter H. Treitel utiliza a expressão *right to rescind* tanto para a extinção do contrato retroativamente como para as hipóteses ora denominadas de *termination*.[5]

O que leva ao direito de pôr fim às obrigações contratuais não cumpridas e pedir danos (*right to terminate*) é a *breach of contract*.[6] As hipóteses de *breach of contract*, por sua vez, são: *non-performance, repudiation, defective performance* e *breach of a promisory representation*.[7]

A *non-performance* é a ausência de cumprimento total da prestação devida.[8]

A *repudiation* ou *refusal to perform* mais interessa a este trabalho. Consiste ela em uma forma de *breach of contract* segundo a qual uma parte declara, por palavras ou por conduta, que declina de continuar com o contrato, fazendo com que a parte inocente perca substancialmente o benefício que teria com ele.[9] Veja-se que, aqui, *repudiation* é a conduta da parte que viola o contrato. Quando essa *repudiation* ocorre antes do tempo de cumprimento, é chamada de *anticipatory breach*,[10] a figura original que remete ao inadimplemento antecipado do contrato, que será adiante mais bem tratada.

A título de informação, a terceira figura que corporifica a *breach of contract* é a *defective performance*, consistente numa falha de cumprimento, seja por atraso, seja por cumprimento parcial, ou qualquer outra falha importante. Nesse sentido, costuma-se mencionar a distinção entre *conditions, warranties* e *intermediate terms*. A violação de uma *condition* sempre enseja o direito de *terminate*, o que não ocorre com a *warranty*. A violação de *intermediate term* depende da sua gravidade e das suas consequências para gerar a *termination*.[11]

5. Guenter H. Treitel, *The Law of Contract*, cit., 6ª ed., pp. 569-571.
6. Patrick S. Atiyah, *An Introduction to the Law of Contract*, cit., 5ª ed., p. 401; Guenter H. Treitel, *The Law of Contract*, cit., 6ª ed., p. 569.
7. Patrick S. Atiyah, *An Introduction to The Law of Contract*, cit., 5ª ed., p. 401.
8. Idem, ibidem.
9. Patrick S. Atiyah, *An Introduction to the Law of Contract*, cit., 5ª ed., p. 402; Guenter H. Treitel, *The Law of Contract*, cit., 6ª ed., p. 626.
10. Patrick S. Atiyah, *An Introduction to the Law of Contract*, cit., 5ª ed., p. 402.
11. Idem, p. 403.

A última forma de *breach of contract* corresponde à *breach of a promisory representation*, que, por sua vez, se daria quando uma representação equivocada dos fatos é incorporada como um termo do contrato, tornando-se uma promessa. Se tal representação não é verdadeira, a outra parte pode exercitar o *right to terminate*.[12]

Uma das marcas mais características da *termination* está em seu procedimento. Não há *automatic termination*. A *repudiation*, assim como outras formas de *breach of contract*, dá ao chamado contratante inocente a opção de dar o contrato por terminado (resolvido) ou mantê-lo e exigir seu cumprimento.[13]

Ocorre que tal atitude, de aceitar a *breach of contract* e de tratar o contrato como *terminated* e pedir *damages*, depende exclusivamente do contratante lesado. Não há necessidade de intervenção judicial para ocorrer a *termination*. Por isso se diz que a resolução operaria unilateral e extrajudicialmente.

Esse ponto é muito realçado por comparativistas franceses ao tratarem da inexecução das obrigações no Direito Inglês e também da resolução do contrato. Nesse sentido, Bernard Gilson afirma que o contratante lesado tem a faculdade de tratar o contrato como resolvido, explicando, assim, que a resolução no Direito Inglês é unilateral e não depende de intervenção judicial, ao contrário do que ocorre no Direito Francês. A intervenção judicial pode ocorrer apenas em um segundo momento: ou existe desacordo sobre a ocorrência da *termination*, ou o contratante lesado, ao pedir danos pelo descumprimento, acaba por levar também a questão da *termination* ao juiz. De qualquer modo, não há pronunciamento judicial de resolução, ou de *termination*: o juiz apenas declara se os fatos ocorridos podem ou não ser incluídos numa hipótese de *termination*.[14]

Ocorrida, portanto, a *termination*, os efeitos são os seguintes: o contratante faltoso se libera de cumprir as obrigações não cumpridas, mas tem de pagar danos com relação ao incumprimento; o contratante inocente se libera; há permanência da responsabilidade sobre as obrigações anteriores à *termination*; geralmente não há efeito restituitório, apenas por exceção, que pode ocorrer com base em ausência de *consideration*, e não por força automática da *termination*.[15]

12. Idem, ibidem.
13. Guenter H. Treitel, *The Law of Contract*, cit., 6ª ed., p. 636.
14. Bernard Gilson, *Inexécution et Résolution en Droit Anglais*, Paris, LGDJ, 1969, pp. 52-53.
15. Patrick S. Atiyah, *An Introduction to the Law of Contract*, cit., 5ª ed., pp. 409-410.

III – A ORIGEM DA *ANTICIPATORY BREACH OF CONTRACT*

Verificada, assim, a *termination for breach of contract*, pode-se, agora, mais tranquilamente, chamar a isso de resolução, como fazem os juristas franceses, para facilitar o estudo. Apenas não se olvide de suas características próprias: ocorre por ato da parte lesada, que simplesmente trata o contrato como terminado; não possui efeito restituitório ou retroativo; libera as partes do cumprimento de obrigações futuras, mas as mantêm responsáveis por incumprimentos passados; e permite a ação de danos pelo incumprimento das obrigações contratuais.

Um outro capítulo importante de ser mencionado, relativo ao Direito Inglês, refere-se ao que lá se denomina *remedies for breach of contract*.

Assim, quando há uma inexecução contratual, quais alternativas surgem para a parte lesada a fim de fazer ser respeitado seu crédito?

Segundo Patrick S. Atiyah, raramente se entra em juízo para executar o contrato. Não há também condenação por *punitive damages*. Geralmente, deve haver a *termination*, com a respectiva ação de *damages*. Portanto, o princípio não é o da execução forçada, mas o da compensação por dinheiro. É citada frase do grande juiz e jurista dos Estados Unidos da América, Oliver Wendell Holmes, segundo a qual um contratante está obrigado tanto a cumprir o contrato quanto a pagar pela perda causada pelo seu descumprimento. Tal entendimento permitiria a conclusão de que há certa relutância em se encarar o descumprimento contratual como um ilícito, aproximando o binômio cumprimento ou reparação pelo descumprimento a uma opção do devedor. De qualquer dos modos a força obrigatória dos contratos estaria sendo respeitada.[16]

Tal entendimento encontra também posições contrárias, segundo as quais haveria, sim, uma obrigação legal de cumprir o pactuado, e não simplesmente optar pela indenização. Ocorre que, na prática, as sanções pertinentes, embora existam *injunctions* e *specific performance*, não são fortes o suficiente para encorajar ao cumprimento de obrigações contratuais, restando à alternativa da ação de danos ser o remédio por excelência.[17]

Um dos argumentos contra a execução específica é justamente a perda da confiança no parceiro contratual, o que faz com que a parte lesada não se interesse mais pelo cumprimento a ser por ele efetuado. Além disso, pode ser que a execução específica já esteja tão atrasada que não possa mais ser útil à parte lesada.[18]

16. Idem, p. 417.
17. Idem, pp. 417-419.
18. Idem, p. 428.

Segundo tradução literal de Patrick S. Atiyah, o primeiro propósito do direito contratual é compensar a parte inocente da violação contratual da parte culpada, na medida em que o dinheiro puder fazê-lo. Não há propósito de execução forçada ou de punição: é a compensação, e somente a compensação.[19]

Em termos de reparação, o princípio geral, por sua vez, é o de que a parte lesada deve ser colocada, pela ação de *damages*, na posição em que ela estaria se o contrato fosse completamente cumprido.[20] Esse princípio, por sua vez, deve ser aplicado em conjunto com o princípio da mitigação dos danos. Segundo este último, a parte lesada deve tomar providências razoáveis a fim de proteger seus interesses diante de uma violação contratual. Assim, ela será compensada totalmente na medida em que tiver tomado precauções para mitigar os danos sofridos e para não aumentá-los.[21]

Em linhas gerais, esse é o modelo da inexecução contratual no sistema da *Common Law*. Interessante, a seguir, são algumas notas comparativistas a respeito do sistema continental.

Segundo Léotin-Jean Constantinesco, no Direito Inglês o conceito central, diante do qual gravita a responsabilidade contratual, é o de *breach of contract*, que significa nada mais do que o não cumprimento, a inexecução, o inadimplemento ou a violação de obrigação contratual.[22]

Como primeira característica surge a ausência de uma colocação central do problema da culpa contratual. Assim, a noção de *breach of contract*, em princípio, satisfaz-se com a inexecução, sem se debruçar pelas suas causas. É claro que a ruptura do contrato é sempre tida como imputável ao devedor, e que para os casos de ausência de culpa existe toda a doutrina da *frustration*. Entretanto, para a resolução (*termination of contract*) a culpa não é requisito intrínseco, pois o contrato é visto como um instrumento para atender a resultados econômicos visados, que, caso não ocorridos, justificam sua extinção, não importa a causa.[23]

Segundo Yves-Marie Laithier, tal ideia de inexecução objetiva no sistema da *Common Law* é mais um mito do que uma realidade, pois

19. Idem, p. 439.
20. Idem, p. 444.
21. Idem, p. 458.
22. Léotin-Jean Constantinesco, *Inexécution et Faute Contractuelle en Droit Comparé (Droit Français, Allemand, Anglais)*, Stuttgart, W. Kohlhamer Verlag, ou Bruxelas, Librairie Encyclopedique, 1960, p. 122.
23. Catherine Popineau-Dehaullon, *Les Remèdes de Justice Privée à l'Inexécution du Contrat: Étude Comparative*, Paris, LGDJ, 2008, pp. 252-253.

o elemento de imputabilidade existe tanto no Direito Inglês quanto no Direito Americano.[24]

Mais importante do que a pesquisa da culpa, a inexecução que dá origem à resolução deve ser grave, isto é, deve agredir a essência do contrato. Essa fundamentalidade da inexecução é configurada sobretudo pela violação de uma *condition*, e não simplesmente de uma *warranty*. Haveria aqui, portanto, mais semelhança entre o sistema da *Common Law* e o sistema continental.[25]

Realçado também é o ponto da necessidade de aceitação da *repudiation* para que se dê a resolução do contrato. Não existe, assim, resolução automática, mas esta é, em princípio, um ato do credor, e não de um juiz. Não basta, portanto, a inexecução grave e fundamental. É necessário que o credor dê o contrato por resolvido.[26]

Catherine Popineau-Dehaullon, em estudo comparativo sobre os remédios da justiça privada para a inexecução do contrato, afirma que uma das características de sistemas como o da *Common Law*, que admitem a resolução unilateral – isto é, sem intervenção de terceiro que a pronuncia –, é a desdramatização da resolução. Assim, a resolução surge como uma medida mais eficiente para liberar o credor de um contrato que não lhe traz mais o resultado programado. Ao invés de insistir na manutenção do contrato, deve-se rapidamente compensar as consequências de uma inexecução grave e permitir ao credor encontrar novo parceiro no mercado. A resolução permitira, assim, uma substituição do devedor, em prol da satisfação do credor.[27]

Afirma que ao lado desta concepção está também a característica de que na *Common Law* as perdas e danos são o remédio central para a inexecução contratual. Citando também Oliver Wendel Holmes, afirma que a execução contratual não é um fim em si mesma, e que, apesar de objeções morais, a compensação pelos danos é mais eficiente do que a execução forçada para o funcionamento do mercado.[28] Constantinesco afirma, categoricamente, que a *breach of contract* gera ação de danos.[29]

24. Yves-Marie Laithier, *Étude Comparative des Sanctions de l'Inexécution du Contrat*, Paris, LGDJ, 2007, pp. 97-99.
25. Catherine Popineau-Dehaullon, *Les Remèdes de Justice Privée à l'Inexécution du Contrat: Étude Comparative*, cit., pp. 277-283.
26. Idem, pp. 283-285.
27. Idem, pp. 222-223.
28. Idem, pp. 223-224.
29. Léotin-Jean Constantinesco, *Inexécution et Faute Contractuelle en Droit Comparé (Droit Français, Allemand, Anglais)*, cit., p. 124.

Pontua ainda Catherine Popineau-Dehaullon o lugar bastante limitado da execução específica no Direito Inglês, pois para que ela tenha cabimento é necessária a demonstração, mediante prova, de que tal remédio é mais apropriado ao caso do que a compensação dos danos por dinheiro, que é o remédio central do sistema.[30] O dever de mitigação dos danos, por sua vez, é marca irredutível da *Common Law*, com vistas à melhor utilização dos recursos econômicos. Está diretamente ligado à resolução unilateral, mediante a qual o credor pode, sem demora, concluir outro contrato para suprir suas necessidades.[31]

Outro ponto de diferença reside nos efeitos da resolução – já entendida esta como a figura de direito civil do sistema continental mais próxima da *termination for breach*. Nesse sentido, a resolução teria efeitos prospectivos, e efeitos restituitórios somente em exceção. Tal restituição, por sua vez, possui fundamento maior no enriquecimento sem causa, e não no término do contrato.[32]

Mas a conclusão da autora, ao tentar apreender a característica fundamental da inexecução, da resolução e da reparação por danos no sistema da *Common Law*, é a de vê-lo como de feição acentuadamente pragmática. Seu objetivo não é o de sancionar o devedor, mas garantir a eficácia econômica de um contrato que, não executado devidamente, torna-se inútil e ineficaz. Daí a opção pela resolução por ato do credor e imediata reparação dos prejuízos sofridos, que devem ser mitigados pela rápida solução da necessidade econômica junto ao mercado.[33]

Realizada essa tentativa de apreensão do modelo de inexecução contratual da *Common Law*, verificadas também as suas consequências, com reforço da comparação com o sistema continental, ao qual o Direito Brasileiro é filiado, com herança marcante principalmente no tocante à resolução, cumpre, então, tratar da *anticipatory breach of contract*.

2. A origem da anticipatory breach of contract
e sua expansão ao Direito dos Estados Unidos da América

O caso que originou a figura da *anticipatory breach of contract* é mencionado em todos os trabalhos que pretendem estudar o inadimple-

---

30. Catherine Popineau-Dehaullon, *Les Remèdes de Justice Privée à l'Inexécution du Contrat: Étude Comparative*, cit., pp. 509-514.
31. Idem, pp. 591-594.
32. Idem, pp. 571-574.
33. Idem, p. 285.

mento antecipado do contrato. Trata-se do *leading case* "Hochster *versus* De La Tour", de 1853.[34]

Foi concluído um contrato em abril/1852 pelo qual o autor da demanda se incumbia de acompanhar o réu em uma viagem pelo Continente europeu, a se iniciar em 1º de junho. Em 11 de maio, entretanto, o réu lhe enviou carta pela qual declinava de seus serviços. Dada esta *repudiation*, ocorrida, entretanto, antes do tempo em que a obrigação deveria ser cumprida, o autor ingressou em juízo.

Foi, então, fixado o entendimento de que a aceitação da violação do contrato permite que a vítima demande pelos danos imediatamente, antes do tempo previsto para o cumprimento. A razão para tanto foi a de que, se o contratante lesado não desse o contrato por resolvido (*terminated*), ele não poderia concluir outro contrato de trabalho até a data de cumprimento. Possibilitou-se, assim, a aceitação da quebra antes que o cumprimento fosse exigido, com imediata possibilidade de ação por *damages*.[35]

Posteriormente foram se agregando novos entendimentos pela casuística. Assim, não só a declaração antes do termo, mas também a incapacitação do devedor para o cumprimento antes do termo poderia configurar a *repudiation*.[36]

Nesse sentido, Léotin-Jean Constantinesco bem intuiu o problema: com a conclusão de um contrato, as partes assumem o acordo tácito de não fazer nada a colocar em perigo a execução. Descobriram-se, assim, no Direito Inglês as obrigações subsidiárias, negativas ou implícitas, resultantes da boa-fé e da confiança contratual.[37]

A declaração, por sua vez, deve ser clara e absoluta. Não necessita ser expressa, mas pode ser tácita, desde que um homem razoável possa dela concluir a intenção de não cumprir com o prometido.[38]

Tal *repudiation* faz nascer uma alternativa para o credor: ou mantém o contrato, pressionando pelo seu cumprimento quando o termo chegar,

34. Judith Martins-Costa, "A recepção do incumprimento antecipado do contrato no Direito Brasileiro: configuração e limites", *RT* 885/32-33, São Paulo, Ed. RT, julho/2009; Robert E. Scott e Jody S. Kraus, *Contract Law and Theory*, 4ª ed., Newark, LexisNexis, 2007, pp. 799-831; John D. Calamari, Joseph M. Perillo e Helen Hadjiyannakis Bender, *Cases and Problems on Contracts (American Casebook Series)*, 3ª ed., St. Paul. Minn., West Group, 2000, pp. 558-574.

35. Guenter H. Treitel, *The Law of Contract*, cit., 6ª ed., pp. 642-643.

36. Idem, p. 642.

37. Léotin-Jean Constantinesco, *Inexécution et Faute Contractuelle en Droit Comparé (Droit Français, Allemand, Anglais)*, cit., p. 129.

38. Guenter H. Treitel, *The Law of Contract*, cit., 6ª ed., p. 644.

e, se não houver cumprimento, ocorre simplesmente *breach of contract*; ou aceita a quebra, caso em que poderá dar o contrato por *terminated* e pedir *damages*. Ocorre, aí, a *anticipatory breach of contract*.[39]

Tratando do problema em termos mais próximos ao Direito Brasileiro, poder-se-ia dizer: ocorrendo o repúdio ao contrato, pode a parte lesada aceitar a quebra e dar o contrato por resolvido, partindo, então, para as perdas e danos.

Todavia, não basta dar o contrato por resolvido, mas a aceitação da quebra exige tratar o contrato como resolvido. Isso significa que a inércia ou simplesmente a declaração de aceite da quebra não bastam para a *termination*. Deve-se tomar alguma ação concreta – por exemplo, dizer que se aceita a quebra e concluir novo contrato, ou simplesmente ajuizar a ação de danos.[40]

Não podem ocorrer também condutas contraditórias, isto é, tratar o contrato como resolvido e, ao mesmo tempo, para outros fins, manter o contrato como ainda em existência.[41]

Para que a *termination* seja legítima, é necessário que estejam cumpridos os seus requisitos. Assim, a violação ocorrida, nos seus efeitos prospectivos, deve ser grave, acarretadora de *substancial failure to perform*. Uma declaração de que haverá atraso, por exemplo, por si só, não pode ser considerada *anticipatory breach*. Ela deve ser sopesada de acordo com as circunstâncias do negócio na época em que a parte dá o contrato por resolvido.[42]

Com relação à incapacitação para cumprimento, outro importante precedente está em "Universal Cargo Carriers Corp. *versus* Citati". Nesse caso havia uma promessa de carregamento de carga em navio, com uma data-limite e de modo específico. Entendeu-se, então, que para a carga ser totalmente carregada no navio até a data limite de 21 de junho tal atividade deveria ter se iniciado antes de 18 de junho, quando de fato foi iniciado o carregamento. Entretanto, a prova exigida foi a da efetiva impossibilidade de isto ocorrer, e não somente uma mera suposição.[43]

Posteriormente foi alargado o campo da impossibilidade, para que a resolução fosse justificada por uma razoável crença de que na data estipulada haveria uma quebra fundamental, por exemplo, em razão de

---

39. Idem, p. 642.
40. Idem, ibidem.
41. Idem, ibidem.
42. Idem, p. 644.
43. Idem, p. 645.

um navio que ainda estivesse navegando e que não aportaria a tempo de cumprir os acordos comerciais programados.[44]

Se entre a aceitação da quebra do contrato e o termo de vencimento a parte inadimplente oferece a prestação, a parte lesada não está obrigada a aceitá-la, bem como não necessita fazer prova de que, no momento em que declarou a resolução do contrato, teria condições de adimplir suas prestações.[45]

O maior problema, contudo, para a *anticipatory breach* reside na quantificação dos danos a indenizar. Segundo Guenter H. Treitel, este é o maior inconveniente da doutrina da *repudiation before performance is due*. Não seria necessário, segundo o autor, resolver o contrato e, ao mesmo tempo, já pedir danos. Uma parte poderia tratar o contrato como resolvido e encontrar outro parceiro contratual. A verificação dos danos poderia ser feita em momento posterior. Assim, não haveria o problema bastante complexo da quantificação dos danos com base no momento em que o contrato seria cumprido, especialmente quando há um longo período até o advento deste termo e o julgamento da causa ocorre antes dele. Tais danos, segundo o autor, somente poderiam ser presumidos. Além disso, haveria certa incongruência no fato de a prestação principal ainda não ser exigida e a prestação indenizatória ser já exigível, sem quantificação exata dos danos.[46]

Por fim, se, em princípio, a parte lesada não aceita a quebra, nada impede que a aceite quando efetivamente não ocorrido o cumprimento. Todavia, se entre a *repudiation* e o termo de pagamento sobrevier uma *frustration*, a parte inocente não poderá requerer a indenização por danos.[47]

Aí está, portanto, um delineamento da *anticipatory breach of contract*.

Tais observações foram tiradas principalmente de autores que se referiam ao Direito Inglês. Pode-se perceber que, embora as estruturas da inexecução contratual e consequente resolução sejam diferentes das do Direito Brasileiro, ainda há um enfoque que permite fazer uma aproximação ou uma ponte, pelo menos em termos teóricos, entre o inadimplemento antecipado e a *anticipatory breach*.

Ocorre que a *anticipatory breach* também se fez presente no Direito dos Estados Unidos da América. E lá, embora os conceitos permaneçam

---

44. Idem, p. 646.
45. Idem, p. 646.
46. Idem, p. 643.
47. Idem, pp. 646-647.

próximos da *anticipatory breach* inglesa, o modo como o problema se coloca é bastante diverso. É como se a observação de que os contratos são vistos de forma a ressaltar seu conteúdo econômico fosse exacerbada no Direito Americano. Cumpre, então, abordar, de alguma forma, esse aspecto.

Concebida no Direito Inglês, a *anticipatory breach of contract* também foi reconhecida no Direito dos Estados Unidos da América. Com efeito, nos livros de *cases on contracts* há citação tanto de precedentes ingleses como de precedentes de Cortes americanas a respeito dessa temática.[48]

Há que se lembrar também da alusão que faz a Seção 2-610 do *Uniform Commercial Code* à *repudiation before performance is due*. O *Uniform Commercial Code* foi elaborado em 1977 por organizações privadas com vistas à uniformização da legislação comercial. Não tem, em si, autoridade de lei. Entretanto, todos os Estados norte-americanos incorporaram-no à sua legislação. No tocante à compra e venda, há prescrições que remetem à noção da *anticipatory breach*, prescrevendo a uma *repudiation* antes do termo de vencimento os remédios de uma *breach*.[49]

Já, nos livros que tratam do assunto o tom da exposição é sempre problematizante.

Inicialmente, um dos problemas é justamente o que se refere ao ajuizamento de demanda judicial antes do tempo em que a prestação é devida. Há uma ideia de que a regra é o ajuizamento após o termo de vencimento. Como exceção, portanto, aparecem os casos de *anticipatory breach*.[50]

Outro ponto importante diz respeito a toda a problemática envolvendo que tipo de conduta pode efetivamente representar uma *repudiation*. Em princípio, a *repudiation* expressa deve ser clara, categórica e inequívoca: expressa recusa a cumprir. Já, a *repudiation* implícita seria uma conduta na qual o devedor se coloca em posição na qual deixa de possuir o poder de cumprir, de modo a tornar impossível uma *substancial performance*.[51]

---

48. Robert E. Scott e Jody S. Kraus, *Contract Law and Theory*, cit., 4ª ed., pp. 799-831; John D. Calamari, Joseph M. Perillo e Helen Hadjiyannakis Bender, *Cases and Problems on Contracts (American Casebook Series)*, cit., 3ª ed., pp. 558-574.

49. Aline de Miranda Valverde Terra, *Inadimplemento Anterior ao Termo*, Rio de Janeiro, Renovar, 2009, pp. 146-147.

50. Robert E. Scott e Jody S. Kraus, *Contract Law and Theory*, cit., 4ª ed., pp. 808-809.

51. Idem, pp. 809-810.

III – A ORIGEM DA *ANTICIPATORY BREACH OF CONTRACT*

Permanece nos Estados Unidos o entendimento de que, em resposta a uma *repudiation*, a parte lesada pode tratá-la como uma *anticipatory breach* e, então, resolver o contrato, ou esperar por *performance*, que, caso venha a falhar no tempo em que for devida, representa uma *actual breach*.[52]

Esse tópico revela muitos problemas, pois no Direito Americano, assim como no Inglês, a *termination* ocorre por ato do credor. Em seguida, este pode propor a ação de danos. O conflito judicial é organizado, portanto, na forma de ação de danos. Uma das principais controvérsias prejudiciais ao pedido de danos é saber se determinada conduta poderia, ou não, ter sido interpretada como *repudiation before performance is due*. Caso a conduta não possa ser caracterizada como *repudiation*, a parte que se diz lesada é que efetivamente incorreu em *breach of contract*. E, em razão disso, é ela quem deve *damages* para o outro contratante. Esse é o problema da *repudiation* ambígua, que vai para a Justiça como uma disputa sobre quem deve danos a quem.[53]

Segundo Robert E. Scott e Jody S. Kraus, a noção de *repudiation* não é mais tão estrita nos Estados Unidos da América. Com efeito, há interessante precedente no sentido de que a conduta do devedor de sempre postergar a execução da promessa pode ser considerada como apta para que o lesado razoavelmente concluísse que não haveria cumprimento do trabalho prometido.[54]

Além da apresentação desses problemas, pode-se notar que a preocupação maior, além da própria existência do direito de resolver por quebra antecipada, reside na quantificação dos danos e no dever de sua mitigação. Existem entendimentos tanto no sentido de que o dever de mitigação é também antecipado como no sentido de que ele só seria exigível após o tempo em que o cumprimento fosse efetivamente devido. O problema, aqui, é o de que a antecipação do dever de mitigação leve à má-fé do devedor, que faz o repúdio ao contrato e depois se nega a ressarcir danos, em razão de que o outro contratante não teria devidamente mitigado seus danos.[55]

Com relação à quantificação dos danos, há citação do *Uniform Commercial Code, Section* 2-713, no sentido de que os danos por não entrega dos bens comprados devem ser calculados tomando-se seu preço

52. Idem, p. 810.
53. Idem, pp. 816-817.
54. Idem, p. 811.
55. Idem, pp. 816-817.

de mercado quando o comprador teve ciência da quebra e subtraindo o preço do contrato. Haveria, aqui, dúvidas a respeito da aplicação desta hipótese à *anticipatory breach*. A ciência da quebra seria o momento de aceitação da *repudiation* ou o momento em que a prestação é devida? Interessante exemplo mencionado é o de compra e venda de chips de computador, concluída em janeiro, para entrega em dezembro, no valor de 400 Dólares cada. Verificada uma *repudiation* em abril, colhe-se que nessa data o valor do chip para dezembro é de 500 Dólares. O valor do dano seria, então, de 100 Dólares por chip. Se deixado para avaliar o valor do dano para dezembro, pode ocorrer de o chip estar valendo ainda menos ou muito mais, de modo que tanto o comprador como o vendedor teriam interesse em uma ou outra solução, embasados ainda no dever de mitigação.[56]

Percebe-se, assim, que o problema, para o Direito Americano gira muito em torno de quem deve danos a quem. Assim, sempre se pergunta: poderia a conduta indicada ser entendida razoavelmente como *repudiation*? Se sim, houve a devida mitigação de danos? Se não, a parte que incidiu em *breach of contract* é quem gerou danos, mas o contratante então lesado agiu devidamente para mitigá-los?

Há toda uma problemática relativa à má-fé dos contratantes. Assim, um comprador pode tentar se restabelecer de um mau negócio provocando uma *repudiation* da outra parte, para se ressarcir com os danos. Existe também o risco de o vendedor, tentando se livrar de um mau negócio, emitir *repudiations* ambíguas, forçando a *termination*, para depois imputar a *breach of contract* ao comprador e, então, se ver ressarcido pelos danos por ele devidos. Se o dever de *mitigation* pode coibir tais condutas, pode também exacerbá-las, pois sempre poderá ser imputada ao outro contratante a majoração dos danos, incorrendo em verdadeiro jogo para ver quem sai ganhando mais com o contrato desfeito.[57]

Por outro lado, percebe-se que não há muita preocupação com a necessidade do credor no bem objeto do contrato, pois a solução para esse problema, referente à necessidade concreta do contratante, é sempre resolvida por mecanismo externo à relação contratual: sempre se pode encontrar o bem necessitado no mercado. Resta saber quem arcará com a elevação dos custos.

Veja-se, portanto, que a forma de organização do conflito no Direito Americano parece diferente do modo continental de entendê-lo. Se no

56. Idem, pp. 828-831.
57. Idem, pp. 816-817.

Continente se pergunta sobre a caracterização da inexecução, sobre a possibilidade de resolução, com a salvaguarda da coerência do sistema, sobre o que fazer com o interesse prejudicado do credor, nos Estados Unidos da América se pergunta: quem cobre o prejuízo? É claro que os conceitos de quebra do contrato, de responsabilidade contratual, estão sempre atuando de forma a solucionar o conflito. Mas a ação judicial é sempre a de danos, com possibilidade de que cada um dos contratantes saia credor ou devedor do outro.

3. A assimilação ou correspondência da anticipatory breach of contract em alguns Direitos da família romano-germânica e em documentos de unificação do direito das obrigações

Muito embora possa ser notada a característica bem própria da *anticipatory breach* no sistema da *Common Law*, em Direitos da família romano-germânica a figura também é mencionada. Cumpre, então, noticiar essa assimilação ou correspondência.

No Direito Francês, é interessante notar, teses recentes sobre inexecução e resolução contratual trataram especificamente da ali chamada resolução por inexecução antecipada, ou resolução por antecipação. A aplicação da figura em Direito interno é praticamente inexistente, sua recepção é bastante controversa, mas os estudos específicos não deixam de tecer considerações e requisitos para que isso ocorra de maneira equilibrada.[58]

Percebe-se, então, uma nítida tentativa de importação da *anticipatory breach*, com a necessária adaptação ao Direito Francês. É aventada a eficiência econômica da figura, principalmente com relação à mitigação de danos. É exposta também sua relação com o que ali se chama resolução unilateral, para se referir à resolução extrajudicial.[59]

A oposição à recepção da figura é devidamente marcada, quase como um obstáculo intransponível: como justificar uma resolução contratual

---

58. Catherine Popineau-Dehaullon, *Les Remèdes de Justice Privée à l'Inexécution du Contrat: Étude Comparative*, cit., pp. 314-317; Thomas Genicom, *La Résolution du Contrat pour Inexécution*, Paris, LGDJ, 2007, pp. 228-239; Yves-Marie Laithier, *Étude Comparative des Sanctions de l'Inexecution du Contrat*, cit., pp. 553-597.

59. Catherine Popineau-Dehaullon, *Les Remèdes de Justice Privée à l'Inexécution du Contrat: Étude Comparative*, cit., pp. 314-317; Yves-Marie Laithier, *Étude Comparative des Sanctions de l'Inexecution du Contrat*, cit., pp. 586-597.

diante de uma inexecução que não é materializada?[60] A força obrigatória do contrato como também os riscos de abusos por parte da parte que pretende a resolução também são lembrados.[61] Há posição inclusive no sentido de que uma recepção muito irrestrita da figura pode tanto gerar resoluções contratuais indevidas, multiplicando erros jurídicos, como também propagar indevidamente o uso do remédio resolutório. Assim, sua recepção teria de ser bem medida, feita principalmente com base na noção de inexecução, suficientemente aberta para admitir as hipóteses ditas de antecipação.[62]

Um argumento favorável à resolução por antecipação que coloca muito bem a necessidade de uma solução satisfatória ao problema é o de que não é razoável exigir que o credor aguarde o advento do termo contratual para tomar medidas adequadas diante de uma inexecução que se mostra praticamente irrefutável, geradora de prejuízos inevitáveis.[63]

Percebe-se, assim, no Direito Francês não um delineamento acabado e geral da figura, tal como no Direito Inglês, mas a tentativa individual de autores que se debruçaram sobre o tema de pesquisar fundamentos, justificativas e requisitos seguros para a aplicação da figura. Nesse sentido, surgem os requisitos de inexecução grave, imputável, próxima à noção de impossibilidade.[64]

Essa remissão ao Direito Francês é interessante, sobretudo, porque o dispositivo legal do Direito Brasileiro que trata da resolução é resultado de influência de dispositivo semelhante do CC francês, o art. 1.184. De certa forma, os argumentos expostos ali são cabíveis também no Direito Brasileiro.

Já, no Direito Italiano a resolução antecipada do contrato ou o inadimplemento antes do termo teve tratamento diferente. Não se nota uma abordagem no sentido de que a figura é estrangeira e, assim, deve ou não ser incorporada ao Direito Italiano. Na verdade, o tema foi tratado como uma decorrência da noção de inadimplemento e de resolução

60. Catherine Popineau-Dehaullon, *Les Remèdes de Justice Privée à l'Inexécution du Contrat: Étude Comparative*, cit., p. 315.
61. Yves-Marie Laithier, *Étude Comparative des Sanctions de l'Inexecution du Contrat*, cit., pp. 560-561.
62. Thomas Genicom, *La Résolution du Contrat pour Inexécution*, cit., pp. 233-238.
63. Catherine Popineau-Dehaullon, *Les Remèdes de Justice Privée à l'Inexécution du Contrat: Étude Comparative*, cit., p. 315.
64. A mais completa abordagem de requisitos da figura é de Yves-Marie Laithier, *Étude Comparative des Sanctions de l'Inexecution du Contrat*, cit., pp. 565-596.

contratual, com certa relação com casos práticos e também com certos dispositivos legais.

Nesse sentido, em obra específica de meados do século XX, Luigi Mosco já tratava do problema da declaração expressa ou tácita de não adimplir, ou da evidência da futura impossibilidade de adimplir, como justificando uma medida resolutória por inadimplemento.[65]

Em certos artigos específicos verificou-se a percepção de prestações acessórias, principalmente preparatórias, ao ato de adimplir, que devem ser providenciadas antes do advento do termo. Há também menção a atos contrários à futura possibilidade de adimplir. Tudo isso justificaria a medida resolutória, sem, contudo, descuidar do problema de se operá-la antes do advento do termo, quando, então, o inadimplemento seria materializado.[66]

O tema no Direito Italiano ganha, assim, ares de certa habitualidade, justificando, por exemplo, na obra de Massimo Bianca, alusão lateral no tópico sobre o inadimplemento no sentido de que a atividade preparatória necessária à prestação faz parte dela e consiste em um dever atual, muito embora a prestação não seja ainda exigível.[67]

Em estudo específico sobre o tema, Vincenzo Putortì cita a *anticipatory breach*, mas não a coloca como origem da problemática no Direito Italiano. Narra a colocação do problema desde o Código de 1865, bem como apresenta, como uma primeira abordagem mais substancial, a questão da resolução mediante termo de diferimento (*risoluzione mediante diffida*), presente nos arts. 1.662 e 2.224 do CC, referentes aos contratos de empreitada e de prestação de serviço.[68]

Dadas a influência do Código Civil italiano para o vigente Código Civil brasileiro na parte de obrigações assim como a precisão na identificação dos deveres preparatórios e instrumentais à prestação principal, são

65. Luigi Mosco, *La Risoluzione del Contratto per Inadempimento*, Nápoles, Casa Editrice Dott. Eugenio Jovene, 1950, pp. 35-42.

66. Giuseppe Conte, "Appunti in tema di mancato compimento dell'attività preparatoria e di risoluzione anticipata del contratto", *Rivista del Diritto Commerciale* 3-4/155-174, março-abril/1990; Giovanni Muraro, "L'inadempimento prima del termine", *Rivista di Diritto Civile*, Ano XI, Parte Seconda, Pádua, CEDAM, 1965, pp. 140-149.

67. Massimo Bianca, *Diritto Civile V, La Responsabilità*, Milão, Giuffrè, 1994, p. 5.

68. Vincenzo Putortì, *Inadempimento e Risoluzione Anticipata del Contratto*, Milão, Giuffrè, 2008, pp. 1-96.

bastante úteis os comentários ali encontrados para uma melhor abordagem do inadimplemento antecipado do contrato.

Com relação ao Direito Alemão, pode-se mencionar um dado encontrado nos atuais estudos comparativistas franceses a respeito da inexecução e da resolução. Com efeito, ali se pontua que, inicialmente, diferentemente do Direito Francês, a resolução era remédio excepcional, servindo unicamente para os casos em que ela se impunha pela força das coisas, não como uma alternativa geral para os casos de inadimplemento.[69]

Depois da reforma do direito obrigacional de 2002, o direito de resolver passou a depender de uma concepção unitária da inexecução, fundada na noção de violação de uma obrigação. Trata-se, assim, de concepção bastante aberta de incumprimento, servindo a todos os casos em que uma parte adota atitude contrária às obrigações contratuais. Quando tal violação é grave e compromete a economia e o fim do contrato, surge a possibilidade de resolução. Esta, por sua vez, é cumulável com a indenização pelos danos, o que até antes da reforma de 2002 era impossível, pois não se admitia o cúmulo de sanções para a inexecução contratual. A resolução opera unilateralmente, como ato do credor, como no sistema da *Common Law*.[70]

A noção de violação de uma obrigação consagrou todo o esforço construtivo do Direito Alemão, principalmente advindo da teoria da violação positiva do crédito e da boa-fé objetiva, para munir a parte lesada de remédios jurídicos para o incumprimento de qualquer dever decorrente do vínculo obrigacional, seja sua fonte o contrato, a lei ou a boa-fé objetiva. Para os casos de uma violação menor não é cabível a resolução, mas há outros remédios dispostos no Código, como uma resolução parcial com manutenção de obrigações principais. A resolução do contrato depende de certa fundamentalidade do descumprimento.[71]

A ruptura antecipada, por sua vez, foi admitida na reforma do *BGB* de 2002, e sua alusão aqui é justificada pela clareza com que a solução foi colocada legislativamente: o credor pode resolver o contrato antes que o cumprimento seja exigível se é evidente que os requisitos para a resolução estão cumpridos.[72] Há aí, portanto, consagração legislativa do

---

69. Thomas Genicom, *La Résolution du Contrat pour Inexécution*, cit., p. 149.

70. Catherine Popineau-Dehaullon, *Les Remèdes de Justice Privée à l'Inexécution du Contrat: Étude Comparative*, cit., pp. 254-255.

71. Idem, pp. 289-292.

72. Catherine Popineau-Dehaullon, *Les Remèdes de Justice Privée à l'Inexécution du Contrat: Étude Comparative*, cit., pp. 311-312. O texto do *BGB*, em Inglês,

inadimplemento antecipado do contrato em sistema de direito civil enraizado na base do Direito Romano, em perfeita sintonia com os outros elementos do sistema, apontando justamente a solução para o remédio resolutório e seus requisitos. É algo que deve ser mencionado.

É preciso observar, contudo – como faz Aline de Miranda Valverde Terra –, que nos estudos sobre a violação positiva do contrato já havia menção, como uma de suas espécies, a uma das concretizações de inadimplemento anterior ao termo, qual seja, a declaração de não adimplir.[73]

É de se mencionar, ainda, a consagração do inadimplemento antecipado do contrato na Convenção de Viena sobre a Compra e Venda Internacional de Bens Móveis, de 1980, no seu art. 72. Tal diploma é reconhecido como o mais perfeito modelo de harmonização entre os Direitos de família romano-germânica e os de *Common Law*.[74]

Depreende-se de seus requisitos a noção de evidência de ocorrência de inadimplemento fundamental antes do termo de vencimento. A resolução contratual, por sua vez, opera-se por declaração do credor,

foi acessado pelo *site* holandês, que reúne informações sobre direitos internos de muitos Países: *www.lexadin.net*. A partir desse *site*, o texto do *BGB* foi acessado em *http://www.iuscomp.org/gla/statutes/BGB.htm#b2s3*, em 6.12.2013: "§ 323(4): The obligee may terminate the contract before performance becomes due if it is obvious that the preconditions for termination will be satisfied". Para outras informações sobre a reforma do *BGB* de 2002: António Menezes Cordeiro, *Da Modernização do Direito Civil*, Coimbra, Livraria Almedina, 2004. O autor, contudo, não trata especificamente da resolução. A opção deste trabalho foi a de se apoiar em autores franceses que fizeram estudos de Direito Comparado sobre inexecução de obrigações e a resolução contratual. Nesse contexto, foi abordado o inadimplemento antecipado no Direito Alemão. Os livros de autores alemães disponíveis traduzidos para línguas latinas não se encontravam atualizados de acordo com a reforma de 2002. Por isso a opção realizada no trabalho.

73. Aline de Miranda Valverde Terra, *Inadimplemento Anterior ao Termo*, cit., pp. 157-159. Neste sentido: Jorge Cesa Ferreira da Silva, *A Boa-Fé e a Violação Positiva do Contrato*, 2ª tir., Rio de Janeiro, Renovar, 2007, pp. 256-257.

74. Judith Martins-Costa, "A recepção do incumprimento antecipado do contrato no Direito Brasileiro: configuração e limites", cit., *RT* 885/36. *United Nations Convention on Contracts for the International Sale of Goods*: "Art. 72. (1) If prior to the date for performance of the contract it is clear that one of the parties will commit a fundamental breach of contract, the other party may declare the contract avoided. (2) If time allows, the party intending to declare the contract avoided must give reasonable notice to the other party in order to permit him to provide adequate assurance of his performance. (3) The requirements of the preceding paragraph do not apply if the other party has declared that he will not perform his obligations". O Decreto Legislativo 538, de 18.10.2012, aprovou o texto da Convenção no Direito Brasileiro.

aproximando bastante o remédio internacional da *anticipatory breach of contract*.⁷⁵

Por fim, cabe referência aos documentos de uniformização do direito das obrigações que deram presença ao inadimplemento antecipado do contrato. Os *Princípios do Direito Europeu dos Contratos* também consagraram expressamente a *anticipatory non-performance*.⁷⁶

Nos *Princípios do UNIDROIT Relativos aos Contratos Comerciais Internacionais* assim está disposto:

Art. 7.3.3 **(Inadimplemento antecipado).** Uma parte poderá extinguir o contrato se, anteriormente ao termo de sua execução, resulta claro que haverá inadimplemento essencial pela outra parte.

Comentário: Esse artigo estabelece o princípio de que o inadimplemento que é esperado equipara-se ao inadimplemento que ocorreu no momento em que a prestação tornou-se devida. É uma exigência que reste claro que haverá um inadimplemento; uma suspeita, ainda que bem fundada, não é suficiente. Ademais, é preciso que o inadimplemento seja essencial e que a parte credora notifique a extinção. Um exemplo de inadimplemento antecipado é o caso em que uma parte declara que não irá adimplir o contrato; contudo, as circunstâncias também podem indicar que haverá um inadimplemento essencial.

Ilustração: "A" promete entregar óleo para "B" pelo navio M/S Paul em Montreal em 3 de fevereiro. Em 25 de janeiro M/S Paul ainda está a 2.000km de Montreal. Na velocidade em que se encontra, não chegará em Montreal em 3 de fevereiro, mas em 8 de fevereiro, no mínimo. Como o tempo é da essência, um atraso substancial é esperado, e "B" poderá extinguir o contrato antes de 3 de fevereiro.⁷⁷

Pode ser lembrado também o *Draft Common Frame of Reference*, cujo art. III – 3:504 consagra a resolução pela *anticipated non-perfor-*

---

75. Vincenzo Putortì, *Inadempimento e Risoluzione Anticipata del Contratto*, cit., pp. 97-157.

76. Judith Martins-Costa, "A recepção do incumprimento antecipado do contrato no Direito Brasileiro: configuração e limites", cit., *RT* 885/36. "Art. 9:304. Where prior to the time of performance by a party it is clear that there will be a fundamental non-performance by it, the other party may terminate the contract". Catherine Popineau-Dehaullon, *Les Remèdes de Justice Privée à l'Inexécution du Contrat: Étude Comparative*, cit., p. 311.

77. João Baptista Villela *et al.*, *Princípios UNIDROIT Relativos aos Contratos Internacionais/2004 [Versão em Língua Portuguesa]*, São Paulo, Quartier Latin, 2009, pp. 238-239. É preciso mencionar que há uma versão mais recente, de 2010, dos *Princípios UNIDROIT*, que pode ser consultada pela Internet: *http://www.unidroit.org/english/principles/contracts/principles2010/integralversionprinciples2010-e.pdf* (acesso em 2.12.2014).

mance, em termos bastante próximos ao entendimento mais completo da *anticipatory breach*.[78]

Apresentadas, portanto, a *anticipatory breach* inglesa, sua expansão ao Direito Norte-americano e sua assimilação ou correspondência em alguns Direitos de família romano-germânica, bem como sua ocorrência em obras de unificação do direito contratual. Eis a síntese do necessário para melhor identificação do inadimplemento antecipado do contrato no Direito Brasileiro.

---

78. Cristiano de Sousa Zanetti, "Inadimplemento antecipado da obrigação contratual", in Alberto Amaral Jr., Maristela Basso e Umberto Celli Jr. (coords.), *Arbitragem e Comércio Internacional: Estudos em Homenagem a Luiz Olavo Baptista*, São Paulo, Quartier Latin, 2013, pp. 326-327. O autor informa ser este o mais recente projeto europeu de unificação do direito dos contratos. Pode ser consultado também pela Internet: *http://ec.europa.eu/justice/policies/civil/docs/dcfr_outline_edition_en.pdf* (acesso em 2.12.2014): "III – 3:504. **Termination for anticipated non-performance.** A creditor may terminate before performance of a contractual obligation is due if the debtor has declared that there will be a non-performance of the obligation, or it is otherwise clear that there will be such a non-performance, and if the non-performance would have been fundamental".

IV

*Os Pressupostos e Elementos
do Inadimplemento Antecipado do Contrato
no Direito Civil Brasileiro*

1. Pressuposto positivo: a prestação principal sujeita a termo de vencimento. 2. Pressuposto negativo: ausência de impossibilidade da prestação, absoluta e permanente, por causa não imputável ou imputável ao devedor: 2.1 Impossibilidade não imputável ao devedor – 2.2 Impossibilidade imputável ao devedor. 3. Primeiro elemento: o inadimplemento de deveres preparatórios, instrumentais ou de lealdade e cooperação: 3.1 A obrigação e os deveres pertinentes ao vínculo contratual – 3.2 O inadimplemento dos deveres acessórios e laterais à prestação principal – 3.3 Formas de inadimplemento de deveres instrumentais ou preparatórios, de lealdade e cooperação: 3.3.1 Ausência de atividade preparatória ou instrumental à prestação principal – 3.3.2 Conduta contrária à finalidade contratual – 3.3.3 A declaração de não adimplir. 4. Segundo elemento: a frustração da finalidade contratual. Perda da função social: 4.1 Formas de perda da função social: 4.1.1 A perda da confiança – 4.1.2 Impossibilidade relativa prospectiva de cumprimento da prestação no termo de vencimento.

O inadimplemento antecipado do contrato é ferramenta jurídica flexível e dinâmica.

Para sua configuração são necessários alguns pressupostos e alguns elementos. Dentre os pressupostos, há os positivos e os negativos.[1] Verificada tal configuração, têm lugar seus efeitos, objeto do capítulo seguinte.

1. A terminologia ora adotada com referência a elementos e pressupostos é adaptada daquela utilizada por Antônio Junqueira de Azevedo para o tratamento do negócio jurídico (*Negócio Jurídico: Existência, Validade e Eficácia*, 4ª ed., São Paulo, Saraiva, 2002, pp. 29-30 e 33).

Os *pressupostos* são como condições que devem estar presentes antes da ocorrência do inadimplemento antecipado do contrato, vale dizer, situações sem as quais esse problema não se daria. Por isso, há pressupostos negativos, ou seja, situações que devem não estar presentes, pois, se estiverem, o inadimplemento antecipado sequer pode ser cogitado; e pressupostos positivos, que não podem ficar ausentes, sob pena de não haver utilidade alguma para a figura.

Já, os *elementos* são aqueles conceitos e situações que compõem a figura do inadimplemento antecipado do contrato, ou seja, aquilo que lhe dá existência própria, identidade, a sua ontologia jurídica, por assim dizer.

Os *efeitos* são as consequências jurídicas da ocorrência de tais fatos, consistentes na atribuição de direitos às partes envolvidas no contrato antecipadamente inadimplido.

Desta forma, em síntese, pode-se dizer que o inadimplemento antecipado do contrato requer, como pressuposto positivo, um contrato com prestação principal sujeita a termo; como pressuposto negativo, que não tenha havido impossibilidade, absoluta e permanente, desta prestação, seja por fato não imputável ao devedor, caso em que ele estaria exonerado da responsabilidade, seja por fato a ele imputável, caso em que restaria configurado o inadimplemento absoluto em si, sem que se pudesse cogitar de inadimplemento antecipado. Dentro desses pressupostos, os elementos do inadimplemento antecipado são dois: o primeiro é o inadimplemento de deveres preparatórios, instrumentais ou de lealdade e cooperação; o segundo elemento é a perda da função social do contrato, no sentido de frustação da finalidade contratual gerada pelo inadimplemento dos deveres acessórios ou laterais. O primeiro elemento, correspondente a um inadimplemento de deveres que não a prestação principal, pode se dar de três formas: pela ausência de atividade preparatória necessária à prestação principal; pelo exercício de um ato contrário à prestação principal; e pela declaração de não adimplir. Todos esses elementos devem ocorrer antes do termo da prestação principal, pressuposto positivo. Já, o segundo elemento, consistente na frustração da finalidade contratual, pode se dar de duas formas: pela prospectiva impossibilidade relativa de cumprimento da prestação no seu termo ou pela legítima perda da confiança no cumprimento do fim contratual. Por fim, como consequências do inadimplemento antecipado do contrato estão: a legitimação da exceção de contrato não cumprido; o direito de resolução contratual; e a indenização pelos danos sofridos pela parte lesada.

Sobre os pressupostos e elementos serão desenvolvidos os próximos itens.

1. Pressuposto positivo:
a prestação principal sujeita a termo de vencimento

Segundo Judith Martins-Costa, o inadimplemento antecipado surge como um problema no Direito Brasileiro, em razão do disposto no art. 333 do CC, que, dando como regra o princípio da pontualidade, só admite como exceção, para cobrança da dívida antes do termo, as hipóteses ali elencadas, dentre as quais não se encontra o inadimplemento antecipado. Além disso, o art. 939 do Código responsabiliza o credor que exigir dívida antes de vencida. Surgem como alternativa, portanto, somente as exceções relativas aos contratos bilaterais, como meio de defesa daquele devedor que vê situação de insegurança, ou perturbação, na prestação correspectiva a que tem direito.[2]

Essa perspectiva problemática é interessante, pois sugere que nem se cogitaria do inadimplemento antecipado se houvesse solução jurídica para o credor que se vê de alguma maneira lesado em seu interesse antes do advento do termo da prestação principal. Do mesmo modo, mantendo a perspectiva instrumental do direito das obrigações, se não houvesse termo em dada relação obrigacional, já se passaria logo ao exame do inadimplemento, sua caracterização e seus efeitos, para se tutelar o crédito ferido.

Essa perspectiva problemática e instrumental revela, portanto, que o inadimplemento antecipado do contrato não seria sequer cogitado se não houvesse uma prestação principal sujeita a termo. Existe, pois, um pressuposto positivo lógico necessário à perfeita configuração do inadimplemento antecipado – a prestação principal sujeita a termo –, que merece atenção.

O Direito Brasileiro trata do termo tanto como o elemento particular do negócio jurídico que subordina seus efeitos a evento futuro e certo[3] como a cláusula que estipula prazo de vencimento de uma obrigação.[4]

A doutrina italiana, por sua vez, é expressa ao diferenciar o termo do negócio jurídico ou do contrato do termo da prestação. Enquanto o primeiro é fator de eficácia que limita a produção dos efeitos do negócio

---

2. Judith Martins-Costa, "A recepção do incumprimento antecipado do contrato no Direito Brasileiro: configuração e limites", *RT* 885/31, São Paulo, Ed. RT, julho/2009.

3. Antônio Junqueira de Azevedo, *Negócio Jurídico: Existência, Validade e Eficácia*, cit., 4ª ed., p. 38.

4. Jorge Cesa Ferreira da Silva, *Adimplemento e Extinção das Obrigações*, São Paulo, Ed. RT, 2007, p. 250.

jurídico, o segundo regula um aspecto da prestação, principalmente sua exigibilidade.⁵

Explica Antônio Junqueira de Azevedo que do negócio jurídico sujeito a termo inicial já nasce o próprio direito previsto, mas sua exigibilidade está suspensa, ou seja, destituída de pretensão. É, assim, um direito incompleto com relação ao que surgirá após o implemento do termo. Nesse sentido, seguindo dispositivos do Código Civil (arts. 126, 130, 131, 135), nos negócios a termo haveria uma pretensão de segurança, diversa da pretensão de execução do direito, que não tolera atos incompatíveis com o direito incompleto nascido e autoriza a prática de atos conservatórios.⁶

Tratando especificamente do termo como prazo de vencimento de uma obrigação, Jorge Cesa Ferreira da Silva distingue entre vencimento, exigibilidade e realizabilidade da prestação.

O *vencimento* seria o momento em que o tempo deixa de ser um fator de limitação da eficácia da prestação. A partir do momento do vencimento, o tempo não mais limita a *exigibilidade* da prestação pelo credor. Podem existir, contudo, outros fatores que impeçam tal exigibilidade, tais como iliquidez ou a prescrição. Por isso, vencimento e exigibilidade não se confundem. Mas, no geral, vencida uma dívida, ela se torna exigível.⁷

A *realizabilidade*, por sua vez, seria a possibilidade jurídica de o devedor efetuar a prestação. Diz respeito, portanto, a um poder do devedor de efetuar a prestação ainda que, por exemplo, ela não seja exigível. Assim, em perspectiva sintética, segundo o autor, o vencimento diz respeito ao tempo da prestação, considerada objetivamente. A exigibilidade, ao poder do credor de exigir a prestação. A realizabilidade, ao poder do devedor de efetuar a prestação.⁸

Tal diferenciação esclarece o sentido de norma bastante importante, referente à presunção de que o prazo, nos contratos, favorece o devedor (art. 133). Com isso, tem-se que, *prima facie*, em um contrato com termo

---

5. Luigi Cariota Ferrara, *Il Negozio Giuridico nel Diritto Privato Italiano*, Nápoles, Morano Editore, s/d, p. 661; Massimo Bianca, *Diritto Civile IV, L'Obbligazione*, Milão, Giuffrè, 2008, p. 2.
   6. Antônio Junqueira de Azevedo, "Diferenças de natureza e efeitos entre o negócio jurídico sob condição suspensiva e o negócio jurídico a termo inicial. A colaboração de terceiro para o inadimplemento de obrigação contratual. A doutrina do terceiro cúmplice. A eficácia externa das obrigações" (parecer), in *Estudos e Pareceres de Direito Privado*, São Paulo, Saraiva, 2004, p. 214.
   7. Jorge Cesa Ferreira da Silva, *Adimplemento e Extinção das Obrigações*, cit., p. 248.
   8. Idem, p. 249.

de vencimento para uma prestação determinada, esta é realizável pelo devedor, mas não exigível pelo credor.[9]

Esta é a situação corriqueira nos casos jurisprudenciais que servem de base empírica para o trabalho. O termo de vencimento fixado tornava a dívida inexigível para o credor. Daí a incidência de limitações legais, como a do art. 333 do CC, que não elenca entre suas hipóteses – de exigibilidade antecipada[10] – o inadimplemento antecipado. E, reforçando a proibição da cobrança, o art. 939 impõe sanção grave ao credor que demandar dívida antes de seu vencimento, ou seja, quando ainda não for exigível.

Observe-se, ainda, que as hipóteses tratadas no art. 333 são todas referentes à situação patrimonial do devedor, e não relativas à prestação devida em si. Como se nota, trata-se de hipóteses de falência, insolvência, perda e deterioração de garantias dadas a favor do credor. Não há qualquer aproximação ao inadimplemento antecipado.

Esse, portanto, é um lado da questão: o direito incompleto do credor de uma prestação sujeita a termo de vencimento. Falta a exigibilidade da prestação. Sob o aspecto da posição do devedor, não se pode afirmar um direito subjetivo ao prazo.[11] Será adiante examinada, mais detalhadamente, a situação do devedor que possui dívida com termo de vencimento (itens a seguir).

Importa, entretanto, notar o outro lado da questão, também sob o aspecto do credor. É que, apesar de ter um direito incompleto, sem a exigibilidade, ele possui um direito. A verificação de tal direito perpassa por normas legais agrupadas em torno do pagamento indevido.

Assim, o art. 876 impõe o dever de restituição àquele que recebe dívida condicional antes de cumprida a condição. Segundo Cláudio Michelon, essa é uma das hipóteses em que não se estende, por analogia legal, o tratamento dado às condições ao termo. Isso porque, segundo o autor, a dívida condicional inexiste antes do implemento da condição, ao contrário do caso do termo, em que existe dívida, porém não exigível.[12]

9. Idem, pp. 254-255.

10. Jorge Cesa Ferreira da Silva entende que se trata de exigibilidade antecipada nos incisos II e III, e de vencimento antecipado no inciso I (*Adimplemento e Extinção das Obrigações*, cit., p. 266). Para efeitos deste trabalho, contudo, importa notar a ausência do inadimplemento antecipado como uma dessas hipóteses.

11. Jorge Cesa Ferreira da Silva, *Adimplemento e Extinção das Obrigações*, cit., p. 253.

12. Cláudio Michelon, *Direito Restituitório: Enriquecimento sem Causa, Pagamento Indevido, Gestão de Negócios*, São Paulo, Ed. RT, 2007, p. 140.

Logo, nesse caso, se a prestação é realizável, mas não exigível, e o devedor a efetua, estar-se-á diante de hipótese de cumprimento de dívida existente e de exercício do direito de receber a prestação. Ou seja: o credor de uma dívida sujeita a termo de vencimento está em posição de proteção pelo ordenamento jurídico.

Cláudio Michelon prossegue, agora com referência ao art. 882 do CC, que trata da irrepetibilidade do que se pagou para cumprir obrigação inexigível. Ora, dentre as dívidas inexigíveis estão justamente, mas não só, aquelas sujeitas a termo de vencimento. Partindo da literalidade do art. 131 do CC (o termo inicial suspende o exercício mas não a aquisição do direito), o autor é enfático ao afirmar a existência, nesse caso, de dever jurídico e de direito subjetivo a uma prestação. E arremata que "a prova disso é o fato de que o pagamento nessas obrigações todas não gera a ocorrência de enriquecimento sem causa ou de qualquer outra medida restituitória".[13]

Assim, válida é a síntese de Massimo Bianca, em lição, como visto, aplicável ao Direito Brasileiro, segundo a qual a inexigibilidade da prestação sujeita a termo de vencimento a favor do devedor limita o direito de crédito, mas não o torna inexistente. O crédito é existente, mas não é atual o momento em que o devedor deve adimplir a prestação final. A pendência do termo exclui a exigibilidade, mas não impede ao credor agir para proteção de seu direito.[14]

Esse direito fundamenta e permeia toda a problemática do inadimplemento antecipado, fazendo nascer e autorizando o exercício de pretensões e exceções para as partes envolvidas. O que se protege, mas não só, como se verá, é esse direito do credor, essa situação jurídica protegida pelo ordenamento em diversas normas, esparsamente agrupadas. Como o direito é incompleto, ele também limita o exercício de tais pretensões, como é o caso, justamente, da impossibilidade jurídica de exigência da prestação antes do vencimento.

O que interessa verificar agora é o que se passa, no caso do inadimplemento antecipado, sob o manto desse direito incompleto do credor. A dinâmica de fatos, descumprimento de deveres e consequências para o programa contratual que se desenrola por debaixo desse direito de crédito, existente mas incompleto, digno de proteção mas carente de exigibilidade. Eis aí o pressuposto positivo do inadimplemento antecipado do contrato.

13. Idem, p. 169.
14. Massimo Bianca, *Diritto Civile IV, L'Obbligazione*, cit., pp. 217-219.

2. Pressuposto negativo: ausência de impossibilidade da prestação, absoluta e permanente, por causa não imputável ou imputável ao devedor

Com esse pressuposto negativo, quer-se afirmar o seguinte: se houver impossibilidade da prestação, absoluta e permanente, imputável ou não imputável ao devedor, ainda que ocorra antes do vencimento da prestação sujeita a termo, não se cogita de inadimplemento antecipado. E não se cogita de inadimplemento antecipado porque, nesses casos, a solução já está dada pelo direito das obrigações, sem necessidade de uma nova figura. Se a prestação se torna absoluta e permanentemente impossível por causa não imputável ao devedor, este fica liberado da obrigação. Por outro lado, se a prestação se impossibilita, no sentido mais direto da impossibilidade, por causa imputável ao devedor, aplica-se desde já o regime do inadimplemento definitivo da obrigação.

A verificação de tal pressuposto negativo, entretanto, vai além de mera justificativa da figura do inadimplemento antecipado. Ela permitirá, primeiro, verificar a imputabilidade do devedor pelo inadimplemento, como requisito do inadimplemento antecipado. Num segundo momento, ela permitirá colocar o inadimplemento antecipado do contrato ao lado de outras figuras típicas do inadimplemento, como o inadimplemento definitivo e a mora. Assim, ficará mais esclarecido, dentro do conjunto dos meios de inadimplemento, o papel do inadimplemento antecipado do contrato.

A opção pelo estudo do pressuposto negativo sob o viés da impossibilidade da prestação, por sua vez, tem relação direta com o tema do inadimplemento antecipado. Para além de o tema da impossibilidade da prestação não estar sistematizado no Código Civil – o que o torna mais desafiador –, importa notar que na configuração do inadimplemento antecipado é aludida certa impossibilidade. Tal impossibilidade, caracterizada acima como relativa e referente ao inadimplemento da prestação no termo de vencimento, não se confunde com a impossibilidade absoluta e permanente, ora tratada. E isso é importante notar, pois os casos jurisprudenciais evidenciam a alusão à impossibilidade no inadimplemento antecipado.

Por isso, inicia-se, então, pelo tratamento da impossibilidade da prestação não imputável ao devedor.

2.1 Impossibilidade não imputável ao devedor

Tratando-se de impossibilidade da prestação, a primeira classificação a observar é a que a divide em originária e superveniente. A impossibilidade, quando originária, é causa de invalidade do negócio jurídico, recebendo sanção de nulidade, de acordo com o art. 166, II, do CC, restringido pelo art. 106, que exclui da ilegalidade a impossibilidade relativa.[15]

Dado o pressuposto positivo do inadimplemento antecipado, a impossibilidade que interessa examinar é a superveniente, ou seja, a ocorrida após a conclusão do contrato, de modo que se possa apartá-la do inadimplemento.

A impossibilidade superveniente, por sua vez, divide-se em imputável e inimputável ao devedor. Segundo Antunes Varela, em assertiva categórica de todo válida para este trabalho, a imputabilidade da impossibilidade ao devedor reveste-se de importância capital para a definição das consequências jurídicas da ausência da prestação.[16]

Lembre-se que, nos casos citados, apesar de se fazer alusão à impossibilidade, jamais se cogitou de ausência de responsabilidade do devedor. Em todos os casos de inadimplemento antecipado o devedor sempre foi tido por responsável pela situação de impossibilidade. Daí se poder falar em inadimplemento, bem como de um pressuposto, qual seja, não ter havido impossibilidade inimputável.

Assim, se ocorre impossibilidade superveniente da prestação por causa não imputável ao devedor, este é liberado, e não se pode cogitar de qualquer inadimplemento.[17]

Dois aspectos desta afirmação merecem ser analisados. O primeiro, referente à impossibilidade, seu conceito e caracteres. O segundo, referente ao que vem a ser a causa não imputável ao devedor. Vale repetir: esses dois aspectos, tratados dentro do pressuposto negativo, dão contornos concretos ao inadimplemento antecipado, apartando-o de outras figuras e permitindo mais precisa identificação de seus elementos, a serem examinados posteriormente.

Impossibilidade é a inviabilidade do comportamento devido.[18]

A impossibilidade pode ser objetiva ou subjetiva, absoluta ou relativa.

A impossibilidade objetiva diz respeito ao objeto da prestação: é a prestação, considerada em si mesma, que se tornou impossível. Já, a

---

15. Pontes de Miranda, *Tratado de Direito Privado*, t. XXV, Rio de Janeiro, Borsói, 1959, p. 207.
16. João de Matos Antunes Varela, *Das Obrigações em Geral*, 7ª ed., 3ª reimpr., vol. II, Coimbra, Livraria Almedina, 2007, p. 62.
17. Pontes de Miranda, *Tratado de Direito Privado*, cit., t. XXV, p. 211.
18. Antunes Varela, *Das Obrigações em Geral*, cit., 7ª ed., 3ª reimpr., vol. II, p. 67.

impossibilidade subjetiva desloca o foco para o devedor: a prestação não é impossível, mas existe uma inaptidão do devedor para prestá-la.[19]

Dito de outro modo: se a inviabilidade do comportamento devido diz respeito a todos, há impossibilidade objetiva. Se a inviabilidade diz respeito somente ao devedor, há impossibilidade subjetiva.[20]

Se a prestação é infungível, ou seja, se só o devedor pode prestá-la, a impossibilidade subjetiva equipara-se à impossibilidade objetiva.[21]

Em princípio, somente a impossibilidade objetiva exonera o devedor.[22]

No Direito Brasileiro usam-se também as expressões "impossibilidade absoluta" e "impossibilidade relativa". O sentido de tais expressões, originalmente, era o de apartar a impossibilidade, como inviabilidade, de uma dificuldade em prestar. Assim, a impossibilidade absoluta seria a inviabilidade. E a impossibilidade relativa, a dificuldade.[23]

Em princípio, apenas a impossibilidade absoluta exonera o devedor.[24]

No Direito Brasileiro consagrou-se o uso de impossibilidade absoluta como sinônimo de impossibilidade objetiva, e impossibilidade relativa como sinônimo de impossibilidade subjetiva. Não se pode negar, acima de tudo, que o art. 106 do CC chancela tal linguagem.[25]

Diante desse contexto, a grande questão colocada é: pode uma impossibilidade relativa exonerar o devedor? Em outros termos: uma inaptidão pessoal de prestar ou uma inviabilidade restrita ao devedor podem liberá-lo da obrigação?

Variadas são as respostas a tal questionamento fundamental.

19. Pontes de Miranda, *Tratado de Direito Privado*, 2ª ed., t. XXIII, Rio de Janeiro, Borsói, 1958, p. 104.
20. Antunes Varela, *Das Obrigações em Geral*, cit., 7ª ed., 3ª reimpr., vol. II, p. 68.
21. Pontes de Miranda, *Tratado de Direito Privado*, cit., 2ª ed., t. XXIII, p. 105; Antunes Varela, *Das Obrigações em Geral*, cit., 7ª ed., 3ª reimpr., vol. II, p. 72.
22. Pontes de Miranda, *Tratado de Direito Privado*, cit., 2ª ed., t. XXII, Rio de Janeiro, Borsói, 1958, pp. 68-70; Antunes Varela, *Das Obrigações em Geral*, cit., 7ª ed., 3ª reimpr., vol. II, p. 72.
23. Antunes Varela, *Das Obrigações em Geral*, cit., 7ª ed., 3ª reimpr., vol. II, p. 68.
24. Agostinho Alvim, *Da Inexecução das Obrigações e suas Consequências*, 2ª ed. São Paulo, Saraiva, 1955, p. 351.
25. Arnoldo Medeiros da Fonseca, *Caso Fortuito e Teoria da Imprevisão*, 3ª ed., Rio de Janeiro, Forense, 1958, p. 153.

De saída, afastem-se os casos aludidos como de extrema dificuldade da prestação, em razão de excessiva onerosidade.[26] Se era legítimo na vigência do Código Civil de 1916 tratá-los como impossibilidade relativa, na vigência do atual Código tais casos são mais bem subsumidos à hipótese do art. 478, observados seus requisitos específicos, sem alargamento indevido da impossibilidade.

Afastadas tais hipóteses, permanece a dúvida. Clóvis do Couto e Silva entende que a impossibilidade relativa, se advinda sem culpa do devedor, é bastante para exonerá-lo. A afirmação é fundamentada no art. 963 do CC de 1916, cuja redação coincide com a do atual art. 396. Entende o autor que tal dispositivo exige culpa para a configuração da mora, e que cobre todos os casos de atraso da prestação, incluída, portanto, a impossibilidade relativa superveniente. Assim, se a impossibilidade relativa sobreveio sem culpa por parte do devedor, este fica liberado.[27]

Observe-se que o autor utiliza outro aspecto do problema, relativo ao critério de imputação – no caso, a culpa, segundo dispositivo legal – para resolver a questão da impossibilidade.

Já, para Pontes de Miranda a solução estaria na ausência de norma no Direito Brasileiro, semelhante a dispositivos legais estrangeiros, que equiparasse a impossibilidade relativa à absoluta, de modo que, entre nós, somente a impossibilidade objetiva exonera.[28]

Ruy Rosado de Aguiar Jr. defende que, de acordo com a redação atual do art. 106 do CC, que exclui da proteção legal (invalidade) somente a impossibilidade relativa originária (e não a superveniente), esta passa a ser causa de exoneração. A redação do revogado art. 1.091 ("a impossibilidade da prestação não invalida o contrato, sendo relativa") era mais contrária à exoneração por impossibilidade relativa, por não diferenciar, na sua literalidade, a originária da superveniente.[29]

26. Como exemplo, Pontes de Miranda narra caso de contrato de transporte em que acontecimento superveniente, fora do alcance do devedor, impunha nova rota ao transportador, muito mais custosa do que o preço cobrado (*Tratado de Direito Privado*, cit., 2ª ed., t. XXIII, p. 105).

27. Clóvis do Couto e Silva, *A Obrigação como Processo*, reimpr., Rio de Janeiro, FGV, 2007, pp. 99-100.

28. O exemplo então utilizado é o da alínea 2ª do § 275 do CC alemão: "à impossibilidade superveniente equipara-se a inaptidão patrimonial superveniente do devedor à prestação" (Pontes de Miranda, *Tratado de Direito Privado*, cit., 2ª ed., t. XXII, p. 69).

29. Ruy Rosado de Aguiar Jr., in Sálvio de Figueiredo Teixeira (coord.), *Comentários ao Novo Código Civil*, vol. VI, t. II ("Da Extinção do Contrato"), Rio de Janeiro, Forense, 2011, p. 546.

Entendemos que da interpretação dos dispositivos legais vigentes no Direito Brasileiro não se pode obter o resultado de uma equiparação cabal entre a impossibilidade absoluta e a relativa para efeitos exoneratórios. Em princípio, somente a impossibilidade objetiva exonera o devedor. Reforça-se, assim, a segurança no mercado, pois a liberação do devedor é medida extrema, que requer prudência na sua aplicação.

Todavia, é de se ter em conta que, mesmo sendo a regra a exoneração somente por impossibilidade objetiva, é possível um enfoque flexível, para mitigar tal exigência, caso as circunstâncias do caso apontem, segundo um critério de boa-fé objetiva, tido como o comportamento-padrão que se esperaria de um devedor naquela situação, para a liberação do devedor como medida de justiça, equidade, razoabilidade, proporcionalidade, sem descuidar das exigências de segurança.

O exemplo jurisprudencial que fundamenta tal posicionamento é um julgado do STJ. O problema tratado era o de compromissários-compradores que, em razão do bloqueio e da indisponibilidade monetária gerada com o advento do chamado "Plano Collor", não puderam utilizar os recursos de poupanças e outras aplicações financeiras com que contavam para pagar suas dívidas. No caso, a prestação era de pagamento de certo preço. Tal prestação não era objetivamente impossível. Contudo, o era relativamente para o devedor com dinheiro bloqueado. Nesse caso, tal impossibilidade relativa foi considerada suficiente para liberá-lo da obrigação.[30]

Desta forma, reitera-se a afirmativa: em princípio, somente a superveniente impossibilidade objetiva exonera. A impossibilidade relativa pode exonerar, em caráter de exceção, se as circunstâncias do caso, apreciadas segundo a boa-fé objetiva, apontarem na direção da liberação do devedor, sem prejuízo à segurança do mercado.

O questionamento central que envolvia o primeiro aspecto do pressuposto negativo – qual seja, o da impossibilidade relativa exoneratória – ventilou o segundo aspecto antes citado, referente à não imputação da impossibilidade ao devedor. O que importa, aqui, é verificar o que seria essa imputação, e qual o critério que preenche esse nexo, para uma compreensão completa do pressuposto.

A análise desse aspecto remete à seguinte questão: se a impossibilidade não for imputável ao devedor, ele está liberado de prestar. Ao contrário, se a impossibilidade for imputável ao devedor, ele é responsável perante o credor. A questão da imputabilidade, portanto, faz com

30. STJ, 4ª Turma, REsp 42.885-3-SP, rel. Min. Sálvio de Figueiredo Teixeira, j. 21.3.1995, *DJU* 8.5.1995.

que o devedor incida no campo da responsabilidade contratual. Quando se exclui a impossibilidade não imputável do devedor como pressuposto negativo ao inadimplemento antecipado do contrato, o que se está fazendo é colocar o inadimplemento antecipado dentro do campo da responsabilidade contratual.[31]

A controvérsia que se coloca nesse âmbito diz respeito a qual é o critério de imputação na responsabilidade contratual, se a culpa, ou se o Direito Brasileiro admitiria outros fatores, como o risco. Em suma: o devedor responde apenas quando for culpado pela impossibilidade, ou responde também se por outra causa a impossibilidade lhe for imputável?

Judith Martins-Costa expõe com clareza a questão da imputação. Segundo a autora, imputar é atribuir um dever a alguém. É necessário sempre um critério para servir de fator de imputação. Esse critério pode ser a culpa, como aconteceu de forma tradicional no direito das obrigações. A culpa, contudo, é um fator de imputação que não exclui a possibilidade de outros fatores operarem conjuntamente em dado sistema jurídico, como é o caso do risco.[32]

Existem duas posições no Direito Brasileiro sobre o tema, que podem ser sintetizadas nas opiniões de Clóvis do Couto e Silva e Pontes de Miranda.

Segundo Clóvis do Couto e Silva, apoiado no art. 963 do CC de 1916, cuja redação é igual à do art. 396 do CC vigente, a imputabilidade exigida para configuração da mora é a culpa: "se somente existe mora como fato imputável ao devedor, não se pode chegar a uma solução jurídica na qual se manifesta uma forma de mora sem culpa".[33]

Já, Pontes de Miranda, comentando também o revogado art. 963, entende não ser a culpa um elemento da mora, pois se deve distinguir entre imputabilidade e culpa: "o art. 963 foi redigido para que o Direito Brasileiro tomasse posição: ou exigir o elemento da culpa, ou não o exigir. Adotou-se a segunda atitude, que é a do princípio da imputabilidade, ou da causação, em vez do princípio da culpa, atendendo-se, com toda a razão, a que pode haver mora sem culpa".[34]

---

31. Sobre a noção de responsabilidade contratual: Francisco Paulo De Crescenzo Marino, "Responsabilidade contratual. Efeitos", in Renan Lotufo e Giovanne Ettore Nanni (coords.), *Teoria Geral dos Contratos*, São Paulo, Atlas, 2011, pp. 409-431.

32. Judith Martins-Costa, *Comentários ao Novo Código Civil*, 2ª ed., vol. V, t. II ("Do Inadimplemento das Obrigações"), Rio de Janeiro, Forense, 2009, pp. 131 e ss.

33. Clóvis do Couto e Silva, *A Obrigação como Processo*, cit., p. 100.

34. Pontes de Miranda. *Tratado de Direito Privado*, cit., 2ª ed., t. XXIII, p. 126.

Se observarmos a legislação, vê-se que, a par do art. 396 do Código vigente, a aludir à imputação, há tanto dispositivos que aludem à culpa no trato das modalidades (como os arts. 234, 236, 238, 239, 240, 248, 250) e na regra específica aos contratos no art. 392 (com a excludente do art. 393) como também há na parte especial dos contratos alusão à responsabilidade sem culpa, como no caso do transporte (arts. 734 e 735).

Nesse contexto, é proveitosa a opinião de Francisco Paulo De Crescenzo Marino, para quem a culpa, num sentido e amplo e formal, pode significar o próprio nexo de imputação do inadimplemento ao devedor. Num sentido restrito e material, a culpa seria entendida apenas como negligência. Para o autor, o art. 392 não autoriza uma interpretação restritiva da culpa à simples negligência, mas lhe confere trato puramente formal, no sentido de nexo de imputação. Com isso, abrir-se-ia espaço para que a imputação ao devedor do inadimplemento contratual fosse sempre confrontada com o caso concreto, distinguindo-se conforme a natureza da prestação.[35]

Há assim, ainda que pela utilização da palavra "culpa", uma aproximação de seu sentido ao de simples imputação, como atribuição de dever, dando ensejo a resultados semelhantes ao proposto por Judith Martins-Costa ao tratar a imputação como gênero e a culpa (num sentido estrito) como espécie, possibilitando, assim, responsabilização do devedor sem limitação à simples negligência.[36]

Para fins desse trabalho, portanto, importa ter em mente que quando se utilizar a menção à culpa do devedor pelo inadimplemento, prestigiando-se expressão mais corriqueira no Código Civil, não se estará limitando a assertiva à negligência, como também quando se tratar de impossibilidade da prestação não imputável ao devedor não se estará contrapondo a toda e qualquer noção de culpa. Na verdade, se está mais aproximando imputação e culpa num sentido amplo, como a atribuição do inadimplemento ou impossibilidade ao devedor.

É nesse sentido que se pode entender também a posição de Aline de Miranda Valverde Terra, que aponta como suporte fático subjetivo do inadimplemento anterior ao termo a identificação da culpa do devedor.[37]

---

35. Francisco Paulo De Crescenzo Marino, "Responsabilidade contratual. Efeitos", cit., in Renan Lotufo e Giovanne Ettore Nanni (coords.), *Teoria Geral dos Contratos*, pp. 427-429.

36. Judith Martins-Costa, *Comentários ao Novo Código Civil*, cit., 2ª ed., vol. V, t. II, pp. 131 e ss.

37. Aline de Miranda Valverde Terra, *Inadimplemento Anterior ao Termo*, Rio de Janeiro, Renovar, 2009, p. 182.

Da mesma forma, Judith Martins-Costa afirma que um dos elementos do incumprimento antecipado do contrato é ter agido culposamente o devedor.[38] Entenda-se, assim, que o inadimplemento ocorrido está na esfera de responsabilidade do devedor, e não em uma causa a ele não imputável.

Assim, quando se coloca como pressuposto negativo do inadimplemento antecipado do contrato a ausência de impossibilidade não imputável ao devedor, se está, *a contrario sensu*, afirmando sua responsabilidade contratual, numa acepção ampla daquilo que lhe é atribuível como dever.

2.2 Impossibilidade imputável ao devedor

Uma vez ultrapassado o primeiro pressuposto negativo, adentramos o campo da responsabilidade do devedor pelo inadimplemento. Nesse contexto, o inadimplemento antecipado surge como uma das formas pelas quais se pode dar o inadimplemento, ao lado das já conhecidas, como o chamado inadimplemento absoluto, a mora e a violação positiva do contrato.[39]

Volta-se, neste momento, à proveitosa classificação que Pontes de Miranda faz a respeito dos ilícitos relativos. O autor primeiro denomina de "atos ilícitos absolutos" aqueles em que o dever de indenizar não surge de relação jurídica prévia entre as partes, mas a lesão ocorre em face de direito que todos devem respeitar. Seria, assim, o ato ilícito *stricto sensu*, que dá ensejo à responsabilidade civil extracontratual.[40]

Ao lado destes estão os atos ilícitos relativos, em que o ato ofende direito relativo, pessoal, obrigação oriunda de negócio jurídico prévio.[41] Prosseguindo, nas palavras do autor:

> As violações culposas das obrigações, pretensões, ações e exceções, nas relações jurídicas de sujeitos passivos individuados (= não totais), são de três classes e exaurem os atos ilícitos relativos: (a) a impossibilidade superveniente da prestação, com culpa do devedor

---

38. Judith Martins-Costa, "A recepção do incumprimento antecipado do contrato no Direito Brasileiro: configuração e limites", cit., *RT* 885/41.

39. Jorge Cesa Ferreira da Silva, *A Boa-fé e a Violação Positiva do Contrato*, 2ª tir., Rio de Janeiro, Renovar, 2007, pp. 130 e ss.

40. Pontes de Miranda, *Tratado de Direito Privado*, t. II, Rio de Janeiro, Borsói, 1954, pp. 213-214.

41. Idem, pp. 218-219.

(...); (b) o inadimplemento, com a figura da mora; (c) a violação positiva da prestação.[42]

A atenção, agora, deve se focar na primeira classe, relativa à impossibilidade da prestação imputável ao devedor. A razão de ser este um pressuposto negativo reside no fato de que, caso ocorra tal impossibilidade, não há que se cogitar de inadimplemento anterior ao termo. A lei civil já dá a solução para tal tipo de problema. Na verdade, se o devedor tornar impossível a prestação, há tão só inadimplemento, como se, ao tempo da prestação, deixasse de prestar.[43]

Nesse sentido, Jorge Cesa Ferreira da Silva, ao analisar a conformação interna do inadimplemento no Direito Brasileiro – isto é, ao expor as modalidades em que o inadimplemento ocorre –, pontua que, se houver impossibilidade superveniente, ou seja, cabal inviabilidade de realização da prestação, há inadimplemento absoluto.[44]

Tal afirmação encontra base em diversos dispositivos legais, especialmente naqueles que tratam das modalidades de obrigação.

O art. 234 do CC, referente às obrigações de dar coisa certa, trata justamente da hipótese de perda da coisa, de forma a impossibilitar a prestação prometida. Se tal perda se dá sem culpa do devedor, fica resolvida a obrigação para ambas as partes, por efeito direto da lei, sem necessidade de ação judicial para resolver o contrato.[45] Se, de outra forma, a perda resultar de culpa do devedor, diz o citado artigo, este responderá pelo equivalente e mais perdas e danos. Esta é a hipótese tratada neste pressuposto negativo.

Observe-se que a lei especifica que tal perda pode se dar quando "pendente condição suspensiva". Nesse caso, não se pode afirmar qualquer óbice à utilização do efeito analógico do art. 135 do CC, de modo a estender sua aplicação para o termo suspensivo e também para o termo de cumprimento da obrigação. Assim, se a coisa se perder – isto é, tornar-se inviável a prestação de dar coisa certa – antes data do cumprimento da obrigação, a lei já soluciona o problema. Não faria sentido dar a esta solução legal, existente desde o Código Civil de 1916, um novo nome, de "inadimplemento antecipado do contrato".

42. Idem, p. 227.
43. Idem, p. 239.
44. Jorge Cesa Ferreira da Silva, *A Boa-Fé e a Violação Positiva do Contrato*, cit., 2ª tir., p. 130.
45. Ruy Rosado de Aguiar Jr., in Sálvio de Figueiredo Teixeira (coord.), *Comentários ao Novo Código Civil*, cit., vol. VI, t. II, p. 547.

A mesma norma existe para a obrigação de restituir (art. 239). E, tratando-se de obrigação de fazer, o art. 248 impõe o dever de restituição das perdas e danos para o devedor culpado por sua impossibilidade.

Todas essas regras, apesar de formuladas em termos de modalidades de obrigação, são a respeito da impossibilidade objetiva da prestação, com seus variados efeitos.[46]

A doutrina não vacila em afirmar que, ocorrida a superveniente impossibilidade imputável ao devedor, nasce ao credor o direito formativo de resolução, que pode ser cumulado com perdas e danos.[47] Não há qualquer remissão ao termo da obrigação. Se tal impossibilidade ocorreu antes ou depois de seu implemento. Por ser tomada a impossibilidade como definitiva, isto é, a que inviabiliza para sempre a prestação,[48] não faz sentido cogitar do implemento do termo. O direito do credor jamais poderá ser satisfeito pela prestação originalmente devida.

Assim, se o que ocorre é a impossibilidade superveniente imputável – que se enquadra como inadimplemento absoluto –, faz nascer o direito de resolução para o credor, e ainda a pretensão por perdas e danos, segundo vários dispositivos legais; não há aqui nenhum inadimplemento antecipado do contrato, como figura nova.

Não faria sentido abordar uma nova figura para dar solução jurídica há tempos estampada na lei e na doutrina.

O inadimplemento antecipado ocorre, portanto, quando não existe, no caso em exame, essa impossibilidade da prestação.

Em razão disso, não se pode concordar com a opinião de Aline de Miranda Valverde Terra, para quem no suporte fático objetivo do inadimplemento anterior ao termo está o comportamento do devedor que impossibilite desde logo a prestação, somado à sua culpa por tanto.[49]

Como visto, a impossibilidade, vista por si só, é a impossibilidade objetiva, cabal, permanente, que torna inviável o comportamento prometido. E, quando ocasionada por comportamento culposo do devedor, recebe os efeitos do inadimplemento absoluto.

Como se verá em momento oportuno, um dos requisitos mais citados pela doutrina do inadimplemento anterior ao termo é a certeza do futuro

---

46. Pontes de Miranda, *Tratado de Direito Privado*, cit., 2ª ed., t. XXII, p. 81.
47. Ruy Rosado de Aguiar Jr., in Sálvio de Figueiredo Teixeira (coord.), *Comentários ao Novo Código Civil*, cit., vol. VI, t. II, p. 552.
48. Idem, ibidem, p. 547.
49. Aline de Miranda Valverde Terra, *Inadimplemento Anterior ao Termo*, cit., p. 168.

incumprimento no seu vencimento.[50] Massimo Bianca afirma, por sua vez, que a certeza do futuro incumprimento é dada, acima de tudo, pela impossibilidade da prestação.[51] Ora, se os conceitos são idênticos, não haveria necessidade de aproximá-los tanto, pelo menos para o Direito Brasileiro.

A posição defendida neste trabalho é, portanto, no sentido de que a ausência de uma impossibilidade cabal da prestação, imputável ao devedor, é pressuposto negativo do inadimplemento antecipado do contrato. A impossibilidade que pode ser exigida para a configuração do inadimplemento antecipado do contrato é mais específica e menos exigente. Seria, tão só, uma impossibilidade relativa de o devedor executar a prestação no termo ajustado. Aí, sim, faz sentido tratar de uma figura nova, como é a do inadimplemento antecipado do contrato.

Tratando de exemplos oriundos dos casos jurisprudenciais, tal hipótese se confirma. Lembre-se dos casos em que a obra está tão atrasada, que se afigura impossível a entrega da unidade prometida no termo estipulado. Haveria impossibilidade objetiva de tal prestação? Entendemos que não. Em princípio, ainda que com muito atraso, a prestação poderia ser executada pelo próprio devedor. Poderia ser executada, talvez com menos atraso, por quem dominasse técnicas mais avançadas de construção. Não haveria, portanto, impossibilidade objetiva.

Além disso, poderia haver credor com interesse na prestação, ainda que com todo o atraso. Pense-se num investidor que, acreditando na possibilidade de valorização do imóvel, espera obtê-lo, ainda que com enorme atraso.

Em outros casos, como o de ausência de regularização de loteamento, que impede o registro da propriedade de determinado lote, é de se ter também que a tal providência, ainda que demore, pode ser obtida, não é impossível objetivamente. Contudo, no termo estipulado para prestação, a experiência pode prever que não será possível ao devedor proceder à regularização. Há uma impossibilidade, porém mais tênue do que a impossibilidade objetiva.

A impossibilidade que será aludida no inadimplemento antecipado possui outras características, que serão posteriormente ressaltadas, mas, em síntese, pode-se afirmar que diz respeito a uma impossibilidade de o

---

50. Judith Martins-Costa, "A recepção do incumprimento antecipado do contrato no Direito Brasileiro: configuração e limites", cit., *RT* 885/41.

51. Massimo Bianca, *Diritto Civile V, La Responsabilità*, Milão, Giuffrè, 1994, p. 5.

devedor executar a prestação no termo estipulado, isto é, olhando-se para o futuro. Não é a impossibilidade objetiva, que diz respeito à prestação e a qualquer um, que ou libera o devedor, se inimputável, ou o faz incidir em inadimplemento absoluto, se imputável. Daí a importância de tratá-la como pressuposto negativo.

Outro grande diferencial dessa impossibilidade é que ela é apreendida num juízo sobre o futuro, e não sobre um fato já ocorrido, como se verá no momento oportuno.

Enfim, o que se pretendia com a elaboração deste pressuposto negativo era elucidar o entendimento de que, se ocorrida uma impossibilidade objetiva da prestação, por ato imputável ao devedor, já há solução legal, e não há sentido em se cogitar do inadimplemento antecipado nesse caso. Por outro lado, a impossibilidade que pode configurar o inadimplemento antecipado é diferente, mais específica, menos exigente, e prospectiva.

Visto os pressupostos, agora se pode adentrar os elementos, positivos, que realmente configuram o inadimplemento antecipado do contrato.

3. Primeiro elemento:
o inadimplemento de deveres preparatórios, instrumentais ou de lealdade e cooperação

O primeiro elemento a ser tratado, que configura o inadimplemento antecipado do contrato, é o inadimplemento de deveres preparatórios, instrumentais ou de lealdade e cooperação.

Dentro dos pressupostos citados, este elemento é importante, por ressaltar a existência de verdadeiro inadimplemento, diverso do absoluto, mesmo antes do advento do termo, e com objeto reduzido. Seria, assim, uma espécie de inadimplemento que, embora menor, faz incidir a responsabilidade do devedor e, somado a outros elementos, autoriza o credor a tomar determinadas medidas protetivas.

Para melhor compreendê-lo, faz-se necessária uma análise mais detida do vínculo obrigacional.

3.1 A obrigação e os deveres pertinentes
ao vínculo contratual

As obrigações representam a forma jurídica da cooperação econômica que existe entre as pessoas em sociedade. As pessoas trocam bens, serviços, colaboram umas com as outras em prol de interesses comuns.

Tudo para suprir necessidades que sozinhas não conseguem satisfazer. O conteúdo material da obrigação é, assim, um bem econômico.[52]

O direito das obrigações, de acordo com a estrutura do Código Civil, comporta uma repartição de matérias, nas quais se encontram, dentre outras, as modalidades das obrigações, seu inadimplemento e os contratos em geral. São essas, principalmente, as grandes áreas da matéria que envolvem o tema do inadimplemento antecipado.

É interessante notar, então, como num mesmo tema – inadimplemento antecipado – será necessário recorrer tanto à parte do inadimplemento das obrigações como também à resolução do contrato. É natural, também, que tanto o inadimplemento suponha noções das obrigações em suas modalidades quanto a resolução suponha conhecimentos dos contratos em geral.

A observação do tema nessa visão duplicada, entre obrigação e contrato, comporta detalhamentos. Percebe-se que quando o Código Civil trata da modalidade, ou do inadimplemento das obrigações, ele visualiza a obrigação como um único vínculo jurídico, em sentido único, ligando credor e devedor. Já, quando o Código Civil trata dos contratos, faz uma abordagem que abrange a relação formada pelo negócio jurídico como um todo, em que há duas partes que interagem entre si, numa visão mais balanceada.

Fernando Noronha bem explica essa diferente forma de legislar sobre obrigações. Segundo o autor, há duas maneiras de enxergar qualquer relação obrigacional. Ou se tem uma relação obrigacional simples, em que há apenas uma única ligação entre devedor e credor, cujo objeto é uma única prestação, ou se tem uma relação obrigacional complexa, em que há uma pluralidade de direitos, deveres, ônus, faculdades, poderes, interesses, a serem considerados, entre as duas ou mais partes envolvidas. Na relação obrigacional simples há uma abstração para focalizar apenas um dever jurídico vinculando o devedor ao interesse do credor. Na relação obrigacional complexa há um conjunto de direitos e deveres, unindo seus titulares em função de um interesse comum naquela operação.[53]

Trata-se, pois, de modelos teóricos, criados para simplificar a realidade, para melhor trabalhá-la do ponto de vista jurídico.

52. João de Matos Antunes Varela, *Das Obrigações em Geral*, 10ª ed., vol. I, Coimbra, Livraria Almedina, 2006, p. 22; Fábio Nusdeo, *Curso de Economia: Introdução ao Direito Econômico*, 3ª ed., São Paulo, Ed. RT, 2001, p. 19.

53. Fernando Noronha, *Direito das Obrigações*, 3ª ed., São Paulo, Saraiva, 2003, p. 92.

Prossegue o autor afirmando que o estudo das obrigações trabalha com as relações obrigacionais simples, em tradição que remonta ao Direito Romano e que o Código Civil mantém, como nos quatro primeiros livros do direito das obrigações. Entretanto, há também no Código preceitos que supõem uma relação obrigacional complexa, como o art. 475, sobre a resolução contratual – preceito, este, tão fundamental para o tema desta tese.[54]

Necessário, por fim, apontar uma ulterior contribuição do entendimento da relação obrigacional complexa. É que, embora entendida como conjunto de situações jurídicas envolventes dos sujeitos em contato, ela não equivale à soma de tais posições, mas acaba por dar nascimento a algo mais. É a noção de estrutura, ou de processo, que passa a ter sentido próprio, um *plus* em relação às partes que a compõem.[55]

No Direito Brasileiro, Clóvis do Couto e Silva, em obra já tornada clássica, introduziu essa concepção de obrigação como processo, enfatizando seu caráter dinâmico, em que várias fases interdependentes se sucedem durante seu desenvolvimento, polarizado pelo inadimplemento, que dá sentido teleológico a toda a relação jurídica concreta.[56]

No campo do negócio jurídico, mais próximo do contrato, Antônio Junqueira de Azevedo também dava importância ao seu fim, como elemento que dá sentido à declaração de vontade, inclusive para solucionar conflitos que surjam supervenientemente ao seu nascimento.[57] Em outras palavras: o fim do negócio jurídico dá sentido teleológico aos elementos que compõem seu objeto, às obrigações assumidas, ao programa contratual, à operação econômica subjacente.

O aspecto teleológico, principalmente no campo dos contratos, foi bem realçado no Código Civil, que consagra sua função social. Quando se enxerga o contrato como instrumento funcionalizado, tutelado pelo sistema em razão dos valores que promove, evidencia-se a exigência de colaboração entre as partes contratantes, em prol dos fins últimos, concretos, que lhe dão sentido.[58]

54. Idem, p. 95.
55. Idem, ibidem.
56. Clóvis do Couto e Silva, *A Obrigação como Processo*, cit., pp. 17-20.
57. Antônio Junqueira de Azevedo, *Negócio Jurídico e Declaração Negocial (Noções Gerais e Formação da Declaração Negocial)*, tese para o concurso de Professor Titular de Direito Civil na Faculdade de Direito da USP, São Paulo, 1986, p. 129.
58. Cláudio Luiz Bueno de Godoy, *Função Social do Contrato*, 3ª ed., São Paulo, Saraiva, 2009, p. 132.

Longe de essas premissas teóricas representarem devaneios inúteis, elas, ao contrário, são muito evidentes no campo do inadimplemento antecipado do contrato. Com efeito, lembre-se que os casos práticos que servem de ponto de partida para este estudo foram originados de negócios jurídicos, contratos, determinados – quais sejam, compromissos de compra e venda. E neles se pode identificar muito bem essa complexidade obrigacional, composta de pluralidade de situações jurídicas, envoltas por uma finalidade comum, lastreadas em uma operação econômica.

Assim é que José Osório de Azevedo Jr. enxerga no compromisso de compra e venda um negócio jurídico pelo qual uma das partes pretende a venda de um imóvel com garantia do pagamento do preço, enquanto a outra quer adquirir o imóvel para imediata utilização. Essa seria, assim, a causa do negócio, como seu fim objetivo. A partir desse fato jurídico, entendido em sua teleologia, é que se constrói toda a relação jurídica obrigacional complexa, que, por sua vez, sofrerá a superveniência de um inadimplemento antecipado.[59]

E observa Francisco Eduardo Loureiro, sobre tal percepção jurídica: "é sem dúvida a valorização pioneira da função social do contrato, do intento prático, da operação econômica que as partes visaram a realizar, alterando o seu objeto e as prestações devidas pelas partes".[60]

Isso é interessante de ser notado, por duas razões.

A primeira é a de que, para este trabalho, a concepção da obrigação como um feixe de vários deveres recíprocos entre as partes, que nascem e se extinguem como um processo, com sentido teleológico, e não apenas como um único vínculo de sujeição do devedor ao credor, é a única forma de bem compreender o inadimplemento e, dentro dele, o inadimplemento antecipado.

A segunda é a de que o inadimplemento antecipado gera uma frustração da finalidade contratual, e por isso é cabível a resolução. Esta, porém, de acordo com o Código Civil, refere-se ao contrato, e não a uma obrigação. Assim, é preciso compreender o contrato como negócio jurídico, no âmbito dos fatos jurídicos, como fonte de obrigações. A resolução surge, assim, como um direito, que, uma vez exercido, opera no plano da eficácia do negócio jurídico, modificando a relação obrigacional complexa, criando novos deveres entre as partes envolvidas.

59. José Osório de Azevedo Jr., *Compromisso de Compra e Venda*, 6ª ed., São Paulo, Malheiros Editores, 2013, p. 18.

60. Francisco Eduardo Loureiro, "Responsabilidade civil no compromisso de compra e venda", in Regina Beatriz Tavares da Silva, (coord.), *Responsabilidade Civil e sua Repercussão nos Tribunais*, 2ª ed., São Paulo, Saraiva, 2009, p. 182.

Em suma: importa ter clara a noção de relação obrigacional complexa originada de um contrato. Essa relação, nascida e desenvolvida com seu natural feixe de direitos e deveres recíprocos, sofre um abalo na sua dinâmica causado pelo inadimplemento antecipado, que perturba seu fim último. A partir desse evento superveniente, modifica-se, de modo determinante, a relação obrigacional originária. E, em consequência, são formadas novas relações de crédito e débito entre as partes.

É dentro dessa dinâmica que serão analisados o inadimplemento e sua repercussão na finalidade contratual. Lembre-se, porém, aquela didática observação de Fernando Noronha. O inadimplemento, dado pela legislação naquele modelo teórico simplificado de obrigação, deverá, pois, ser adaptado à relação obrigacional complexa.

Há todo um conjunto de elementos, relacionados entre si, sobre os quais paira um sentido teleológico. Eventos supervenientes podem alterar o equilíbrio, a harmonia, entre esses elementos, gerando uma frustração da finalidade contratual. Por causa disso, é necessário compreender quais são esses elementos e seu papel, com consideração pela finalidade em razão da qual estão dispostos.

Essa forma de abordar o problema possui caráter flexível. Ela permite a interação entre os elementos do sistema, visando ao encontro de soluções para problemas jurídicos concretos, sem subverter seus elementos primordiais – quais sejam: as noções de obrigação, dever, responsabilidade, impossibilidade, inadimplemento.

Aliás, partindo esse trabalho dos casos práticos, a pretensão é mais de explicação das soluções já encontradas, à luz dos elementos componentes do sistema, evidenciando seu caráter flexível e, ao mesmo tempo, coerente com seus princípios básicos.

É preciso, pois, examinar a obrigação e os deveres pertinentes ao vínculo obrigacional, o que se faz sob o viés da relação obrigacional complexa.

Segundo Antunes Varela, é possível distinguir entre as relações obrigacionais simples, quando há um direito subjetivo atribuído a uma pessoa e o correspondente dever jurídico de prestar recaindo sobre outra, e complexas, quando há um conjunto de direitos e deveres ou estados de sujeição originados de um único fato jurídico. Nestas, geralmente nascidas de um contrato, coexistem, ao lado das típicas prestação e contraprestação, múltiplos direitos subjetivos ou potestativos, que têm, com frequência, lugar durante a vida de relação estabelecida após a conclusão do ajuste.[61]

---

61. João de Matos Antunes Varela, *Das Obrigações em Geral*, cit., 10ª ed., vol. I, pp. 64-66.

A relação obrigacional complexa pode ser bem visualizada nas obrigações duradouras, nas quais o desenrolar do tempo permite o surgimento de novas situações jurídicas. Tal ideia, bastante corrente na atual doutrina sobre o assunto, que compreende na obrigação todos os poderes e deveres, variáveis no tempo, que se constituem e extinguem durante a relação, recebe o nome de "obrigação como estrutura", ou "obrigação como processo". As características de tal concepção seriam sua composição por vários direitos, deveres, faculdades, ônus, sujeições e poderes, mutáveis no tempo, ligados entre si e orientados para determinado fim.[62]

Tal concepção põe em evidência o contrato, negócio ou fato que as origina, pois, enquanto as obrigações simples extinguem-se de acordo com os modos gerais de extinção das obrigações, as complexas podem ser levadas à extinção pelas causas que põem termo ao fato jurídico originário, como, por exemplo a nulidade, a denúncia ou – mais importante – a resolução.[63]

Observa, ainda, Antunes Varela que relação obrigacional complexa não é sinônimo de relação contratual, pois as próprias obrigações simples têm também sua complexidade, refletida na série de deveres secundários e acessórios que orbitam em torno do dever de cumprimento da prestação principal.[64]

Seriam as obrigações complexas, na verdade, um modo de encarar a obrigação, mais próximo da sua realidade.

Há nas relações obrigacionais aquelas prestações que definem o tipo da relação: seriam, por exemplo, a obrigação de pagar o preço, na compra e venda, ou a obrigação de entregar a obra, na empreitada, ou, ainda, a obrigação de indenizar, nascida de ato ilícito.[65]

Ao lado destas prestações, que podem ser denominadas de principais, primárias ou típicas, há deveres chamados de secundários ou acidentais de prestação. Estes, por sua vez, englobam dois tipos: os deveres acessórios da prestação principal, cuja serventia é a de preparar a prestação principal ou assegurar sua perfeita execução, e os deveres substitutivos ou complementares da prestação principal, como o de indenizar prejuízos moratórios ou ressarcir danos advindos do incumprimento.[66]

62. Idem, pp. 67-68.
63. Idem, ibidem.
64. Idem, ibidem.
65. Idem, pp. 121-122.
66. Idem, ibidem.

Com os deveres acessórios da prestação principal, ou com os deveres substitutivos ou complementares da prestação principal, não se confundem os chamados deveres acessórios de conduta. Estes não têm caráter instrumental em relação à prestação principal, mas interessam ao regular desenvolvimento da relação obrigacional, principalmente por força do princípio da boa-fé. São os deveres de cuidado, de informação, que podem eventualmente surgir no curso da relação, sem, contudo, terem conteúdo prévio determinado.[67]

Antunes Varela, por fim, critica as concepções que desmembram o vínculo obrigacional, enaltecendo sua concepção unitária como a única que retrata a unidade ontológica da obrigação, através da qual a prestação devida adimple o direito creditício correspectivo, de modo a abarcar tanto as atividades preparatórias, os deveres de conduta, como até os deveres de indenização, pertinentes à responsabilidade patrimonial do devedor.[68]

É preciso, aqui, apenas ponderar o seguinte: tanto o desmembramento dos deveres obrigacionais como a concepção que reforça a unidade ontológica da obrigação não passam de modelos teóricos, de simplificações da realidade, que podem ser mais ou menos úteis para o encontro de soluções jurídicas para necessidades reais. Nesse sentido, entendemos que a concepção da relação obrigacional complexa com a decomposição dos seus vários deveres, a consideração de sua mutabilidade no tempo, bem como o sentido unitário tirado de seu fim comum, melhor auxilia no entendimento do problema do inadimplemento antecipado. Sobressai, aqui, o caráter dinâmico da obrigação como processo, no qual atua este tipo de inadimplemento. Por outro lado, como se terá oportunidade de enfatizar, algumas ideias presentes nas concepções unitárias, antes de contrariar o quanto encontrado pela escolha do desmembramento, apenas o confirmam.

Apenas como exemplo, cite-se a posição de Massimo Bianca, para quem toda prestação envolve uma fase preparatória e uma fase final. A fase preparatória é sempre instrumental à fase final, e deve ser cumprida com pontualidade e diligência. Qualquer falha nessa atividade preparatória representa uma violação atual de interesse do credor na prestação final e, assim, integra o conceito de inadimplemento.[69]

Também Mário Júlio de Almeida Costa explica o problema da relação obrigacional como um processo. De um lado, há uma orientação clássica, embasada no Direito Romano, em que a perspectiva da obriga-

---

67. Idem, pp. 123-125.
68. Idem, pp. 155-156.
69. Massimo Bianca, *Diritto Civile IV, L'Obbligazione*, cit., pp. 75-77.

ção se esgota no dever de prestar. De outro, há uma orientação moderna, de origem alemã, segundo a qual há deveres principais de prestação, deveres secundários de prestação, deveres laterais, direitos potestativos, sujeições, ônus jurídicos, expectativas jurídicas. Tais elementos estão coligados e possuem uma identidade comum: seu fim. Com isso, constituem uma relação de caráter unitário e funcional, que é a relação obrigacional complexa, dada também como sinônimo de relação contratual.[70]

Segundo o autor, essa ótica, complexiva e dinâmica, que encara a relação obrigacional como sistema, organismo ou processo, concatenado em direção ao adimplemento e à satisfação do interesse do credor, permite melhor conhecimento tanto da anatomia e da fisiologia da obrigação como de certos fenômenos jurídicos.[71]

Assim, tal concepção possui duas vantagens relacionadas: integra as múltiplas situações de direito obrigacionais num todo unitário dirigido a um fim, ou seja, entende-a como organismo ou mecanismo; de outro lado, consegue conformar a relação jurídica à evolução das circunstâncias.[72]

Os deveres principais ou primários de prestação são o núcleo, a alma, da relação obrigacional, dirigidos ao fim contratual, e por isso definem o tipo.[73]

Já, os deveres secundários ou acidentais de prestação dividem-se em deveres acessórios, destinados a preparar o cumprimento da prestação principal, e em deveres secundários de prestação autônoma, que podem ser sucedâneos ao dever principal de prestação, como a indenização substitutiva da prestação devida, ou coexistentes com o dever principal de prestação, no caso da indenização por mora, sem prejuízo da prestação principal devida.[74]

Há ainda deveres laterais, originados de cláusula contratual, dispositivo de lei ou do princípio da boa-fé, que não se relacionam diretamente com a prestação principal, que somente recebem conteúdo definido durante a própria relação obrigacional, e não previamente. Podem ser exemplificados nos deveres de proteção, cuidado, previdência, segurança, aviso, informação, notificação, cooperação.[75]

70. Mário Júlio de Almeida Costa, *Direito das Obrigações*, 7ª ed., Coimbra, Livraria Almedina, 1999, p. 60.
71. Idem, p. 61.
72. Idem, p. 62.
73. Idem, p. 63.
74. Idem, ibidem.
75. Idem, pp. 63-64.

Lembra, por fim, Mário Júlio de Almeida Costa que no conteúdo da relação obrigacional complexa há outros elementos, como os direitos potestativos, como o direito de resolução, os estados de sujeição, ônus jurídicos, exceções e expectativas jurídicas, sem que a situação de polo ativo ou passivo nas relações simples que a constituem, determine algo sobre esses estados.[76]

Fernando Noronha, também adepto da concepção da relação obrigacional sistêmica, aponta a variedade de classificações dos deveres pertinentes ao vínculo. Adota a seguinte: os deveres principais, primários, típicos ou essenciais, que dizem respeito às prestações nucleares, ou seja, as que satisfazem diretamente o interesse do credor;[77] os deveres acessórios ou secundários de prestação são também, como os primários, de prestações determinadas *a priori* e exigíveis autonomamente, porém diversas das caracterizadoras do tipo.[78]

Já, os deveres fiduciários, anexos, laterais, ou meros deveres de conduta, correlatos ou colaterais, somente apontam comportamentos que são legítimos de se esperar numa dada relação obrigacional concreta. Não têm conteúdo predeterminado, mas são dados pelos padrões socialmente aceitos de correção, lisura, lealdade, relacionados todos à boa-fé contratual. São deveres de cooperação.[79]

Aqui nesse trabalho será utilizada a nomenclatura de deveres principais, primários, típicos, para as prestações principais. Os deveres secundários serão ou deveres acessórios, como os preparativos ou instrumentais da prestação principal, ou, ainda, sucedâneos ou coexistentes com os da prestação principal. Por fim, os deveres laterais são aqueles sem prévio conteúdo determinado.

3.2 O inadimplemento dos deveres acessórios e laterais à prestação principal

É preciso iniciar por uma noção de inadimplemento e de suas consequências, para, então, aplicá-la aos deveres acessórios e laterais à prestação principal.

Segundo Antunes Varela, o cumprimento é o que normalmente sucede na relação obrigacional, com a realização da prestação devida e

76. Idem, p. 66.
77. Fernando Noronha, *Direito das Obrigações*, cit., 3ª ed., p. 99.
78. Idem, p. 100.
79. Idem, pp. 100-101.

as consequentes satisfação do interesse do credor, pelo meio próprio, e liberação do devedor.[80]

Quando a prestação não é cumprida, diz-se que há seu não cumprimento, ou seja, a não realização da prestação devida, nem pelo devedor, nem por terceiro, por nenhuma das outras causas de extinção da obrigação diversas do pagamento. Por isso é que o não cumprimento significa *a situação objetiva de não realização da prestação debitória e de insatisfação do interesse do credor*.[81]

Assim, ainda que não se realize a prestação devida, poderá haver satisfação indireta do interesse do credor, seja por dação, compensação, novação, ou sua não satisfação, sem que se verifique incumprimento, como nos casos de prescrição, de remissão ou de invalidade do negócio jurídico.[82]

O não cumprimento, portanto, possui algum caráter residual entre todas as hipóteses de não realização da prestação.

Além disso, segundo Antunes Varela, a rigor, somente nos casos de incumprimento imputável ao devedor é que se está diante do não cumprimento, não assim quando a prestação deixa de ser realizada por fato alheio, a ele não imputável.[83]

Para Mário Júlio de Almeida Costa, que trata como sinônimas as expressões "não cumprimento", "incumprimento" e "inadimplemento", o núcleo material da figura é a não efetuação da prestação devida nos termos adequados. Entretanto, é preciso chegar à noção do não cumprimento propriamente dito, que exclui os casos em que a prestação deixou de ser realizada por fato do credor ou de terceiro, caso fortuito ou força maior. Ou seja: volta-se à questão da imputabilidade pelo não cumprimento.[84]

Jorge Cesa Ferreira da Silva explica, por sua vez, que uma concepção tal qual a acima entendida pelos autores portugueses refere-se à obrigação ou à prestação no seu modelo simplificado. Se entendido o vínculo obrigacional como relação, em que há interesses de credor e de devedor, que não se resumem à prestação principal, a noção de inadimplemento adquire maior complexidade. Nesse sentido, se a obrigação abrange de-

80. João de Matos Antunes Varela, *Das Obrigações em Geral*, 7ª ed., 3ª reimpr., vol. II, p. 60.
81. Idem, ibidem.
82. Idem, p. 61.
83. Idem, p. 63.
84. Mário Júlio de Almeida Costa, *Direito das Obrigações*, cit., 7ª ed., pp. 927-928.

veres típicos, preparativos e instrumentais à prestação principal, e deveres laterais, por "inadimplemento" deve-se entender "o não cumprimento ou inobservância por uma das partes de qualquer dever emanado do vínculo obrigacional".[85]

Essa realidade é também lembrada por Judith Martins-Costa ao afirmar que, embora comumente atinja a prestação principal, o incumprimento definitivo pode se dar pela violação de prestações secundárias ou laterais, desde que instrumentalizadas ao interesse de prestação. Isso ocorre excepcionalmente quando o inadimplemento de deveres de prestação acessórios torne "impossível ou difícil o adimplemento da prestação principal".[86]

Nesse ponto, interessa voltar a classificar as hipóteses da conformação do inadimplemento no Direito Brasileiro segundo a doutrina, amparada na lei. Lembre-se que Pontes de Miranda elencava entre os casos de ilícito relativo a impossibilidade da prestação por culpa do devedor, o inadimplemento, nele incluída a mora, e a violação positiva do contrato.[87] Jorge Cesa Ferreira da Silva também trata de três figuras nas quais se conforma o inadimplemento, quais sejam: o inadimplemento absoluto, que inclui a impossibilidade superveniente, a mora e a violação positiva do contrato.[88]

Esse quadro auxilia na colocação do inadimplemento antecipado como uma nova figura de inadimplemento, não cabível nas espécies elencadas.

Assim, com relação ao inadimplemento absoluto e à mora, o pressuposto positivo referente à obrigação principal sujeita a termo exclui a possibilidade de se falar em inadimplemento ou mora da prestação principal. Com efeito, se não se chegou no vencimento da prestação, não há como defender seu inadimplemento, como uma ideia evidente.

Por outro lado, a impossibilidade superveniente imputável ao devedor foi também excluída pelo segundo pressuposto negativo, ante a existência de solução legal, que não precisa ser exposta em termos de inadimplemento antecipado.

85. Jorge Cesa Ferreira da Silva, *Inadimplemento das Obrigações*, São Paulo, Ed. RT, 2007, p. 31.
86. Judith Martins-Costa, *Comentários ao Novo Código Civil*, cit., 2ª ed., vol. V, t. II, pp. 222-223.
87. Pontes de Miranda, *Tratado de Direito Privado*, cit., t. II, p. 227.
88. Jorge Cesa Ferreira da Silva, *Inadimplemento das Obrigações*, cit., p. 31.

Resta, assim, entre as figuras já elencadas, a violação positiva do contrato. No Direito Brasileiro, quem tratou da figura de forma mais profunda foi Jorge Cesa Ferreira da Silva, em estudo específico.[89]

Figura forjada no Direito Alemão, após estudos de Hermann Staub, teve ela a serventia de criar espaço para outras formas de violação do crédito, para além das que eram especificamente tratadas na legislação civil, quais sejam: a impossibilidade e a mora. Nesses dois casos haveria uma violação negativa da prestação, que não é realizada. Existiriam, contudo, violações positivas do crédito, que se dariam quando a prestação foi realizada.[90]

As hipóteses doutrinárias de violação positiva do crédito ou do contrato, em síntese, seriam: (a) o mau cumprimento dos deveres de prestação, gerando danos distintos dos causados pela mora e pela impossibilidade; (b) o descumprimento dos deveres laterais; (c) a recusa antecipada do devedor em cumprir a prestação; (d) o descumprimento de obrigações negativas; (e) o não cumprimento de obrigações singulares em contratos de fornecimento.[91]

Veja-se que, dentre as hipóteses listadas, apenas a recusa antecipada do devedor em cumprir a prestação, justamente um caso de inadimplemento antecipado, não pressupõe o cumprimento da prestação principal. Todas as outras hipóteses enquadram-se perfeitamente na noção de violação positiva, pois pressupõem a efetivação da prestação principal, porém gerando danos à outra parte.

Explica Jorge Cesa Ferreira da Silva que para o Direito Brasileiro a utilização da violação positiva do crédito exige "aclimatação". Isso porque quase todas as hipóteses tratadas possuem regramento legal que lhes dá solução jurídica independente de se recorrer à figura citada.[92]

Assim, as regras para os vícios redibitórios no Direito Brasileiro abarcariam os casos de prestações mal feitas, com problemas de qualidade. Também o conceito amplo de mora no Direito Brasileiro, que abarca não só o aspecto temporal, mas também a imperfeição de lugar e forma,

---

89. Jorge Cesa Ferreira da Silva, *A Boa-Fé e a Violação Positiva do Contrato*, cit., 2ª tir., 2007. O autor também trata do tema de maneira mais direta na obra *Inadimplemento das Obrigações*, cit., 2007.

90. Jorge Cesa Ferreira da Silva, *Inadimplemento das Obrigações*, cit., p. 43.

91. Jorge Cesa Ferreira da Silva, *A Boa-Fé e a Violação Positiva do Contrato*, cit., 2ª tir., pp. 224-225.

92. Jorge Cesa Ferreira da Silva, *Inadimplemento das Obrigações*, cit., p. 44.

abarcaria hipóteses de cumprimento ruim da prestação efetivada, núcleo material da violação positiva do crédito.[93]

O autor, então, enfatiza que a figura tem utilidade, no Direito Brasileiro, especificamente quanto aos casos de descumprimento de deveres laterais, como os deveres de proteção das partes e de seus patrimônios.[94]

Com relação ao inadimplemento antecipado, entende Jorge Cesa Ferreira da Silva que configuraria uma hipótese de violação positiva do crédito se diretamente relacionado ao inadimplemento de deveres laterais. Como o inadimplemento antecipado abarcaria várias hipóteses de casos, como os de certeza quanto à não realização da prestação devida no tempo oportuno, nem sempre haveria violação positiva.[95]

A posição defendida neste trabalho é a de tratar o inadimplemento antecipado como uma outra espécie de inadimplemento. A razão principal para tanto é que nas hipóteses de inadimplemento antecipado, justamente porque se está na presença de um termo de vencimento da prestação principal, esta não é exigível, e não se cogita de sua efetivação. Não haveria, pois, violação positiva, mas sempre violação negativa. O inadimplemento antecipado encerra em si uma ausência de comportamento devido antes da efetivação da prestação principal.

O que efetivamente ocorre no inadimplemento antecipado é a violação de deveres acessórios, preparatórios e instrumentais à prestação principal, ou laterais, mas sem que tenha havido, ou que se possa exigir, a prestação principal. Desse modo, o inadimplemento antecipado é bem mais limitado do que a violação positiva do crédito, principalmente por seu aspecto temporal. Além disso, o inadimplemento antecipado gera uma perturbação mais grave na finalidade contratual, apreendida de um ponto de vista prospectivo, como se verá.

Importa ter em mente, portanto, que é necessário, para compreender o inadimplemento antecipado, focar sua atuação no descumprimento de deveres acessórios, preparatórios ou instrumentais à prestação principal, ou ainda deveres laterais, mas sem se cogitar da prestação principal. Esse enfoque bastante aproximado e limitado é o mais preciso para a concepção da figura.

---

93. Jorge Cesa Ferreira da Silva, *Inadimplemento das Obrigações*, cit., p. 44. Com relação à amplitude da mora no Direito Brasileiro, v. também a exposição de Judith Martins-Costa, *Comentários ao Novo Código Civil*, cit., 2ª ed., vol. V, t. II, pp. 324 e ss.

94. Jorge Cesa Ferreira da Silva, *Inadimplemento das Obrigações*, cit., p. 45.

95. Idem, p. 46.

Os casos ditos de inadimplemento antecipado, por descumprimento de dever acessório ou lateral, são antecipados com relação ao vencimento da prestação principal. O inadimplemento de tais deveres, por sua vez, é atual.

A explicação para tanto seria a de que, entendida a obrigação como processo, a ausência de realização de uma prestação preparatória, ou instrumental à prestação principal, ou ainda lateral, configura uma violação atual à relação obrigacional, antecipada somente quanto à prestação principal.

Nesse sentido, é profícuo o entendimento de Massimo Bianca, segundo o qual para o inadimplemento basta a atualidade da prestação, como o dever de executá-la, e não exatamente a exigibilidade desta pelo credor. Partindo o autor de uma concepção unitária da obrigação, concebe que a execução da prestação devida é atual, ainda que haja um termo de vencimento, suspendendo sua exigibilidade pelo credor. Exemplifica justamente com o dever atual de se desenvolver uma atividade preparatória para o exato e tempestivo adimplemento da prestação no termo de vencimento. É caso típico de inadimplemento antes do advento do termo.[96]

Em outras palavras: ao mesmo tempo em que a prestação principal tenha um termo inicial, suspendendo sua exigibilidade, eventuais deveres preparatórios, instrumentais e laterais são atuais, necessários à futura realização da prestação principal, e ensejam inadimplemento desde que passem a ser descumpridos, sem necessidade de aguardo do termo de vencimento.

Observe-se, tão somente, que, como aludido anteriormente, a hipótese desenvolvida é a de que o descumprimento do dever acessório ou lateral é um dos elementos aptos a gerar as consequências do inadimplemento, não bastante por si só.

Nos julgados trazidos viu-se a frequência com que ocorreu o fenômeno. Assim, há vários julgados que, em razão da ausência de registro do loteamento ou da incorporação, entendem estar configurado o inadimplemento. A ausência da atividade de regularização do bem imóvel compromissado é típico dever instrumental da prestação principal, que é a entrega da propriedade de tal bem, com todos os seus poderes, ao credor.[97] Já, o atraso na construção de unidades imobiliárias compromis-

---

96. Massimo Bianca, *Diritto Civile V, La Responsabilità*, cit., p. 5.
97. Como exemplo: TJSP, 4ª Câmara de Direito Privado, Ap 456.337.4/3-00, rel. Des. Francisco Loureiro, j. 24.5.2007; TJSP, 2ª Câmara de Direito Privado, Ap com Revisão 228.230-4/7-00, rel. Des. Ariovaldo Santini Teodoro, j. 18.7.2006.

sadas à venda, que coloca em situação de impossibilidade sua entrega no prazo estipulado, é típico caso de inadimplemento de dever preparatório à prestação principal.[98]

Os casos de declaração de inadimplir, de declaração de que no momento futuro haverá descumprimento ou de recusa em adimplir também são enquadrados no esquema da relação obrigacional complexa.

Todavia, nesse âmbito a violação refere-se não a deveres acessórios, instrumentais ou preparatórios, mas a deveres laterais, e, dentro desse grupo, ao subconjunto dos deveres de lealdade e de proteção.[99]

Os deveres de lealdade têm por conteúdo a vedação de condutas contrárias às expectativas legítimas dos parceiros relacionais. Há uma proibição de comportamentos incompatíveis com o programa contratual.[100]

Nesse sentido, os exemplos são os deveres de não concorrência, de não celebração de contratos incompatíveis, de sigilo sobre informações que possam prejudicar a outra parte.[101]

Ora, nesse contexto, uma das condutas que mais se evidencia incompatível com a legítima expectativa de cumprimento do programa contratual é a de declarar antecipadamente o futuro não cumprimento, ou a recusa em adimplir.

Há, nesses casos, inadimplemento de dever lateral de lealdade e cooperação, ao manifestar vontade oposta à fiel execução do quanto acordado.

Repita-se que para o inadimplemento antecipado, além do descumprimento do dever de cooperação, devem ser somados, ainda, outros elementos. O que importa, aqui, é pontuar este inadimplemento específico, referente à violação à lealdade esperada na execução do ajuste.

Nesse conjunto estão justamente os casos de inadimplemento antecipado por declaração de impossibilidade de continuar adimplindo pelo compromissário-comprador. Vê-se que não há, ainda, a situação do inadimplemento, mas a declaração de que, no futuro, não poderá mais permanecer arcando com a responsabilidade.

98. TJRJ, 8ª Câmara Cível, Ap 2005.001.19441, rel. Des. Luiz Felipe Francisco, j. 13.9.2005; STJ, 4ª Turma, REsp 309.626-RJ, rel. Min. Ruy Rosado de Aguiar, j. 7.6.2001.

99. Jorge Cesa Ferreira da Silva classifica os deveres laterais em deveres de proteção, deveres de lealdade e de cooperação e deveres de informação e esclarecimento (*A Boa-Fé e a Violação Positiva do Contrato*, cit., 2ª tir., pp. 106-119).

100. Jorge Cesa Ferreira da Silva, *Boa-Fé e a Violação Positiva do Contrato*, cit., 2ª tir., p. 112.

101. Idem, ibidem.

Aqui, portanto, há a situação de inadimplemento antecipado por declaração. Não houve ainda o atraso, por assim dizer. Não há inadimplemento da prestação principal. A violação ao *pacta sunt servanda* ainda é lateral, adstrita à lealdade que nele se espera legitimamente ter. O devedor simplesmente declara, antecipadamente, que não poderá, no futuro, arcar com a prestação, perturbando a relação de cooperação entre as partes, em função do quanto previamente ajustado. Essa declaração traz, no limite, insegurança sobre a futura realização da prestação típica, que compõe o interesse principal do credor no contrato. A quebra maior é a da confiança entre as partes na relação contratual.

Essa espécie de inadimplemento antecipado é bastante recorrente na doutrina.[102] Entretanto, a contribuição da casuística brasileira foi a de permitir, nesses casos, que o próprio devedor pleiteasse a resolução contratual, como se verá oportunamente.

Por ora, basta, como início, essa demonstração de que nos casos de inadimplemento antecipado verificou-se a ocorrência de um inadimplemento atual de dever instrumental, preparativo, de lealdade ou cooperação entre as partes, antes do vencimento da prestação principal. Ou seja: um inadimplemento atual, antecipado com relação à exigibilidade da prestação principal.

Resta, agora, apenas examinar as modalidades mais típicas dessas condutas violadoras de deveres acessórios ou laterais. Elas podem ser agrupadas em três espécies, tradicionalmente lembradas pela pequena doutrina do inadimplemento antecipado: ausência de atividade preparatória ou instrumental, necessária à prestação principal; conduta contrária à finalidade contratual; e declaração de não adimplir.

3.3 Formas de inadimplemento de deveres instrumentais ou preparatórios, de lealdade e cooperação

3.3.1 Ausência de atividade preparatória ou instrumental à prestação principal

Tal forma de inadimplemento antecipado ficou devidamente configurada em exemplos jurisprudenciais. São hipóteses de violação de deveres acessórios, instrumentais ou preparatórios.

102. Aline de Miranda Valverde Terra, *Inadimplemento Anterior ao Termo*, cit., pp. 161 e ss.

Encaixam-se nessa modalidade o atraso na construção de uma unidade imobiliária comprometida à venda,[103] ou a ausência de regularização de loteamento em que se compromete venda de um lote[104] ou, ainda, a ausência de registro da incorporação imobiliária.[105] Todos, comportamentos omissivos.

Vincenzo Putortì explica que há relações obrigacionais em que o adimplemento da prestação típica pressupõe o desenvolvimento de atos preparatórios. Exemplo típico é o contrato de empreitada, no qual o adimplemento é instantâneo, mas é considerado de execução continuada justamente pela necessária existência de uma fase preparatória.[106]

Giuseppe Conte alude a prestações cuja natureza impõe ao devedor um período preparatório laborativo, que pode ser também de natureza intelectual, de produção agrícola ou industrial ou de obtenção de mercadorias.[107]

Giovanni Muraro traz uma série de atos preparatórios ou instrumentais ilustrando a ampla gama de hipóteses em que tal evento pode ocorrer: prestação de garantias,[108] formalização pública de atos, condutas a serem executadas junto à Administração, prestação de sinal, abertura de crédito, envio de mercadorias e documentos necessários, verificação ou prova do objeto devido, providenciar os meios técnicos para o desenvolvimento da atividade devida, conseguir fatos de terceiros necessários para a prestação final. Todas, condutas, enfim, que devem ser apreendidas no contexto específico de cada relação contratual concreta.[109]

Raphael Manhães Martins cita como exemplos de ausência de atividade preparatória ou instrumental a importação de mercadorias ou a obtenção de autorização para tanto junto ao órgão de fiscalização, o não

103. TJSP, 6ª Câmara de Direito Privado, Ap 85.517-4/6, rel. Des. Reis Kuntz.
104. TJSP, 4ª Câmara e Direito Privado, Ap 534.004.4/2-00, rel. Des. Francisco Loureiro, j. 10.7.2008.
105. TJSP, 2ª Câmara de Direito Privado, Ap 362.831-4/8-00, rel. Des. Ariovaldo Santini Teodoro, j. 1.4.2008.
106. Vincenzo Putortì, "La risoluzione anticipata del contratto", *Rassegna di Diritto Civile* 1/128-129, Nápoles, Saggi, 2006.
107. Giuseppe Conte, "Appunti in tema di mancato compimento dell'attività preparatoria e di risoluzione anticipata del contratto", *Rivista del Diritto Commerciale* 3-4/164, março/abril/1990.
108. Aqui poderia ser cogitada a ocorrência de inadimplemento antecipado em operações econômicas que envolvam a necessária prestação de garantias bancárias.
109. Giovanni Muraro, "L'inadempimento prima del termine", *Rivista di Diritto Civile*, Ano XI, Parte Seconda, Pádua, CEDAM, 1965, p. 142.

atingimento de fases previamente estipuladas para construção de grandes empreendimentos, o não atendimento do projeto de construção, erros em processos de fabricação, construção ou elaboração na indústria naval, de petróleo e gás ou de infraestrutura.[110]

3.3.2 Conduta contrária à finalidade contratual

Essa forma de inadimplemento antecipado não possui muitos exemplos jurisprudenciais, mas é possível descrevê-la com base em exemplos doutrinários. É voltada à violação de deveres laterais, de lealdade e cooperação para o atingimento da finalidade contratual.

O exemplo jurisprudencial que mais se aproximaria seria o da arrematação judicial do bem prometido antes do termo.[111] Imputável ao devedor, tal conduta é diretamente contrária ao escopo contratual.

Nesse sentido, caso lembrado por Luigi Mosco refere-se à alienação da coisa prometida antes do termo. Não se pode afirmar, de modo cabal, a impossibilidade da prestação, pois haveria, ao menos por hipótese, a possibilidade de readquirir a coisa para depois transmiti-la ao credor. Contudo, tal solução demandaria a vontade de terceiros, não só do devedor. Mas não há dúvida de que se trata de ato contrário ao cumprimento da finalidade contratual, que fere justa expectativa do credor.[112]

Essa forma de inadimplemento antecipado pode ser caracterizada, portanto, quando há um bem determinado prometido e o devedor, por conduta comissiva, dispõe dele, em ato contrário à finalidade contratual.

3.3.3 A declaração de não adimplir

Essa hipótese de inadimplemento antecipado deu-se na jurisprudência brasileira nos casos em que o devedor alegava insuportabilidade das prestações e pedia a resolução do contrato.[113] Foi, aliás, um dos primeiros casos a citar o inadimplemento antecipado. Há uma especificidade, contudo, pois não foi o credor quem tomou a medida resolutória, mas o próprio

---

110. Raphael Manhães Martins, "Inadimplemento antecipado: perspectivas para sua aplicação no Direito Brasileiro", *RF* 391/169-170, Ano 103, Rio de Janeiro, Forense, maio-junho/2007.

111. TJSP, 3ª Câmara de Direito Privado, Ap 411.649-4/8-00, rel. Des. Beretta da Silveira, j. 5.9.2006.

112. Luigi Mosco, *La Risoluzione del Contratto per Inadempimento*, Nápoles, Casa Editrice Dott. Eugenio Jovene, 1950, pp. 41-42.

113. TJSP, 4ª Câmara de Direito Privado, Ap 38.024-4/7, rel. Des. José Osório, j. 18.6.1998 (outro número: 9077057-83.1996.8.26.0000).

devedor. Essa diferença considerável será analisada em momento próprio. Serve aqui, contudo, de precedente jurisprudencial de inadimplemento antecipado por declaração.

A doutrina, por sua vez, ocupa-se bastante da declaração de não adimplir ou de não querer adimplir. Em princípio, tal ato poderia ser enquadrado na hipótese acima, de conduta contrária à finalidade contratual, em violação a dever lateral de cooperação e lealdade ao objetivo contratual. Entretanto, como há especificidades a respeito de tal declaração, ela comporta tratamento separado.

Apoiada em Luigi Mosco, a doutrina reafirma que a declaração de não adimplir deve ser séria e definitiva.[114] Com isto se está a dizer que não basta qualquer manifestação no sentido do inadimplemento, mas que deve ser apreensível uma certeza na declaração do devedor quanto à sua futura ocorrência, um repúdio consistente ao contrato.

De saída afastamos o posicionamento que exige não só a declaração, mas que esta venha acompanhada de outro comportamento efetivo contra a prestação.[115] Com efeito, entendemos que a declaração, por si só, é um dos elementos do inadimplemento antecipado, que ainda necessita da ocorrência de outras situações para sua plena configuração. Por isso, nesse item aprecia-se tão somente a declaração.

Não é necessário que tal declaração seja dirigida ao credor ou parceiro contratual. Basta, para atingir o grau de certeza, seriedade e definitividade, que ela seja emitida ao mercado, ou que lhe seja dada alguma publicidade.[116] A declaração emitida a terceiros, por si só, não seria suficiente como declaração de inadimplir. Mas poderia ser justa causa para uma interpelação por parte do credor ao devedor, a fim de que este manifeste sua intenção com relação ao adimplemento.

Nesse sentido, válida a posição de Ruy Rosado de Aguiar Jr., para quem tal interpelação, mesmo que procedida antes do vencimento, não configura abuso de direito se amparada em comportamentos anteriores do devedor que denotem a intenção de não adimplir. A hipótese de declaração do devedor a terceiros de que não tende ao adimplemento pode

114. Ruy Rosado de Aguiar Jr., in Sálvio de Figueiredo Teixeira (coord.), *Comentários ao Novo Código Civil*, cit., vol. VI, t. II, p. 583; Aline de Miranda Valverde Terra, *Inadimplemento Anterior ao Termo*, cit., p. 161; Luigi Mosco, *La Risoluzione del Contratto per Inadempimento*, cit., p. 37.

115. Ruy Rosado de Aguiar Jr., in Sálvio de Figueiredo Teixeira (coord.), *Comentários ao Novo Código Civil*, cit., vol. VI, t. II, p. 579.

116. Raphael Manhães Martins, "Inadimplemento antecipado: perspectivas para sua aplicação no Direito Brasileiro", cit., *RF* 391/167-169.

justificar, portanto, uma legítima interpelação, antes do vencimento, a fim de que o devedor esclareça sua conduta, podendo servir a resposta como declaração de não adimplir.[117]

Por outro lado, o credor que notifica o devedor a respeito do futuro adimplemento, antes do vencimento, sem causa que justifique uma preocupação nesse sentido pode estar incidindo em conduta contrária à lealdade contratual, provocando antecipadamente algum tipo de recusa por parte do devedor e pressionando-o indevidamente enquanto perdura seu benefício do prazo. Eventual declaração obtida nesse contexto não poderia embasar o inadimplemento antecipado.[118]

Luigi Mosco insere como formas de declaração de não adimplir a contestação por parte do devedor da existência do contrato, a intenção de anulá-lo ou a exigência de condições inadimissíveis.[119] Raphael Manhães Martins alude à imposição de novas condições para o cumprimento de uma avença já firmada.[120]

Tais posicionamentos merecem apoio. Entretanto, é sempre necessário ponderar se eventual solicitação de providências ou modificações no pactuado, a fim de favorecer o adimplemento, não se encontram fundamentadas também numa justa expectativa de cooperação contratual. Assim, é imperioso, antes de aplicar soluções prontas, verificar, à luz do caso concreto, o comportamento das partes em função da legítima expectativa de cooperação contratual. A quebra da lealdade, como dever lateral, dá substância às declarações firmadas.

Assim, como declarações de inadimplir podem ser encontradas aquelas condutas que contestem a existência, validade ou eficácia de um contrato, ou que exijam novas condições para adimplemento, fora da legítima expectativa do parceiro contratante, amparada nas circunstâncias concretas da finalidade contratual.

Nesse sentido, válidos também os exemplos de Luigi Mosco de que a ausência momentânea de meios para pagar, a simples divergência sobre o conteúdo do contrato e o objeto da prestação não bastam para integrar o conceito de declaração de inadimplir.[121]

---

117. Ruy Rosado de Aguiar Jr., in Sálvio de Figueiredo Teixeira (coord.), *Comentários ao Novo Código Civil*, cit., vol. VI, t. II, p. 583.

118. Idem, ibidem.

119. Luigi Mosco, *La Risoluzione del Contratto per Inadempimento*, cit., p. 39.

120. Raphael Manhães Martins, "Inadimplemento antecipado: perspectivas para sua aplicação no Direito Brasileiro", cit., *RF* 391/169.

121. Luigi Mosco, *La Risoluzione del Contratto per Inadempimento*, cit., p. 39.

Repita-se, no entanto, que todos esses exemplos concretos devem ser sopesados à luz dos deveres laterais de cooperação e lealdade. Essa, por sinal, é a vantagem de se embasar o inadimplemento antecipado não apenas em condutas típicas, mas na essência de um inadimplemento a deveres pertinentes ao vínculo obrigacional.

Nos casos jurisprudenciais a alegação de insuportabilidade das prestações por razões particulares do devedor, tais como desemprego, dificuldades pessoais e familiares, ausência de atualização salarial apta a dar conta da correção das prestações, fora dos requisitos que embasam o objetivo desequilíbrio econômico do contrato por fatos supervenientes imprevisíveis, bem pode ser enquadrada como inadimplemento do dever de se comportar de acordo com o objetivo contratual.[122]

Embora tais declarações não sejam imotivadas e, de certo ponto de vista, possuam até certa motivação justificável quando se trata de infortúnios indesejáveis na vida de qualquer pessoa, não se pode negar, também, que são, todos, motivos imputáveis ao devedor. E, por isso, a alegação de impossibilidade relativa com relação à prestação pecuniária não deixa de ser um repúdio ao contrato e à expectativa legítima advinda de sua finalidade. A posição contrária estaria muito mais próxima do inadmissível, pois, se se entender tais fatos como inimputáveis ao devedor, estar-se-ia imputando-os ao credor.

Por fim, discute-se a possibilidade de retratação da declaração de não adimplir. Ruy Rosado de Aguiar Jr. situa tal possibilidade entre a proibição do *venire contra factum proprium* e os princípios que apontam para a manutenção dos pactos.[123] Assim, se o devedor que declara não querer cumprir provoca comportamentos legítimos no credor no sentido da sua desvinculação, não pode, depois, voltar atrás. Entretanto, se ainda for útil a manutenção do contrato, por que não conservá-lo, em prol da finalidade contratual?

122. TJSP, 4ª Câmara de Direito Privado, Ap 38.024-4/7, rel. Des. José Osório, j. 18.6.1998; TJSP, 13ª Câmara Cível, Ap 226.264-2, rel. Des. Marrey Neto, j. 12.4.1994, *JTJ* 159/34; TJSP, 12ª Câmara Cível, Ap 256.637-2, rel. Des. Carlos Ortiz, j. 30.5.1995, *JTJ* 178/47; STJ, 3ª Turma, REsp 200.019-SP, rel. Min. Waldemar Zveiter, relator para o acórdão Min. Ari Pargendler, j. 17.5.2001, *DJU* 27.8.2001; STJ, 4ª Turma, REsp 132.903-SP, rel. Min. Ruy Rosado de Aguiar, j. 16.9.1997, *DJU* 19.12.1997; STJ, 4ª Turma, REsp 109.960-RS, rel. Min. Ruy Rosado de Aguiar, j. 24.2.1997, *DJU* 24.3.1997.

123. Ruy Rosado de Aguiar Jr., in Sálvio de Figueiredo Teixeira (coord.), *Comentários ao Novo Código Civil*, cit., vol. VI, t. II, pp. 583-584.

Nesse sentido, não haveria razão para, *prima facie*, negar a possibilidade de retratação. Tampouco o outro extremo poderia ser aceito, isto é, ratificar-se conduta contraditória e abusiva do devedor que afirma descumprir o pactuado e depois volta atrás, injustificadamente.

Como já salientado, a solução deve ser, sempre, buscar a essência do descumprimento dos deveres de cooperação e lealdade. Logo, se a conduta anterior já feriu a lealdade de tal forma, que a retratação não recupera a confiança perdida, o credor poderia intentar as medidas que lhe são cabíveis nesse caso. Porém, se o credor se satisfaz com a manutenção do vínculo, aceitando a retratação em prol da cooperação contratual, não haveria motivo para rechaçá-la.

Por isso, é de se defender que a retratação da declaração de inadimplir é viável.

O tema, porém, toca bem de perto o elemento seguinte do inadimplemento antecipado, consistente na frustração da finalidade contratual ocorrida antes do vencimento. Nesse ponto, e também nos anteriores, a solução jurídica mais apropriada requer a apreciação do interesse do credor, que se dá, sobretudo, em função da finalidade contratual. É o que se verá no próximo item.

4. Segundo elemento: *a frustração da finalidade contratual.* Perda da função social

Somente o inadimplemento de deveres preparatórios e instrumentais ou de lealdade e cooperação não basta para a plena configuração do inadimplemento antecipado do contrato.

Para que ele ocorra é necessária uma consequência direta do inadimplemento de deveres acessórios ou laterais: a frustração da finalidade contratual que se pode apreender antes do termo de vencimento.

Foi visto itens acima a importância que tem a noção de fim contratual para a relação obrigacional complexa, ou seja, a teleologia concreta da relação obrigacional. Para todos os casos de inadimplemento antecipado não bastou a declaração de inadimplir, a omissão na atividade preparatória. Foi necessário que esse inadimplemento gerasse perturbação na própria finalidade contratual. Em termos mais recentes, foi necessário que o inadimplemento dos deveres acessórios ou laterais gerasse a perda da função social do contrato antes do termo de vencimento.

Toda relação obrigacional existe para uma finalidade de cooperação econômica entre as partes. Os deveres acessórios ou laterais, no limite, não visam a outra coisa senão à mais completa satisfação do interesse do credor na obtenção do bem devido, propiciando uma concreta utilidade.

O problema do inadimplemento antecipado está, antes de tudo, na verificação, anterior ao termo, de que a finalidade contratual restou perturbada. Que pode haver ou, melhor, que há alto grau de certeza de que no tempo futuro do vencimento não se satisfaça o interesse do credor, o resultado finalístico do contrato.

Assim, pode-se perceber, em raciocínio prospectivo, que a unidade imobiliária futura não estará construída, ou que o lote compromissado não terá a regularização necessária para o pleno gozo dos poderes inerentes à propriedade. Pode ocorrer de que se vislumbre a futura insolvência do devedor, a prejudicar os ganhos econômicos necessários à viabilidade da operação. Ou pode, mesmo, ocorrer que o devedor falhe tão gravemente, que a confiança nele depositada se perca, a tal ponto de tornar sem sentido a espera do termo para verificação do resultado contratual.

Antônio Junqueira de Azevedo, ao examinar os vários sentidos que a palavra "causa" pode ter no direito das obrigações, incluídos os negócios jurídicos, aproxima-se da noção de "causa final". Esta, por sua vez, teria uma concepção subjetiva, que a entende bem próxima do significado de "motivo", como razão psicológica.[124] Essa concepção, de causa final subjetiva, não nos interessa aqui.

Haveria, porém, uma concepção subjetivo-objetiva de "causa final". Neste sentido, "causa" é o fim que os declarantes pretendem, mas não o fim psicológico e individual, mas o fim comum e objetivo do próprio negócio. Esta causa está integrada no próprio negócio, e é revelada por ele.[125]

Esse sentido de "causa final", por sua vez, pode ser ainda mais objetivado, confundindo-se com o próprio tipo do negócio, por exemplo, nos contratos típicos, ou, nos atípicos, com sua função prática e econômica.[126]

Voltando ao sentido de causa final subjetivo-objetivo, porém, revela-se melhor o que se entende por fim objetivo do negócio, ou sua causa concreta, que não remonta a tipos abstratos ou a uma função prática

---

124. Antônio Junqueira de Azevedo, *Negócio Jurídico e Declaração Negocial (Noções Gerais e Formação da Declaração Negocial)*, cit., p. 127.
125. Idem, ibidem.
126. Idem, pp. 127-128.

também abstrata, mas se refere ao negócio jurídico individualizado.[127] É o fim último do negócio concreto, sua utilidade prática, a operação econômica específica envolvendo tais sujeitos e o interesse objetivo que mantêm no contrato.

Antônio Junqueira de Azevedo entende que é desse fim do negócio que se está a tratar, por exemplo, quando se refere à teoria da pressuposição, ou da base do negócio, nas suas vertentes autorais. Se esse fim se torna impossível, o negócio perde eficácia.[128]

Ora, é esse fim concreto e objetivado de cada contrato que interessa ao inadimplemento antecipado do contrato. É preciso, porém, bem delimitá-lo.

Viu-se no pressuposto negativo que, se a prestação se tornar impossível, definitiva e permanentemente, têm lugar diversas soluções legais, organizadas segundo as modalidades de obrigação, que acabam por desvincular credor e devedor do contrato, apurando-se eventuais imputabilidades e indenizações.

Ocorre que, ainda que não se tenha uma impossibilidade cabal da prestação, se o inadimplemento dos deveres acessórios e laterais gerar, previamente, uma perturbação no fim contratual, sua antecipada frustração, aí, sim, tem-se o inadimplemento antecipado do contrato.

É interessante notar, nesse ponto, que Patrick S. Atiyah, na obra *The Rise and Fall of Freedom of Contract*, cita o caso que deu origem à doutrina do inadimplemento antecipado do contrato na *Common Law* ("Hochster *versus* De la Tour"), para dizer que essa decisão judicial representa a apoteose do que ele denomina *executory contract*. Nas suas palavras, esse caso consagra a ideia de que um contrato não só cria direitos a partir de quando concluído, sem que se inicie sua execução (*performance*), como pode também ser objeto de ação para cobrança de danos dele advindos antes da data fixada para a execução. O contrato é "a thing that is made", antes de sua execução, e, por isso, pode também ser quebrado antes de sua execução.[129]

Válida, quanto a tal citação, a observação que faz Yves-Marie Laithier, para quem, apesar de o autor inglês estar reforçando o caráter

---

127. Idem, pp. 128-129.
128. Idem, p. 129.
129. Patrick S. Atiyah, *The Rise and Fall of Freedom of Contract*, Oxford, Clarendon, 2003, pp. 427-427.

promissório do contrato – algo como o nosso princípio do consensualismo –, essa não é interpretação mais correta da decisão. Com efeito, tal precedente não se insere somente na tradição voluntarista do Liberalismo do século XIX, mas se justifica por considerações econômicas, de modo que o futuro se torna presente.[130]

Ora, essa breve digressão permite que se olhe para o contrato e, consequentemente, para seu inadimplemento antecipado com uma visão mais integrada. O contrato nasce do acordo de promessas e traz em si considerações de ordem econômica. Tanto a frustração do acordo quanto a frustração do seu fim econômico quebram o que o contrato significa, seu conteúdo essencial. O fim contratual reúne justamente essas duas realidades: o acordo e seu aspecto de operação econômica concreta.

Logo, não basta o inadimplemento. É preciso que ele perturbe ou frustre o fim contratual objetivo e concreto dos contratantes. Não é necessária uma impossibilidade cabal para tanto. Basta que se tenha uma impossibilidade relativa de cumprimento da prestação no termo de vencimento, ou que se tenha um abalo grave da relação de confiança. É isso que se passa a verificar agora.

Observe-se, antes, mais um ponto. Uma vez consagrada a função social do contrato legislativamente, pode-se bem colocar o fim contratual como um dos aspectos de sua função social.

Cláudio Luiz Bueno de Godoy esclarece que existem tanto um conteúdo da função social que respeita às partes contratantes quanto um conteúdo que expande a eficácia do contrato para o meio social.[131]

A vertente *inter partes* da função social não se confunde com a mera causa típica, acima citada, em que se tutela determinado contrato na medida em que ele possua valor social, segundo o tipo legalmente previsto ou segundo algum interesse merecedor de tutela de acordo com a concepção estatal vigente.[132]

Na verdade, após a redemocratização, em cujo contexto se insere a vigente Constituição brasileira – consagradora, dentre outros, dos princípios da dignidade da pessoa humana e da solidariedade –, a função social do contrato, para as partes que o compõem, adquire sentido de instrumento de desenvolvimento de personalidade, em igualdade substancial entre

---

130. Yves-Marie Laithier, *Étude Comparative des Sanctions de l'Inexecution du Contrat*, Paris, LGDJ, 2007, pp. 553-557.
131. Cláudio Luiz Bueno de Godoy, *Função Social do Contrato*, cit., 3ª ed.
132. Idem, p. 116.

contratantes, bem como de viabilizador de acesso aos bens econômicos, segundo uma concepção distributivista.[133]

Nesse sentido, o fim negocial, antes aludido, passa a ter expressa proteção legal, como uma vertente da função social em seu conteúdo entre as partes contratantes, na medida em que, como fim comum, repousa seu fundamento na autonomia privada, aspecto da dignidade humana, e serve a interesses objetivos das partes, no sentido de cooperação econômica para fins distributivos, em atenção ao solidarismo.

Ora, se o contrato perde seu fim, seja por conta da ausência de confiança entre as partes, seja porque sua utilidade prática resta relativamente impossibilitada, ele passa a não mais manter o interesse na sua conservação, na medida em que não atende à vontade autônoma das partes nem cumpre função cooperativa e distributiva.

A perda do fim comum objetivado acarreta, portanto, perda da função social do contrato. Se essa perda acontece em virtude de inadimplemento de deveres laterais e acessórios, não há por que esperar o advento do termo de vencimento para liberar as partes do vínculo e compensar perdas com a frustração contratual. Eis aí o inadimplemento antecipado, no seu interesse prático mais essencial.

Cabe, aqui, uma breve justificativa para a denominação utilizada para a figura, de inadimplemento antecipado *do contrato*, e não *da obrigação contratual*. Para além do recurso a um nome já presente em obras e em precedentes jurisprudenciais, a expressão "inadimplemento antecipado *do contrato*" realça este segundo elemento, que é a perda da função social (do contrato). Ainda que inadimplemento, em si, se ajuste melhor a obrigação contratual, porque, no caso estudado, o referido inadimplemento acarreta perda da função social do contrato, não se trata de mero inadimplemento obrigacional. Há mais em jogo. E, assim, a expressão "inadimplemento antecipado *do contrato*" é como uma síntese da ideia de que o inadimplemento antecipado *gera a perda da função social do contrato*. Por isso sua utilização como o nome desta ferramenta.

4.1 Formas de perda da função social

A fim de esquematizar a figura é que se passa a verificar as duas formas como se dá essa perda de função social: pelo rompimento da confiança entre as partes, tendo em vista o fim contratual, ou pela impos-

---

133. Idem, pp. 126-133.

sibilidade relativa de cumprimento da prestação em seu termo, verificada antes de seu advento.

4.1.1 A perda da confiança

Jorge Cesa Ferreira da Silva enfatiza o papel da confiança, como um dos elementos do princípio da boa-fé objetiva, na relação obrigacional. Segundo o autor, a própria boa-fé encontra na ideia de confiança um de seus mais importantes fundamentos materiais. Encontram-se nesse âmbito principalmente aquelas violações à boa-fé que ferem a justa expectativa gerada na outra parte.[134]

A confiança, noção que extrapola o campo estrito do jurídico, pode ser compreendida como um fator de diminuição da complexidade social, na medida em que permite que o agente atue no meio social reduzindo sua insegurança quanto ao futuro, ou seja, confiando que certos fatos não irão ocorrer (embora seja muito possível que ocorram).[135]

É notório – mas digno de ser realçado –, portanto, o papel que a confiança exerce nas relações obrigacionais, instrumentos jurídicos de cooperação econômica entre as partes.

Ora, ao firmar um contrato, as partes, por mais que saibam da possibilidade intrínseca de seu descumprimento, confiam na sua execução, a fim de obter os bens econômicos de que necessitam para sua atuação social. Nessa medida, a confiança depositada no contrato, como regramento quanto ao futuro, é talvez um de seus mais valiosos aspectos, a justificar, no limite, a proteção do crédito.

Tanto assim é que, não obstante a ausência de conteúdo expresso no contrato, não deixam de ser protegidos os já aludidos deveres laterais ao vínculo obrigacional, a fim de propiciarem a perfeita utilização da prestação devida pelo credor, de modo a não frustrar sua justa expectativa no recebimento de seu crédito, de seu bem econômico.[136]

É de se dar relevância, assim, ao entendimento de que a relação obrigacional, por mais que se possa concebê-la como arriscada, pois a expectativa nela gerada sempre pode ser frustrada, é sobretudo uma relação de confiança.

134. Jorge Cesa Ferreira da Silva, *A Boa-Fé e a Violação Positiva do Contrato*, cit., 2ª tir., p. 48.
135. Idem, p. 49.
136. Idem, p. 53.

A confiança, por sua vez, encontra um critério objetivo de apoio na noção de fim contratual objetivo e concreto, antes citada.

Não é somente no parceiro contratual que se confia, nem tampouco na objetiva execução da prestação devida. O objeto da confiança, propriamente, é o fim contratual objetivo, que envolve ambas as partes e o objeto do contrato. É na realização da finalidade contratual objetiva que as partes confiam, a fim de administrarem seus interesses levando em conta o contratado.

Se falha, porém, essa confiança, é a própria função social que se vê perturbada, ou até frustrada. Se o contrato é instrumento de desenvolvimento da personalidade, se o contrato é também um meio de colaboração e cooperação, e não só um fim em si mesmo, se falha o dever de cooperação, se ausente a colaboração, a confiança no cumprimento da finalidade contratual acaba e, por sua vez, aquele instrumento de desenvolvimento perde o sentido de ser protegido.

Se não existe mais confiança no cumprimento da finalidade contratual, qual o valor social daquele vínculo? Se o agente não pode mais atuar confiando na execução contratual, aquele acordo perdeu sua força jurídica protetiva.

Logo, a perda da confiança no fim contratual significa perda da função social do contrato, apta a gerar consequências jurídicas.

Assim, se um inadimplemento de deveres de lealdade e cooperação – tais como a emissão de declaração no sentido do inadimplemento contratual ou a tomada de uma atitude diretamente contrária ao acordo – gera a perda da confiança no fim contratual, perdeu-se, no limite, a função social daquele contrato concreto.

É por isso que um simples inadimplemento de deveres laterais ocorrido antes do termo de vencimento da prestação pode gerar consequências graves, como a formação de um direito de resolução ao credor.

Em suma: para o inadimplemento antecipado restar configurado é necessário não somente o inadimplemento, mas também que ele gere a perda da função social do contrato.

No item que ora analisamos, a perda da função social deveu-se à perda da confiança no cumprimento da finalidade contratual.

Nesse sentido, Ruy Rosado de Aguiar Jr. considera inadmissível a orientação meramente objetivista para fins de autorização da resolução por inadimplemento de deveres acessórios, pois não considera eventual necessidade de resolução por quebra do interesse do credor.[137] Tanto é que, no caso do inadimplemento antecipado, enfatiza o papel da confiança quebrada e a perda do interesse social num vínculo gravemente ferido.[138]

A posição defendida aqui é, em outras palavras, idêntica. Se não há mais confiança, a quebra de um dever lateral pode autorizar a resolução, ainda que a prestação seja objetivamente possível. Basta a legítima perda da confiança na realização do fim contratual, gerada, por exemplo, por uma séria declaração de não adimplir no tempo futuro.

Nos casos de ausência de registro ou regulamentação imobiliária de loteamentos e incorporações[139] é notória a perda da confiança que o inadimplemento de dever instrumental gera, até mesmo porque há descumprimento de disposição legal expressa no sentido da exigência prévia de tais atos.

Assim, é possível afirmar, com tranquilidade, que tal perda de confiança na realização do fim contratual, em razão de descumprimento de dever instrumental previsto em lei e essencial para o fim econômico perseguido, pode ser entendida como uma perda da função social, a autorizar a prática de medidas pertinentes pelo credor. Há, aí, nítido inadimplemento antecipado do contrato.

Também nos casos de insuportabilidade das prestações pelo devedor,[140] em que este alega tal dificuldade, apontando a falta de meios para honrar o pactuado, fica latente a perda da confiança no fim contratual almejado, ensejando, pelos mesmos motivos, a perda da função social e a caracterização do inadimplemento antecipado do contrato.

Em conclusão, é possível verificar como a perda da confiança, embasada em excertos teóricos bem como em jurisprudência, pode justificar um inadimplemento antecipado.

137. Ruy Rosado de Aguiar Jr., in Sálvio de Figueiredo Teixeira (coord.), *Comentários ao Novo Código Civil*, cit., vol. VI, t. II, p. 534, nota 742.

138. Idem, p. 581.

139. TJSP, 4ª Câmara de Direito Privado, Ap 534.004.4/2-00, rel. Des. Francisco Loureiro, j. 10.7.2008; TJSP, 2ª Câmara de Direito Privado, Ap 362.831-4/8-00, rel. Des. Ariovaldo Santini Teodoro, j. 1.4.2008; TJSP, 4ª Câmara de Direito Privado, Ap 660.549-4/5, rel. Des. Maia da Cunha, j. 27.8.2009.

140. TJSP, 4ª Câmara de Direito Privado, Ap 38.024-4/7, rel. Des. José Osório, j. 18.6.1998; TJSP, 4ª Câmara de Direito Privado, Ap 214.338-4/2-00, rel. Des. Jacobina Rabello, j. 26.10.2006; TJSP, 7ª Câmara de Direito Privado, Ap 526.138-4/0-00, rel. Des. Natan Zelinschi de Arruda, j. 1.4.2009; TJSP, 4ª Câmara de Direito Privado, Ap 55.120-4/0, rel. Des. Cunha Cintra.

4.1.2 Impossibilidade relativa prospectiva de cumprimento da prestação no termo de vencimento

Também a impossibilidade relativa de cumprimento da prestação no seu termo de vencimento pode gerar a frustração da função social do contrato, de modo a completar a configuração do inadimplemento antecipado.

A análise do inadimplemento antecipado aqui desenvolvida difere daquela procedida por Aline de Miranda Valverde Terra. Com efeito, a autora elenca entre as possíveis condutas do suporte fático do inadimplemento antecipado tanto o comportamento que evidencie, com probabilidade próxima à certeza, a intenção de não adimplir como o comportamento que impossibilite desde logo a prestação.[141]

No presente trabalho entendemos que para instrumentalizar a figura com maior precisão se deve separar seus elementos. O primeiro elemento é o inadimplemento de deveres acessórios e laterais, que pode se dar por declaração de inadimplir, por omissão de atividade preparatória, por ato contrário à prestação. Já, o segundo elemento é a perda da função social do contrato, ocasionada por tal inadimplemento. Esta se dá ou pela quebra da confiança, ou pela probabilidade, próxima à certeza, de que não haverá cumprimento da prestação em seu termo.

Assim, uma coisa é o comportamento do devedor. Outra coisa são seus efeitos para o fim contratual. É nesse último campo que se encontram a improbabilidade de cumprimento no seu termo ou a quebra da confiança, a gerar a perda da função social do contrato.

A impossibilidade da prestação, objetiva e definitiva, está excluída do âmbito do inadimplemento antecipado.

Foi visto anteriormente como a impossibilidade objetiva, definitiva e permanente, representa uma forma própria de pôr fim à relação obrigacional sem se cogitar de inadimplemento antecipado.

Para o inadimplemento antecipado a impossibilidade que se cogita é menos exigente.

Em primeiro lugar, basta que seja uma impossibilidade relativa. Se for impossível ao devedor cumprir a prestação no seu termo, é o que basta para sua verificação. Não faz sentido a exigência de uma impossibilidade objetiva, pois a utilidade do inadimplemento antecipado não é exonerar o devedor, mas permitir a desvinculação do contrato, com responsabilidade do devedor.

141. Aline de Miranda Valverde Terra, *Inadimplemento Anterior ao Termo*, cit., pp. 166-177.

Tal impossibilidade também não pode ser aproximada da impossibilidade temporária. Esta é uma noção que se faz oposta à de impossibilidade definitiva. Seria um obstáculo à execução da prestação sempre temporário, que cessará com o tempo.[142]

A questão que se coloca aqui como fundamental para a diferenciação não só das impossibilidades, mas da função que elas têm para a relação obrigacional, é a de que a responsabilidade no inadimplemento antecipado é prospectiva, vista para o futuro, enquanto a impossibilidade temporária já existe, mas cessará. A impossibilidade para o inadimplemento antecipado, em princípio, serve para desvincular o credor e responsabilizar o devedor. Já, a responsabilidade temporária implica a não responsabilização do devedor pelo não cumprimento em seu termo.[143]

No Direito Brasileiro há interessante dispositivo legal que trata expressa e cabalmente desse tipo de impossibilidade. É o disposto na Lei 8.666/1993, em seu art. 78, III. Na parte que trata dos contratos administrativos, como motivo de rescisão do contrato está a hipótese em que se revela "a lentidão do seu cumprimento, levando a Administração a comprovar a impossibilidade da conclusão da obra, do serviço ou do fornecimento, nos prazos estipulados".

Veja-se como, no caso, a impossibilidade é verificada do presente com relação ao futuro, e diz respeito ao devedor, contratado pela Administração. É, portanto, uma consagração legal da impossibilidade relativa de cumprimento da prestação em seu termo de vencimento, componente do inadimplemento antecipado do contrato.

Em comentário ao dispositivo, Marçal Justen Filho afirma que a lei autoriza a rescisão contratual quando verificados indícios de futuro descumprimento. Para isso, a própria experiência ou o conhecimento técnico-científico são capazes de demonstrar que, mantido o ritmo de lentidão, a prestação não será executada em seu termo de vencimento. Há, portanto, uma previsão da impossibilidade de cumprimento de prazos.[144]

A doutrina brasileira do inadimplemento antecipado também se refere a esse tipo de impossibilidade.

Raphael Manhães Martins também elenca dentre os casos de inadimplemento antecipado aquele causado por uma impossibilidade. Vê-se,

---

142. João de Matos Antunes Varela, *Das Obrigações em Geral*, cit., 7ª ed., 3ª reimpr., vol. II, p. 79.

143. Idem, ibidem.

144. Marçal Justen Filho, *Comentários à Lei de Licitações e Contratos Administrativos*, 14ª ed., São Paulo, Dialética, 2010, p. 836.

porém, que a impossibilidade aludida pelo autor é prospectiva, pois "decorre do fato de que a prestação, quando atingido o termo da obrigação, será impossível".[145]

Explica, ainda, que tal impossibilidade se representa por uma clara projeção no transcurso do termo, inegável e irreparável, advinda de comprovação objetiva, não bastando para tanto o simples receio do credor de que o devedor caia em inadimplemento.[146]

Anderson Schreiber, por sua vez, distingue entre a impossibilidade e a improbabilidade, com referência a seus possíveis efeitos. Ambas seriam hipóteses de inadimplemento antecipado, porém a resolução caberia nos casos em que o cumprimento da obrigação no vencimento futuro já fosse dada por impossível – como, no exemplo do autor, a construção de um hospital em 15 dias. Já, a improbabilidade do cumprimento – por exemplo, a construção do hospital em seis meses – receberia a aplicação da exceção de insegurança do art. 477 do CC.[147]

Judith Martins-Costa coloca como requisito do inadimplemento antecipado a plena certeza de que o cumprimento não se dará até o vencimento. Isso porque a resolução não se coaduna com a mera especulação, de modo que o incumprimento deve ser inequívoco, posto em termos absolutos, insuscetíveis de dúvidas.

Entende a autora que a mera dificuldade no futuro cumprimento ou o receio do credor sobre a execução da prestação, que não trazem a certeza, advinda de circunstâncias atuais, de futuro inadimplemento não constituem hipóteses de inadimplemento antecipado. A alta probabilidade de incumprimento, quando antevista, geraria apenas a exceção de inseguridade. Em suma, deve haver uma situação unívoca.[148]

Ruy Rosado de Aguiar Jr. alude a atos que impeçam o futuro cumprimento, que tragam a frustração da prestação ou, ao menos, quebra da confiança quanto ao futuro cumprimento.[149] Vê-se, assim, que, apesar da

---

145. Raphael Manhães Martins, "Inadimplemento antecipado: perspectivas para sua aplicação no Direito Brasileiro", cit., *RF* 391/169.
146. Idem, p. 170.
147. Anderson Schreiber, "A tríplice transformação do adimplemento: adimplemento substancial, inadimplemento antecipado e outras figuras", *Revista Trimestral de Direito Civil* 32/13, outubro-dezembro/2007.
148. Judith Martins-Costa, "A recepção do incumprimento antecipado do contrato no Direito Brasileiro: configuração e limites", cit., *RT* 885/44-45.
149. Ruy Rosado de Aguiar Jr., in Sálvio de Figueiredo Teixeira (coord.), *Comentários ao Novo Código Civil*, cit., vol. VI, t. II, pp. 580-581.

alusão à confiança, a questão também se coloca no campo da probabilidade do futuro incumprimento.

Embora a questão dos efeitos do inadimplemento antecipado seja objeto de item a seguir, importa, diante das posições acima exaradas, bem delimitar o conteúdo da impossibilidade e sua relação com a improbabilidade.

Nota-se das opiniões exaradas que não se pode afirmar existir semelhança entre a impossibilidade e improbabilidade para a doutrina brasileira. A posição defendida neste trabalho, por sua vez, parte da ideia de impossibilidade relativa de cumprimento da prestação em seu termo, já depurada da impossibilidade objetiva e definitiva. Tal impossibilidade, por sua vez, por ser prospectiva, amparada em dados técnico-científicos ou na própria experiência, aproxima-se muito da probabilidade, entendida esta não em sentido estatístico, mas em sentido de verossimilhança, isto é, algo muito provável ou bastante razoável de se admitir.

Esse tipo de impossibilidade é bem retratado também pela doutrina estrangeira que cuida do assunto.

Vincenzo Putortì refere-se à hipótese de inadimplemento antecipado que se dá quando pelo comportamento do devedor se pode apreender, segura e certamente, que a prestação não será cumprida no tempo pactuado. O uso das palavras "certeza" e "segurança" quanto ao futuro inadimplemento revela a especificidade desta modalidade.[150]

Prossegue o autor, afirmando que a certeza quanto ao futuro inadimplemento não é absoluta, mas relativa. Ou seja: a partir de um dado real objetivamente apreensível, torna-se altamente provável a realização de determinada consequência – qual seja: o inadimplemento no termo de vencimento.[151]

Não se trata, porém, de uma probabilidade estatística, mas de uma noção sinônima à de verossimilhança. Além disso, essa noção impede que se aproxime também da impossibilidade objetiva e definitiva, bem como de uma mera convicção da parte contratante.[152]

Giuseppe Conte, ao tratar de tal situação, aponta que a certeza de que a prestação não poderá ser executada tempestivamente assume contornos de um juízo técnico de valoração sobre a capacidade do devedor de adimplir tempestivamente. Deve-se avaliar a possibilidade concreta que tem

---

150. Vincenzo Putortì, "La risoluzione anticipata del contratto", cit., *Rassegna di Diritto Civile* 1/132.
151. Idem, p. 133.
152. Idem, ibidem.

o devedor de utilizar as tecnologias e meios disponíveis para a execução da prestação. Segundo o autor, tal juízo não deve ser abstrato e geral, mas sempre levando-se em consideração a situação concreta do devedor.[153]

Giovanni Muraro, por sua vez, precisa que a peculiaridade de tal forma de inadimplemento se dá por uma valoração *a priori*, de probabilidade, e não histórica, pois existe a possibilidade, ainda que improvável, de conclusão pontual da prestação. A gravidade de tal quebra, por sua vez, deve ser considerada de acordo com o interesse econômico do credor no bem devido.[154]

Interessantes observações são trazidas por Yves-Marie Laithier em seu estudo comparativo sobre as sanções por inexecução contratual, com especial atenção ao Direito Francês. Explica que deve haver uma situação unívoca para que a impossibilidade seja antecipada. Assim, é preciso que seja clara e razoavelmente certa essa incapacidade prospectiva de adimplir, que haja um algo grau de impossibilidade de cumprir a prestação no seu termo. Esses dados devem ser apreendidos da realidade dos eventos que indicam essa alta probabilidade de inexecução.[155]

Também Catherine Popineau-Dehaullon afirma haver uma previsão de inexecução no inadimplemento antecipado. O que caracteriza a figura é a crença razoável de uma inevitável futura inexecução substancial. Se a situação do devedor aponta essa inelutável futura inexecução, caracteriza--se a impossibilidade antecipada de honrar suas promessas.[156]

Nos casos jurisprudenciais, aqueles que tratavam de atraso em obras foram os que consagraram mais explicitamente esta forma de inadimplemento antecipado, consignando a impossibilidade de o devedor entregar a obra no prazo estipulado, ante a situação fática atual.[157]

153. Giuseppe Conte, "Appunti in tema di mancato compimento dell'attività preparatoria e di risoluzione anticipata del contratto", cit., *Rivista del Diritto Commerciale* 3-4/172.
154. Giovanni Muraro, "L'inadempimento prima del termine", cit., *Rivista di Diritto Civile*, Ano XI, Parte Seconda, p. 148.
155. Yves-Marie Laithier, *Étude Comparative des Sanctions de l'Inexécution du Contrat*, cit., pp. 571-574.
156. Catherine Popineau-Dehaullon, *Les Remèdes de Justice Privée à l'Inexécution du Contrat: Étude Comparative*, Paris, LGDJ, 2008, pp. 308-315.
157. TJSP, 6ª Câmara de Direito Privado, Ap 85.517-4/6, rel. Des. Reis Kuntz; TJSP, 3ª Câmara de Direito Privado, Ap 9187302-49.2005.8.26.0000, rel. Des. Carlos Alberto Garbi, j. 30.8.2011; TJSP, 9ª Câmara de Direito Privado, Ap 994.03.110649-1, rel. Des. Piva Rodrigues, j. 9.3.2010; TJRJ, 8ª Câmara Cível, Ap 2005.001.19441, rel. Des. Luiz Felipe Francisco, j. 11.8.2005; TJRS, 3ª Turma Recursal Cível, Recurso

Em todos esses casos a ideia de impossibilidade foi bastante forte e presente como critério definidor da solução judicial. Mas é oportuno refletir que tal impossibilidade é justamente aquela acima caracterizada, em que se faz um raciocínio prospectivo, embasado na técnica e na experiência, para concluir pela altíssima probabilidade de incumprimento no prazo estipulado – o que se aproxima da certeza, não como verdade histórica, mas como verossimilhança e razoabilidade.

Nos casos de ausência de registro ou regulamentação imobiliária de loteamentos e incorporações[158] a alusão à impossibilidade não esteve tão presente, com os casos sendo resolvidos pela gravidade do inadimplemento, que burlava, inclusive, disposições legais expressas que exigiam o registro prévio do loteamento ou da incorporação. Embora esse tenha sido o teor das decisões, não se deve excluir tais casos da perspectiva ora proposta. Pode ser altissimamente provável, em certas circunstâncias, que não poderá ser procedida a regularização de empreendimento imobiliário até o prazo avençado. Quando não for possível concluir prévia e objetivamente por tal situação unívoca, a hipótese poderia ser enquadrada na perda da confiança, ante a gravidade do inadimplemento.

Nos casos de declaração de impossibilidade de adimplir[159] verificou-se, para além da quebra da confiança no fim contratual, também uma impossibilidade relativa de cumprimento pelo devedor, sem exonerá-lo da responsabilidade.

O tema é delicado, pois envolve aspectos de insolvência, que, por si só, não exclui a responsabilidade. É por isso que, ao tratar dessa impossibilidade, é necessário certa digressão. Aponte-se, desde já, que a jurisprudência não tem acolhido a alegação de excludente de imputabilidade em decorrência de dificuldades econômicas ou de desemprego, entendendo-os como fatos previsíveis e ordinários.[160]

Inominado 71002537397, rel. Des. Jerson Moacir Gubert, j. 29.4.2010; STJ, 4ª Turma, REsp 309.626-RJ, rel. Min. Ruy Rosado de Aguiar, j. 7.6.2001.

158. TJSP, 4ª Câmara de Direito Privado, Ap 534.004.4/2-00, rel. Des. Francisco Loureiro, j. 10.7.2008; TJSP, 2ª Câmara de Direito Privado, Ap 362.831-4/8-00, rel. Des. Ariovaldo Santini Teodoro, j. 1.4.2008; TJSP, 4ª Câmara de Direito Privado, Ap 660.549-4/5, rel. Des. Maia da Cunha, j. 27.8.2009.

159. TJSP, 4ª Câmara de Direito Privado, Ap 38.024-4/7, rel. Des. José Osório, j. 18.6.1998; TJSP, 4ª Câmara de Direito Privado, Ap 214.338-4/2-00, rel. Des. Jacobina Rabello, j. 26.10.2006; TJSP, 7ª Câmara de Direito Privado, Ap 526.138-4/0-00, rel. Des. Natan Zelinschi de Arruda, j. 1.4.2009; TJSP, 4ª Câmara de Direito Privado, Ap 55.120-4/0, rel. Des. Cunha Cintra.

160. Nesse sentido, em acórdão do TJSP na Ap 992.070.533.155 (rel. Des. Marcos Ramos, j. 23.9.2009) decidiu-se que a alegação de caso fortuito ou de força

A explicação de Massimo Bianca a respeito do Direito Italiano ilustra bem a problemática sobre o tópico. Segundo o autor, com relação às obrigações pecuniárias, é comumente afirmado que o devedor inadimplente é sempre responsável, prescindindo da culpa, ancorando-se no caráter genérico da prestação, que não se torna impossível, pois o gênero nunca perece.[161]

Trata-se de explicação inadequada, segundo o autor, pois nas obrigações genéricas pode haver inadimplemento não imputável. Por outro lado, o Código Civil italiano não fala nada a respeito, de modo que se aplica, então, o regime geral. Por isso, o autor defende a máxima jurisprudencial que nega ser a falta de dinheiro causa de exoneração da responsabilidade, pois a insolvência nada justifica, por si só, nem inadimplemento nem exoneração.[162]

É preciso, portanto, dar relevância ao fato de que a diligência impõe ao devedor pecuniário o dever de liquidar o próprio patrimônio para satisfazer o credor. Assim, incide em culpa o devedor que não paga mas tem patrimônio. Já, o devedor que se encontra em estado de impotência financeira é normalmente em culpa, pois se agisse com prudência não assumiria obrigações pecuniárias sem se prevenir contra as causas comuns de insolvência (maus tempos nos negócios, crise de mercado, insolvência dos seus devedores, furtos etc.). O devedor pecuniário poderá ser considerado sem culpa só quando sua impotência financeira seja causada por eventos extraordinários e imprevisíveis ou quando o adimplemento seja retardado por outro impedimento não evitável ainda que com a devida diligência.[163]

Dado esse contexto problemático, é preciso bem explicar a impossibilidade relativa imputável ao devedor de prestação pecuniária. No caso de inexecução de tal prestação, seja um devedor de direito comum, seja um consumidor, aplicam-se as regras pertinentes do Código Civil.[164]

E já se viu, itens acima, a questão da impossibilidade da prestação, bem como da imputabilidade do devedor pelo seu não cumprimento.

maior ligados à situação de desemprego e de dificuldades financeiras padece de inconsistência jurídica, por se tratar de acontecimento previsível e evitável, não subsumido à hipótese do art. 393 do CC.

161. Massimo Bianca, *Diritto Civile V, La Responsabilità*, cit., pp. 23-25.
162. Idem, p. 24.
163. Idem, ibidem.
164. Cláudia Lima Marques, *Contratos no Código de Defesa do Consumidor: o Novo Regime das Relações Contratuais*, 5ª ed., revista, atualizada e ampliada, incluindo mais de 1.000 decisões jurisprudenciais, São Paulo, Ed. RT, 2005, p. 1.221.

Verificou-se, principalmente, que, em princípio, a impossibilidade exoneratória é a objetiva, bem como que a impossibilidade relativa somente pode exonerar se advier de causa não imputável ao devedor.

A jurisprudência, por sua vez, tende ao entendimento de que a impossibilidade relativa caracterizada por insuportabilidade das prestações está no campo da imputabilidade do devedor.

Muitas vezes a questão da insuportabilidade da prestação, por circunstâncias pessoais, vem inserida em pedidos de revisão ou resolução contratual, em que se alega o fato imprevisível que gera onerosidade excessiva. Nessas hipóteses, caso o evento afete apenas as circunstâncias pessoais dos contratantes, a jurisprudência tende a entender o requisito como não cumprido.[165] Desemprego, doenças, acidentes, não são considerados fatos aptos a preencher os pressupostos da extraordinariedade e imprevisibilidade.[166]

---

165. São inúmeros os julgados no sentido de que modificações em circunstâncias pessoais das partes não implicam imprevisão. No acórdão do TJSP na Ap com Revisão 316.655-4/2-00 (5ª Câmara de Direito Privado, rel. Des. Oscarlino Moeller, j. 20.5.2009) está disposto que "situações como redução da capacidade financeira por conta de mudança ou perda de emprego, embora prejudiciais e indesejáveis, são infelizmente circunstâncias corriqueiras e incapazes de modificar o ajuste entabulado entre as partes, caso contrário flagrante seria a insegurança disseminada no meio social". Já, no acórdão do TJSP, na Ap 672.324.4/0-00 (4ª Câmara de Direito Privado, rel. Des. Francisco Loureiro, j. 1.10.2009) consta que "o fato futuro e imprevisível, que provoca alteração radical nas condições de execução do contrato, em comparação com as condições existentes no momento da celebração, deve ser objetivo, vale dizer, atingir todo um segmento da economia. Razões pessoais, como doença e desemprego, não bastam para provocar a revisão do contrato, diante de sua natureza subjetiva". Um único acórdão foi encontrado no TJSP que aplicava a imprevisão diante de circunstância pessoal. Trata-se de acórdão no qual há muitos aspectos do caso concreto levados excepcionalmente em conta, como se vê do seguinte trecho: "É que, se tratando de pessoa simples, um pedreiro, razoável a adoção, na espécie, excepcionalmente, da teoria da imprevisão, consideradas a complexidade do contrato, de inúmeras cláusulas preestabelecidas, e a intrincada situação econômica pátria, de difícil compreensão para a maioria da população, por analfabeta" (TJSP, 5ª Câmara de Direito Privado, Ap 80.127.4/0, rel. Des. Ivan Sartori, j. 10.6.1999).

166. TJSP, 15ª Câmara de Direito Privado, Ap 7.302.306-8, rel. Des. Souza José, j. 9.12.2008; TJ/SP, 9ª Câmara de Direito Privado, Ap 646.911.4/3-00, rel. Des. João Carlos Garcia, j. 8.9.2009; TJSP, 9ª Câmara de Direito Privado, Ap com Revisão 586.872-4/8-00, rel. Des. Piva Rodrigues, j. 16.12.2008; TJSP, Ap 612.927-4/2, rel. Des. Beretta da Silveira; TJRS, 9ª Câmara Cível, Ap 70023910714, rel. Des. Odoné Sanguiné, j. 12.11.2008; TJRJ, 4ª Câmara Cível, Ap 8.048/09, rel. Des. Reinaldo Pinto Alberto Filho, j. 19.2.2009; TJSP, 3ª Câmara de Direito Privado, Ap 477.098-4/5-00, rel. Des. Donegá Morandini, j. 8.4.2008.

Há um julgado do TJSP que mostra solução um pouco diferenciada, envolvendo o caso fortuito, mas que não se afasta dessas premissas conceituais.[167]

Veja-se que, neste caso, houve reconhecimento de caso fortuito, mas o devedor foi liberado somente dos encargos moratórios. À dívida principal permaneceu vinculado. Tanto é que constou do voto do Revisor que "a simples retirada dos juros e multa de mora nem prejudica objetivamente o credor, pois o capital deste continua a sofrer a incidência da correção monetária e dos juros remuneratórios".

Assim é que, nesses casos de ausência de pagamento de preço, há quase como uma estrutura que se pode dizer ser representativa do comando constitucional da solidariedade social e que encontra reflexo no *pacta sunt servanda*, que impede a configuração do fortuito somado à impossibilidade da prestação, de modo que a dívida principal sempre será devida, sob pena, inclusive, e por fim, do enriquecimento sem causa do devedor, às custas do credor.

Não quer isso dizer que não possam haver exceções e casos que escapam ao conjunto teórico formulado, sempre trazidos pela inesgotável e permanentemente renovável experiência social. O que se pretende aqui é justamente fixar um ponto, qual seja: os casos de insuportabilidade superveniente das prestações devem ser tratados como impossibilidade relativa, e, esta, por sua vez, é imputável ao devedor.

Isso é o que basta para a configuração do inadimplemento antecipado do contrato. Verifica-se a impossibilidade relativa imputável ao devedor de cumprir a prestação no termo de vencimento. Por isso, o devedor po-

---

167. Trata-se da Ap com Revisão n. 991.06.054960-3, 11ª Câmara de Direito Privado, rel. Des. Moura Ribeiro, revisor Des. Gilberto dos Santos, j. 30.9.2010: "Embargos à execução hipotecária rejeitados liminarmente (art. 739, II, do CPC [*de 1976; cf. art. 918 do novo CPC*]) – Inconformismo dos embargantes firme nas teses de que (1) suportaram cerceamento de defesa e (2) os gastos com o tratamento médico de seu filho que faleceu em virtude de leucemia ainda na juventude foi a causa do inadimplemento – Acolhimento – Descaracterização da mora diante de fato que não pode ser imputado aos embargantes – Aplicação do art. 963 do CC/1916 – Exclusão da cobrança de juros moratórios e multa contratual no período de junho/2002 a outubro/2004 – Sucumbência a cargo do embargado – Matéria preliminar rejeitada – Recurso parcialmente provido, com observação. A grave doença de um filho acometido por leucemia e que em virtude dela faleceu é fato que desconcerta a vida financeira de qualquer família e serve para caracterizar o caso fortuito, permitindo o afastamento da mora dos devedores no período da moléstia".

derá ser responsabilizado, além de ser permitida a resolução, tanto pelo credor, como por ele próprio, como se verá em item posterior.[168]

Logo, à guisa de conclusão, pode-se afirmar que o requisito para o inadimplemento antecipado é mesmo uma impossibilidade relativa de cumprir a prestação no termo de vencimento. Entretanto, tal impossibilidade, verificada no presente com relação ao futuro, de forma prospectiva, a partir de dados concretos atuais, analisados segundo a técnica e a experiência, pode indicar uma probabilidade muito alta de incumprimento no prazo estipulado, que a aproxima da certeza, não histórica, mas verossimilhante e razoável. Isso se vê tanto em casos de atrasos de obras, que representam descumprimento por omissão de dever preparatório, como em casos de declaração por insuportabilidade das prestações, cuja incapacidade econômica de manter o pactuado, sem ter caído ainda em inadimplemento, dá lastro à declaração de não adimplir, violadora de dever lateral de lealdade e cooperação para o fim contratual. Em ambos os grupos de casos há perda da função social do contrato, gerada pelo anterior inadimplemento. Configurado, portanto, o inadimplemento antecipado do contrato.

168. Isso é o que ficou constando do acórdão que serviu de paradigma deste trabalho, o que aqui, portanto, se referenda: (a) mesmo diante de inadimplemento imputável ao devedor, ou seja, decorrente de sua culpa, e, portanto, dentro do campo da responsabilidade contratual, o devedor seria autorizado a pedir a resolução, por ser o inadimplemento consequência de dificuldades econômicas, e não de intenção de prejudicar o credor – logo, eticamente justificável; (b) mesmo com a resolução, operou-se certa responsabilização do devedor: ele foi liberado do vínculo, mas teve retidas algumas parcelas a título de perdas e danos. Assim, cumpriu-se o princípio *pacta sunt servanda* (TJSP, Ap 38.024.4/7, 4ª Câmara de Direito Privado, rel. Des. José Osório, j. 18.6.1998, *Boletim AASP* 2.079; José Osório de Azevedo Jr., *Compromisso de Compra e Venda*, cit., 6ª ed., 224-230, ns. 144 e 145).

V
Efeitos do Inadimplemento Antecipado do Contrato

1. Exceção de contrato não cumprido: notas gerais: 1.1 Exceção de contrato não cumprido e inadimplemento antecipado do contrato. 2. Resolução: notas gerais: 2.1 Resolução e inadimplemento antecipado do contrato – 2.2 A resolução no compromisso de compra e venda – 2.3 Cláusula resolutiva e inadimplemento antecipado do contrato – 2.4 A resolução pelo devedor no inadimplemento antecipado do contrato – 2.5 É cabível a resolução por inadimplemento antecipado pelo devedor na alienação fiduciária em garantia? – 2.6 As restituições no inadimplemento antecipado do contrato. 3. Indenização: 3.1 Interesse positivo ou negativo – 3.2 Dano moral por inadimplemento antecipado do contrato. 4. Demanda de cumprimento: não cabimento: 4.1 Obrigação acessória exigida por norma cogente.

Analisada a configuração do inadimplemento antecipado do contrato nos seus pressupostos e elementos constitutivos, resta verificar quais são os efeitos jurídicos que dele decorrem. Baseado principalmente na jurisprudência, mas com atenção ao que a doutrina coloca, é preciso tratar de quatro figuras. As três primeiras delas – a exceção de contrato não cumprido, a resolução e a indenização – são realmente efeitos do inadimplemento antecipado. Já, sobre a demanda de cumprimento, entende-se que ela não teria cabimento, salvo em hipótese um pouco diferenciada do inadimplemento antecipado em si. É o que se passa a examinar.

1. Exceção de contrato não cumprido: notas gerais

Como o primeiro efeito do inadimplemento antecipado será tratada a suspensão da prestação a cargo da parte lesada.

A jurisprudência não vacilou em reconhecer essa faculdade ao credor lesado, justificando sinteticamente a solução na exceção de contrato não cumprido.

Nesse sentido, decidiu-se que a presença de irregularidades na documentação do imóvel que impediam a transferência da propriedade ao adquirente, configurando inadimplemento de obrigação acessória, antes do termo de vencimento, permitia ao compromissário-comprador deixar de pagar as parcelas faltantes do preço. Isso foi fundamentado na exceção de contrato não cumprido, tornando inexigível parcela do preço, até que se reequilibrasse o "toma lá, dá cá" contratual.[1]

Em outro caso, em que já havia transcorrido o prazo para entrega de unidade imobiliária mas durante seu curso houve suspensão de pagamentos por parte do adquirente, em virtude de atraso e de declaração de substituição da construtora encarregada das obras, entendeu-se legítima tal suspensão, com base no inadimplemento antecipado somado aos dispositivos legais que consagram a exceção de contrato não cumprido.[2] Em caso similar há menção à inexigibilidade do cumprimento da obrigação do compromissário-comprador em razão de inadimplemento antecipado.[3] Interessante foi o caso em que expressamente se reconheceu que a suspensão de pagamentos da parte lesada por inadimplemento antecipado não configurava mora, com base na *exceptio non adimpleti contractus*.[4]

Em julgado de cariz didático afirmou-se que no contexto do inadimplemento antecipado duas possibilidades abrem-se à parte lesada: rescindir o contrato ou suspender os pagamentos; de modo que a falta de pagamento relacionada à segunda hipótese não pode ensejar rescisão pela parte contrária.[5]

Também em caso do TJRJ pontuou-se o cabimento da exceção de contrato não cumprido uma vez que, configurado inadimplemento antecipado, não havia culpa dos compradores, que pararam de pagar

1. TJSP, 4ª Câmara de Direito Privado, Ap 340.980.4/6-00, rel. Des. Francisco Loureiro, j. 25.10.2007. Caso semelhante: TJSP, 4ª Câmara de Direito Privado, Ap 456.337.4/3-00, rel. Des. Francisco Loureiro, j. 24.5.2007.
2. TJSP, 2ª Câmara de Direito Privado, Ap 404.443-4/1-00, rel. Des. Ariovaldo Santini Teodoro, j. 2.12.2008.
3. TJSP, 2ª Câmara de Direito Privado, Ap 234.491-4/6-00, rel. Des. Ariovaldo Santini Teodoro, j. 1.8.2006.
4. TJSP, 2ª Câmara de Direito Privado, Ap 159.042-4/1-00, rel. Des. Ariovaldo Santini Teodoro, j. 9.5.2006.
5. TJSP, 4ª Câmara de Direito Privado, Ap 660.549-4/5, rel. Des. Maia da Cunha, j. 27.8.2009.

V – EFEITOS DO INADIMPLEMENTO ANTECIPADO DO CONTRATO

suas prestações a fim de pressionar pelo adimplemento do contratante faltoso.[6]

Em suma: diante do inadimplemento antecipado, cabível a exceção de contrato não cumprido, trazendo como consequências a legitimação da suspensão de pagamentos, a inexigibilidade da prestação a cargo da parte lesada e a não configuração da mora, ou do inadimplemento, por quem deixa de prestar nessas condições.

É preciso, pois, analisar a exceção de contrato não cumprido e seus efeitos, com o fim de esclarecer a adequação de seu cabimento.

É interessante notar que uma das primeiras remissões da doutrina brasileira ao inadimplemento antecipado deu-se em obra de Miguel Maria de Serpa Lopes a respeito da exceção de contrato não cumprido. Afirma o autor, justamente, a possibilidade de conceder à parte lesada por uma declaração de não adimplir, ou por forte suspeição de inadimplemento, antes do termo de vencimento a medida protetiva da exceção de contrato não cumprido, como forma de evitar enriquecimento do devedor às custas do credor.[7]

A exceção de contrato não cumprido pode ser expressa numa ideia universal, segundo a qual, se uma das partes de um contrato sinalagmático exige o adimplemento de seu crédito sem cumprir ou oferecer sua prestação devida, a outra parte pode recusar-se, opondo a exceção. É a possibilidade de um contratante abster-se legitimamente de cumprir sua prestação se não há cumprimento simultâneo da prestação correspectiva.[8]

A exceção de contrato não cumprido vem expressamente consagrada em seção do Código Civil vigente, dispondo de dois artigos (arts. 476 e 477). Desse modo, não é demais lembrar que o âmbito da exceção e sua funcionalidade extrapolam o campo do inadimplemento antecipado. O raciocínio ora desenvolvido é o de que a exceção é um dos efeitos do inadimplemento antecipado. Da mesma forma que o inadimplemento antecipado é uma das hipóteses em que cabível a exceção. Nenhum dos dois esgota-se no outro.

6. TJRJ, 8ª Câmara Cível, Ap 2005. 001.19441, rel. Des. Luiz Felipe Francisco, j. 13.9.2005.

7. Miguel Maria de Serpa Lopes, *Exceções Substanciais: Exceção de Contrato Não Cumprido (Exceptio Non Adimpleti Contractus)*, Rio de Janeiro, Freitas Bastos, 1959, pp. 291-295.

8. Héctor Masnatta, *Excepción de Incumplimiento Contractual*, Buenos Aires, Abeledo-Perrot, 1967, p. 9.

Em um plano bastante geral, exceção designa qualquer meio de defesa do réu. Tratando do modo como o demandado pode reagir frente a uma ação contra ele proposta, Serpa Lopes entende a exceção, em sentido mais específico, como uma forma de repelir a pretensão do autor, alegando direito contrário, paralisando o ataque, sem contestar o direito em que ele se funda. Assim, não se procura destruir o direito do autor, mas opor a ele outro direito próprio e independente.[9]

Existem exceções de rito ou processuais quando visam a impugnar o processo. Já, a exceção de contrato não cumprido é exceção de direito material ou substancial, fundada, portanto, em direito do demandado não adstrito ao processo. Tanto assim, que tais exceções não necessitam ser movimentadas no processo, mas podem ocorrer no plano material.[10]

A *exceptio non adimpleti contractus* (*enac*)[11] pode ser classificada também como exceção dilatória, pois não macula a demanda em caráter definitivo, tal como uma exceção peremptória, mas dilata no tempo, provisoriamente, a paralisação do ataque do autor.[12]

A função de tal exceção, portanto, é de uma medida de autodefesa privada, de autotutela jurídica.[13] Da mesma forma, Ruy Rosado de Aguiar Jr. afirma ser a exceção de contrato não cumprido um contradireito, revelando também a face dinâmica da figura.[14]

Feita essa aproximação, um conceito completo da figura é dado por Rafael Gagliardi, afirmando que ela é exceção substancial e dilatória por meio da qual o excipiente opõe-se à exigência de uma obrigação sinalagmática, negando-lhe a eficácia e não a existência, sob fundamento de inadimplemento do excepto, que deveria prestar antes ou simultaneamente.[15]

Assim, a exceção não impugna o crédito do excepto, nem nega o dever de prestar, mas paralisa sua eficácia até que haja o oferecimento

---

9. Miguel Maria de Serpa Lopes, *Exceções Substanciais: Exceção de Contrato Não Cumprido (Exceptio Non Adimpleti Contractus)*, cit., pp. 11-16.

10. Rafael Villar Gagliardi, *Exceção de Contrato não Cumprido*, São Paulo, Saraiva, 2010, p. 8.

11. Para evitar repetições, a seguir poderá ser utilizada tal abreviatura – *enac* – para a expressão *exceptio non adimpleti contractus*.

12. Rafael Villar Gagliardi, *Exceção de Contrato Não Cumprido*, cit., p. 11.

13. Héctor Masnatta, *Excepción de Incumplimiento Contractual*, cit., pp. 11-12.

14. Ruy Rosado de Aguiar Jr., *Comentários ao Novo Código Civil: da Extinção do Contrato*, vol. VI, t. II, Rio de Janeiro, Forense, 2011, pp. 722-724.

15. Rafael Villar Gagliardi, *Exceção de Contrato Não Cumprido*, cit., p. 209.

da prestação a cargo do excepto. Ela atua de modo a que o excipiente não perca sua prestação, tendo em vista o inadimplemento do parceiro contratual, ao mesmo tempo em que o induz ao cumprimento, preservando o contrato e seu equilíbrio.[16]

Importante, agora, é a verificação dos requisitos elencados pela doutrina para aplicação da exceção de contrato não cumprido. Três requisitos aparecem em boa parte das obras, de modo que deles se deve tratar especificamente: o vínculo sinalagmático, a coetaneidade do adimplemento e o inadimplemento.[17]

O primeiro requisito a se examinar é o da presença de um contrato bilateral ou sinalagmático.[18] No tocante a esse item, as observações ora tecidas contribuem também para o entendimento posterior da resolução, como possível efeito do inadimplemento antecipado.

A presença do contrato bilateral restringe o âmbito de aplicação da exceção de contrato não cumprido, por razões estruturais e – pode-se dizer – ontológicas.

Num primeiro momento é preciso ter em mente que todo contrato é negócio jurídico bilateral, na medida em que o acordo tem por agentes duas ou mais pessoas, que declaram suas vontades. A bilateralidade contratual, por sua vez, diz respeito às obrigações geradas pelo contrato.

Se o contrato gera apenas obrigações para uma das partes, ele é unilateral. Se o contrato gera obrigações para os dois contratantes, ele é bilateral. O mútuo, segundo o Código Civil, é contrato real que se perfaz pela entrega da coisa mutuada ao mutuário, que assume a obrigação de restituí-la. Há, portanto, unilateralidade, uma vez que a prestação do mutuante integra a conclusão do ajuste.

16. Araken de Assis, *Comentários ao Código Civil Brasileiro*, vol. 5 ("Do Direito das Obrigações"). Rio de Janeiro, Forense, 2007, pp. 658-660.

17. Tais requisitos estão embasados primordialmente na obra específica e atual de Rafael Villar Gagliardi, *Exceção de Contrato Não Cumprido*, cit. A sistematização que apresenta assemelha-se à clássica abordagem de Miguel Maria de Serpa Lopes, *Exceções Substanciais: Exceção de Contrato Não Cumprido ("Exceptio Non Adimpleti Contractus")*, cit. Também suas conclusões não destoam de comentários ao Código Civil, como o de Ruy Rosado de Aguiar Jr. (*Comentários ao Novo Código Civil*, cit., vol. VI, t. II) e de Araken de Assis (*Comentários ao Código Civil Brasileiro*, cit., vol. 5.

18. O estudo das classificações quanto à estrutura dos contratos e às atribuições patrimoniais foi procedido também por ocasião de minha dissertação de Mestrado, *A Onerosidade Excessiva no Direito Civil Brasileiro*, São Paulo, USP, 2010 (disponível em http://www.teses.usp.br/teses/disponiveis/2/2131/tde-19112010-082708/pt-br.php).

Já, a compra e venda, que se tem por concluída com o acordo sobre a coisa e o preço, gera obrigações para os dois contratantes, quais sejam: a de transferir a coisa e a de pagar o preço. Há, aqui, bilateralidade. Como existe, entre as duas obrigações geradas, nexo de interdependência ou relação de reciprocidade, diz-se que elas são correlatas, de modo a serem executadas *mano contro mano*, "toma lá, dá cá". A doutrina italiana denominou-as "obrigações correspectivas".

Pode haver também bilateralidade imperfeita, cuja especificidade reside no fato de que as obrigações para as duas partes não nascem no mesmo momento, de conclusão do ajuste, mas durante a fase de execução contratual. Como exemplo tem-se o mandato, presumido gratuito, no qual a obrigação cabe ao mandatário, de executar o quanto acordado. Entretanto, se durante a execução o mandatário arcar com custos, nasce a obrigação do mandante de reembolsá-los. Há, pois, bilateralidade imperfeita, eis que a segunda obrigação nasce, eventualmente, em momento posterior.

Poderia ser mencionada, ainda, a bilateralidade de atribuições patrimoniais, conhecida também por onerosidade, significativa da troca econômica entabulada no contrato. Assim, o mútuo feneratício, contrato unilateral, cuja obrigação correspondente à restituição das coisas fungíveis emprestadas adicionados os juros está diretamente ligada e equivale economicamente à prestação constitutiva do empréstimo somada ao tempo exigido para devolução, é contrato oneroso. Há troca econômica entre as vantagens patrimoniais recíprocas.

A bilateralidade exigida pela exceção de contrato não cumprido é a correspectividade, isto é, aquela que constitui um nexo de interdependência entre as obrigações nascidas de um contrato.[19] Utiliza-se para designar esse fenômeno a palavra "sinalagma". O nexo de interdependência entre as obrigações no momento de nascimento do contrato corresponde ao sinalagma genético. Já, a correspectividade que se mantém durante a vida de relação contratual, ou fase executiva, é chamado de sinalagma funcional.

A exceção de contrato não cumprido corresponde a uma defesa típica do sinalagma funcional, preservando o equilíbrio do sinalagma genético. Aliás, a *exceptio non adimpleti contractus* é a figura que mais expressamente simboliza o sinalagma nos contratos.

Como segundo elemento da *enac* está a coetaneidade do adimplemento. Significa ela que as obrigações devem ser exigíveis simultanea-

---

19. Rafael Villar Gagliardi, *Exceção de Contrato Não Cumprido*, cit., p. 89.

mente ou, se houverem de ser pagas sucessivamente, aquele que deve pagar primeiro não o faz. Rafael Gagliardi insere no grupo também as obrigações periódicas ou sucessivas.[20]

Quanto às obrigações recíprocas simultâneas ou às que tenham ordem escalonada, em que a devida primeiro não é cumprida, não há maiores questionamentos. Se, em princípio, a exceção é cabível quando não há sucessividade, se esta se faz presente, e aquele que deve receber em primeiro lugar, como o vendedor na compra e venda que não for a crédito, sofre o inadimplemento, poderá com maior razão reter sua prestação, para não se prejudicar com o incumprimento.

Com relação às obrigações periódicas ou sucessivas, mister se faz um esclarecimento.[21]

A categoria mais geral no critério que inclui o fator tempo nas prestações é a das obrigações de duração, em oposição às obrigações instantâneas. Tal classificação pode ser utilizada também com relação aos contratos. Assim, há dentre as obrigações de duração quatro espécies: as chamadas continuadas, as de trato sucessivo, também conhecidas por periódicas, as de pagamento instantâneo, mas com necessária atividade preparatória anterior, e as de execução diferida.

Nas três primeiras espécies o tempo integra a natureza da prestação. Assim, as prestações continuadas são aquelas em que a conduta devida perdura continuamente no tempo, como no caso da obrigação de ceder uso e gozo de coisa por certo período, na locação. As prestações de trato sucessivo ou periódicas são as que devem ser satisfeitas mediante necessários intervalos de tempo, como, por exemplo, a prestação de serviços de periodicidade fixa. A categoria das obrigações de pagamento instantâneo, mas com necessária atividade preparatória anterior, conta com o exemplo já citado do contrato de empreitada. Com relação às prestações de execução diferida, é a vontade das partes que atua no sentido de fixar um termo de vencimento, pois a natureza da prestação, por si só, a faria instantânea. É o caso da venda a prestações.

Rafael Gagliardi utiliza a noção de prestação continuada como sinônima de sucessiva, afirmando ser cabível, no caso, a exceção de contrato não cumprido, autorizando a suspensão de prestações vincendas, mas sem surtir efeitos para aquelas já realizadas.[22] Entendemos também,

20. Idem, pp. 91-95.
21. Com base em minha dissertação de Mestrado, *A Onerosidade Excessiva no Direito Civil Brasileiro*, cit.
22. Rafael Villar Gagliardi, *Exceção de Contrato Não Cumprido*, cit., pp. 92-95.

como Ruy Rosado de Aguiar Jr.,[23] ser cabível a exceção nos contratos de duração, com a ressalva da classificação utilizada, e sempre com atenção à natureza da prestação.

É que a exceção de contrato não cumprido guarda relação direta com a estrutura contratual, o nexo de interdependência e reciprocidade entre obrigações. Assim, é possível estabelecer tal nexo mesmo entre prestações continuadas e diferidas, ou de trato sucessivo e diferidas.

Fixa-se, assim, a coetaneidade do adimplemento, abarcando obrigações simultâneas, sucessivas e as de duração, na medida da sua interdependência.

Por fim, o último requisito essencial é o do inadimplemento.

Como o próprio nome indica, a exceção pressupõe a existência de não cumprimento, tanto por parte do excepto quanto por parte do próprio excipiente. Já foram estudados neste trabalho o conceito de inadimplemento e suas espécies, de forma mais geral. Resta apenas pontuar, neste momento, que tanto o inadimplemento absoluto como o relativo, total ou parcial, cumprem o requisito necessário para cabimento da exceção.[24]

A questão fica mais interessante e se aproxima do tema deste trabalho quando se analisa o inadimplemento ruim, aproximada essa noção da de violação positiva do crédito. E, nesse sentido, Rafael Gagliardi entende possível a oposição de exceção quando forem descumpridos deveres acessórios e laterais do vínculo obrigacional.[25]

Também Ruy Rosado de Aguiar Jr. entende pela possibilidade de exceção de contrato não cumprido em razão de inexecução de obrigação acessória ou de dever lateral, fundamentando sua posição na visão do contrato em sua inteireza, no processo que traduz a operação econômica. Há, portanto, de existir um inadimplemento grave, que afete a economia do contrato. Em abstrato, esse inadimplemento teria um grau menos

---

23. Ruy Rosado de Aguiar Jr., *Comentários ao Novo Código Civil: da Extinção do Contrato*, cit., vol. VI, t. II, pp. 740-744. Deve-se fazer referência, aqui, à divergência exposta quanto à possibilidade de a exceção ser oposta frente a prestações vincendas com base em prestações vencidas inadimplidas. O autor entende pela sua possibilidade, tendo em vista a obrigação como processo, com o quê em princípio concordamos, em nome do princípio da proibição do enriquecimento sem causa e também da boa-fé objetiva. Há que se observar que, no caso, a sucessividade é que foi quebrada, ensejando a exceção.

24. Rafael Villar Gagliardi, *Exceção de Contrato Não Cumprido*, cit., pp. 96-105.

25. Idem, pp. 105-111.

elevado do que o necessário para justificar a resolução, mas não deixa de ser relevante na relação contratual concreta.[26]

Relacionada com essa questão está a variante da figura em exame, denominada *excpetio non rite adimpleti contractus*. Seria, assim, uma exceção oposta ao incumprimento parcial ou defeituoso, aplicada com critérios mais flexíveis, verificando-se a proporcionalidade entre o inadimplemento e sua gravidade, de acordo com a boa-fé.[27]

Apropriada, assim, a denominação de "exceção de contrato cumprido insatisfatoriamente" para designar essa variante da exceção ligada ao inadimplemento relativo, ao inadimplemento ruim e à boa-fé objetiva.[28]

Como último ponto necessário de se tratar, antes de pormenorizar a relação da exceção de contrato não cumprido com o inadimplemento antecipado, estão os seus efeitos.

O efeito básico, até mesmo pelo modo como se constitui a exceção, é a negativa de prestar por parte do oponente, que impede a execução forçada pelo outro contratante. Ao lado desse aspecto, essa negativa de prestar não gera os efeitos da mora para o devedor excipiente.[29]

De maneira precisa, Rafael Gagliardi entende que a exceção encobre a eficácia da pretensão de cumprimento do excepto. Também suplanta os efeitos da mora, pois a atitude do excipiente passa a ser justificada.[30] Ruy Rosado de Aguiar Jr. afirma que a exceção suspende o juízo sobre a mora, pois, caso julgada procedente, a inexigibilidade do crédito impede a configuração da mora. Se for vencido o excipiente, sua mora restará configurada.[31]

Haveria, ainda, outros efeitos, relativos à guarda e conservação da coisa bem como com relação ao percebimento de frutos.[32] Basta, todavia, nesse momento, acentuar que a exceção de contrato não cumprido, portanto, quando corretamente oposta, legitima o não cumprimento pelo excipiente, não o fazendo incorrer nos efeitos da mora.

26. Ruy Rosado de Aguiar Jr., *Comentários ao Novo Código Civil: da Extinção do Contrato*, cit., vol. VI, t. II, pp. 737-738, 767 e 797.
27. Héctor Masnatta, *Excepción de Incumplimiento Contractual*, cit., pp. 83-86.
28. Rafael Villar Gagliardi, *Exceção de Contrato Não Cumprido*, cit., pp. 114-116.
29. Héctor Masnatta, *Excepción de Incumplimiento Contractual*, cit., pp. 88-90.
30. Rafael Villar Gagliardi, *Exceção de Contrato Não Cumprido*, cit., pp. 165-168.
31. Ruy Rosado de Aguiar Jr., *Comentários ao Novo Código Civil: da Extinção do Contrato*, cit., vol. VI, t. II, p. 809.
32. Idem, pp. 810-811.

1.1 Exceção de contrato não cumprido e inadimplemento antecipado do contrato

Dado esse panorama geral da exceção de contrato não cumprido, é interessante notar como as obras que tratam da exceção de maneira específica, ou mais profunda, abordam o tema do inadimplemento antecipado do contrato, como um subtema da *enac*.[33]

Remete-se, aqui, à pioneira remissão de Serpa Lopes sobre a possibilidade de o inadimplemento antecipado ensejar a exceção.[34]

Também Rafael Gagliardi segue o mesmo entendimento, ao afirmar ser possível a oposição de exceção de contrato não cumprido desde que o inadimplemento antecipado esteja objetiva e inequivocamente configurado, mencionando a seriedade da declaração de não adimplir e a conduta contrária do devedor ao adimplemento.[35]

Araken de Assis afirma que o aspecto que desponta interesse no inadimplemento antecipado é o de saber se aquele que deve prestar em primeiro lugar pode deixar de fazê-lo, alegando a exceção, com base na declaração ou na conduta do outro contratante reveladora do inadimplemento. Responde positivamente à questão, entendendo estarem presentes os requisitos da *exceptio*.[36]

É de se notar que Ruy Rosado de Aguiar Jr., em seus *Comentários ao Código Civil*, denomina de "quebra antecipada do contrato" o inadimplemento anterior ao termo que dá ensejo à resolução, enquanto o mesmo inadimplemento anterior ao termo que autoriza a oposição de exceção de contrato não cumprido é por ele chamado de "inadimplemento antecipado do contrato".[37]

Após justificar a figura e expor suas peculiaridades, afirma que sua especificidade maior reside no fato de que nela não se faz um cotejo entre

---

33. Rafael Villar Gagliardi, *Exceção de Contrato Não Cumprido*, cit.; Miguel Maria de Serpa Lopes, *Exceções Substanciais: Exceção de Contrato Não Cumprido (Exceptio Non Adimpleti Contractus)*, cit.; Ruy Rosado de Aguiar Jr., *Comentários ao Novo Código Civil: da Extinção do Contrato*, cit., vol. VI, t. II; Araken de Assis, *Comentários ao Código Civil Brasileiro*, cit., vol. 5.

34. Miguel Maria de Serpa Lopes, *Exceções Substanciais: Exceção de Contrato Não Cumprido (Exceptio Non Adimpleti Contractus)*, cit., pp. 291-295.

35. Rafael Villar Gagliardi, *Exceção de Contrato Não Cumprido*, cit., pp. 111-114.

36. Araken de Assis, *Comentários ao Código Civil Brasileiro*, cit., vol. 5, pp. 675-676.

37. Ruy Rosado de Aguiar Jr., *Comentários ao novo Código Civil: da Extinção do Contrato*, cit., vol. VI, t. II, pp. 579-584 e 785-795.

V – EFEITOS DO INADIMPLEMENTO ANTECIPADO DO CONTRATO

a conduta realizada e a prestação devida, pois esta ainda não é exigível. Assim, de circunstâncias não tipificadas, surgidas no intercurso da relação obrigacional, deve-se obter um juízo preventivo, seguro, claro, de evidente probabilidade, de que não haverá o adimplemento futuro. Termina por afirmar que tal juízo de apreciação é mais exigente no pedido de resolução do que para se verificar a legalidade da oposição de exceção. Em suma, mesmo nesse juízo menos rigoroso é cabível, para o autor, a exceção de contrato não cumprido para o inadimplemento antecipado do contrato.[38]

Dados estes posicionamentos, bem como apoiado na jurisprudência citada, na caracterização geral da exceção bem como em tudo quanto já exposto sobre os pressupostos e elementos do inadimplemento antecipado, devem ser tecidas tecer algumas observações.

Os pressupostos e elementos do inadimplemento antecipado do contrato já foram encontrados: trata-se do inadimplemento de deveres acessórios, instrumentais ou preparatórios, ou laterais, de lealdade e cooperação, ocorrido antes do termo de vencimento da obrigação principal. Esse inadimplemento, por sua vez, gera a perda da função social do contrato, em razão da impossibilidade prospectiva e altamente provável de cumprimento do fim contratual no termo de vencimento, ou em razão da perda de confiança no atingimento do fim contratual.

Esse esquema assim entendido permite, por sua vez, como defesa do contratante lesado, a oposição da exceção de contrato não cumprido, tornando legítima a suspensão da prestação de que é obrigado, bem como afastando os efeitos da mora para ele.

A exceção de contrato não cumprido, aqui, possui muitas particularidades.

De saída, ela diz respeito, diante de tudo que já foi exposto, não à prestação principal, mas a prestações acessórias e laterais, já que a principal ainda não é exigível. Nesse sentido, ela estaria mais próxima da *exceptio non rite adimpleti contractus*. Como as prestações acessórias e laterais, no caso, têm direta influência no cumprimento da finalidade contratual, haveria suficiente nexo de interdependência entre elas e a prestação da parte contrária: é o equilíbrio contratual entendido na sua visão finalística que resta perturbado.

Assim, ainda que não haja a exigibilidade da prestação principal, é ela que corre o risco de não vir a ser efetivada, pelo anterior inadimplemento de deveres preparatórios e instrumentais, ou de lealdade e coope-

---

38. Idem, pp. 785-795.

ração. Isso justifica a paralisação da exigibilidade da prestação principal correspectiva.

Por outro lado, ainda que as prestações inadimplidas não sejam a principal, é de se notar que, no modelo proposto, a consequência de seu inadimplemento é muito grave, configurando a perda da própria função social do contrato, pela frustração da finalidade contratual. Assim, ainda que se aproxime, de um lado, da exceção de contrato insatisfatoriamente cumprido, de outro, sua consequência é tão ou mais grave que a da própria *enac*.

Nesse sentido, diante da proposta de entendimento do inadimplemento antecipado ora analisada, a exceção não teria o efeito de pressionar para o adimplemento, pois este já estaria praticamente frustrado. Ela seria, basicamente, uma defesa para o contratante lesado, para não ter de prestar e sofrer prejuízos diante do iminente desfazimento da relação contratual, bem como para evitar que sofra as consequências da mora, aumentando sua responsabilidade e fazendo-o arcar com encargos moratórios.

Por fim, com relação à coetaneidade, a relação de sucessividade é feita entre as obrigações acessórias ou laterais e a obrigação principal da parte lesada, de modo que o requisito também restaria cumprido.

Portanto, entendida a exceção de contrato não cumprido em seus contornos mais acurados, o que envolve certa flexibilidade, pode-se perfeitamente encaixá-la no modelo proposto de inadimplemento antecipado. Aliás, ressaltam-se, nesse ponto, a intuição do justo e a aplicação rigorosa e não rígida de figuras típicas, sem descuidar de sua base sistemática, para evitar injustiças, desequilíbrios, irresponsabilidades e enriquecimento injustificado de um dos contratantes em prejuízo do outro.

Resta, agora, observar outro ponto importante. Muitos estudos do inadimplemento antecipado o aproximam da exceção de insegurança, disposta no art. 477 do CC, que guarda relação com tudo quanto já exposto aqui. Convém, assim, maior detalhamento, principalmente para esclarecer o posicionamento deste trabalho.

Anderson Schreiber,[39] Judith Martins-Costa,[40] Guilherme Magalhães Martins[41] e Cristiano de Sousa Zanetti[42] advogam que para o inadimple-

39. Anderson Schreiber, "A tríplice transformação do adimplemento: adimplemento substancial, inadimplemento antecipado e outras figuras", *Revista Trimestral de Direito Civil* 32/13, outubro-dezembro/2007.

40. Judith Martins-Costa, "A recepção do incumprimento antecipado do contrato no Direito Brasileiro: configuração e limites", *RT* 885/45, São Paulo, Ed. RT, julho/2009.

mento antecipado é necessária uma certeza inequívoca, uma impossibilidade, de modo que a mera probabilidade do futuro incumprimento deve ser objeto de interpretação não só analógica, mas também extensiva da exceção de inseguridade (art. 477).

A exceção de insegurança, por sua vez, é uma exceção substancial e dilatória, tal qual a de contrato não cumprido, fundada em diminuição patrimonial superveniente que torna duvidosa a realização da contraprestação, permitindo ao contratante lesado recusar-se a prestar até que seja oferecida garantia ou a própria contraprestação.[43]

Explica Rafael Gagliardi que a exceção de insegurança deve ser utilizada pelo contratante obrigado a prestar em primeiro lugar. É ele quem se vê diante de um risco de não recebimento da prestação que lhe é devida. Entretanto, sua dúvida provém de exame da situação patrimonial do outro contratante, que coloca em xeque o futuro recebimento da prestação. Os demais requisitos são similares aos da exceção de contrato não cumprido.[44]

Segundo Araken de Assis, a alusão a tornar-se duvidosa ou comprometida a prestação devida significa a improbabilidade de esta ser cumprida em virtude da diminuição ostensiva e alarmante do patrimônio do devedor.[45]

Percebe-se, então, que realmente há semelhanças com o problema do inadimplemento antecipado. Na exceção de insegurança ou de inseguridade há dúvida sobre o cumprimento futuro da prestação. Essa dúvida surge antes do termo de vencimento da obrigação comprometida. E o outro contratante, que deve prestar em primeiro lugar, vê-se em situação de risco.

Há, porém, diferenças consideráveis com relação ao inadimplemento antecipado.

Em primeiro lugar, os indícios que embasam a exceção de insegurança são de ordem patrimonial, referentes à sua diminuição. Já, o

41. Guilherme Magalhães Martins, "Inadimplemento antecipado do contrato", *Revista Trimestral de Direito Civil* 36/97-101, outubro-dezembro/2008.

42. Cristiano de Sousa Zanetti, "Inadimplemento antecipado da obrigação contratual", in Alberto Amaral Jr., Maristela Basso e Umberto Celli Jr. (coords.), *Arbitragem e Comércio Internacional: Estudos em Homenagem a Luiz Olavo Baptista*, São Paulo, Quartier Latin, 2013, pp. 317-322 – enfatizando, para tal entendimento, o papel da boa-fé.

43. Rafael Villar Gagliardi, *Exceção de Contrato Não Cumprido*, cit., p. 123.

44. Idem, pp. 123-130.

45. Araken de Assis, *Comentários ao Código Civil Brasileiro*, cit., vol. 5, p. 697.

inadimplemento antecipado refere-se aos deveres acessórios e laterais da obrigação principal concreta.

Além disso, a dúvida e a probabilidade de incumprimento na exceção de insegurança são pertinentes mas não são elevadas a um grau próximo da certeza, entendida esta como verossimilhança.

No inadimplemento antecipado é frustrada antecipadamente a finalidade contratual, pela perda da confiança ocasionada por conduta do parceiro ou pela prospectiva impossibilidade, num juízo de alta probabilidade (porque é impossível um juízo histórico nesse caso), de cumprimento da prestação no seu termo.

Aline de Miranda Valverde Terra, em sua tese sobre o *Inadimplemento Anterior ao Termo*, defende ponto de vista fundamental sobre a distinção entre o inadimplemento anterior ao termo e o risco de descumprimento da prestação.[46]

Segundo a autora, o inadimplemento anterior ao termo sempre impossibilitará a prestação ou a inutilizará para o credor, enquanto o risco de descumprimento é, simplesmente, a alta probabilidade do inadimplemento. O risco do descumprimento está positivado no Direito Brasileiro pelos arts. 477, 495 e 590 do CC, mas restringido à deterioração patrimonial – no que caberia interpretação extensiva.[47]

Concordamos com a distinção proposta, mas em termos diversos.

Reafirma-se aqui a concepção de que a impossibilidade da prestação não é causa de inadimplemento antecipado, correspondendo a soluções legais diversas, desde há muito dispostas na legislação.

O inadimplemento antecipado, na sua essência, é um inadimplemento atual de deveres acessórios e laterais antes do termo de vencimento da prestação principal.

A inutilidade da prestação para o credor pode ser considerada elemento do inadimplemento antecipado do contrato, na medida em que se assemelhe essa noção àquilo que denominamos perda da função social do contrato pela frustração da finalidade contratual.

Já, esta frustração da finalidade contratual, por sua vez, é consequência daquele inadimplemento de deveres acessórios e laterais. Ela não ocorre por si só.

46. Aline de Miranda Valverde Terra, *Inadimplemento Anterior ao Termo*, Rio de Janeiro, Renovar, 2009, pp. 183-195 e 256-265.

47. Idem, ibidem.

Pode ela ser configurada de duas formas: pela perda da confiança no cumprimento da finalidade contratual ou pela prospectiva impossibilidade de cumprimento da prestação no seu termo de vencimento.

É nesse último ponto que a divergência maior aparece, mas entendemos tê-la solucionado. Como no inadimplemento antecipado essa impossibilidade é antevista, é apreciada do momento presente para o futuro, de forma prospectiva, não há como afastá-la da probabilidade. Assim, a certeza que se exige no inadimplemento antecipado é sempre uma certeza do provável, razoável, verossimilhante, não do histórico, já ocorrido. Essa probabilidade tem que ser alta. Mas ela nunca será uma impossibilidade histórica, ou uma certeza definitiva.

Importa, ainda, notar sempre o seguinte: a impossibilidade prospectiva e a perda da confiança não passam de formas pelas quais ocorre a frustração da finalidade contratual, elemento chave do inadimplemento antecipado do contrato, consequência do inadimplemento de deveres acessórios e laterais.

Assim, esclarecido o ponto no tocante à consideração da exceção de contrato não cumprido como efeito do inadimplemento antecipado do contrato, dentro dos pressupostos, elementos e requisitos da *enac* acima explicados, resta apenas uma última observação.

A exceção de contrato não cumprido pode ser cabível em situação de descumprimento de deveres acessórios e laterais, que não signifique, ainda, frustração da finalidade contratual. Ora, foi visto como tal exceção é cabível para cumprimento insatisfatório, para obrigações acessórias e laterais. Assim, na dinâmica da relação contratual bem pode ocorrer que um início de descumprimento de deveres secundários possa levar à oposição de exceção de contrato não cumprido, ou insatisfatoriamente cumprido, antes de eventual inadimplemento antecipado do contrato ser reconhecido.

Esta, aliás, seria uma das primeiras medidas protetivas à mão do contratante lesado quando ocorre o descumprimento de obrigações acessórias e laterais. Resta ponderar sempre, nesses casos, com a boa-fé e a proporcionalidade do remédio sinalagmático, como lembra Rafael Gagliardi,[48] para não piorar de modo injustificado a situação do devedor, como acautela Aline de Miranda Valverde Terra,[49] causando verdadeiro inadimplemento antecipado do contrato.

---

48. Rafael Villar Gagliardi, *Exceção de Contrato Não Cumprido*, cit., pp. 116-122.
49. Aline de Miranda Valverde Terra, *Inadimplemento Anterior ao Termo*, cit., p. 262.

Assim, é preferível uma maior flexibilização no trato da figura da exceção de contrato não cumprido, de acordo com critérios seguros postos pela doutrina, no tocante à sua abertura para as obrigações acessórias e laterais e para o adimplemento insatisfatório, do que o alargamento da exceção de inseguridade, calcada esta em critérios estritos de diminuição patrimonial.[50]

A exceção de contrato não cumprido, medida dinâmica e diretamente relacionada à estrutura contratual e obrigacional, que realça o nexo de interdependência e a finalidade contratual, é mais propícia para lidar com inadimplementos mais bem verificáveis no modelo das relações obrigacionais complexas.

2. Resolução: notas gerais

A resolução é o efeito por excelência do inadimplemento antecipado do contrato. Não só porque a quase totalidade[51] dos casos envolvendo inadimplemento antecipado deu-se em ações de resolução contratual, mas também porque ela é o remédio que tem a parte lesada para se desvincular definitivamente de um contrato que perdeu sua função social antes do termo de vencimento da prestação principal, em decorrência de inadimplemento de deveres acessórios e laterais.

Nota-se que em muitos julgados se usa o termo "rescisão" para designar a ação como de rescisão contratual. A questão é meramente terminológica, e possui explicação histórica. Não há, assim, diferença na essência com relação ao que se denomina, aqui, "resolução contratual".

50. Rafael Villar Gagliardi, *Exceção de Contrato Não Cumprido*, cit., p. 129.

51. Dos casos citados no início deste trabalho, quase todos foram originados de ações de resolução contratual. Citam-se, aqui, alguns exemplos mais eloquentes. *Casos de omissão de dever preparativo ou instrumental*: TJSP, 4ª Câmara de Direito Privado, Ap 263.614.4/6-00, rel. Des. Francisco Loureiro, j. 28.9.2006; TJSP, 4ª Câmara de Direito Privado, Ap 534.004.4/2-00, rel. Des. Francisco Loureiro, j. 10.7.2008; TJSP, 6ª Câmara de Direito Privado, Ap 76.826-4/5, rel. Des. Reis Kuntz, j. 20.5.1999; TJSP, 2ª Câmara de Direito Privado, Ap 234.491-4/6-00, rel. Des. Ariovaldo Santini Teodoro, j. 1.8.2006; TJSP, 3ª Câmara de Direito Privado, Ap 411.649-4/8-00, rel. Des. Beretta da Silveira, j. 5.9.2006; TJSP, 8ª Câmara de Direito Privado, Ap 222.548-4/4-00, rel. Des. Ribeiro da Silva, j. 1.6.2006; TJSP, 9ª Câmara de Direito Privado, Ap 994.03.110649-1, rel. Des. Piva Rodrigues, j. 9.3.2010; TJSP, 3ª Câmara de Direito Privado, Ap 9187302-49.2005.8.26.0000, j. 30.8.2011; TJSP, 1ª Câmara de Direito Privado, Ap 9098525-64.2000.8.26.0000, rel. Des. Cláudio Godoy, j. 20.9.2011; TJRJ, 8ª Câmara Cível, Ap 2005.001.19441, rel. Des. Luiz Felipe Francisco, j. 13.9.2005; TJRS, 3ª Turma Recursal Cível, Ap 71002537397, rel. Des. Jerson Moacir Gubert, j. 29.4.2010; STJ, 4ª Turma, REsp 309.626, rel. Des. Ruy Rosado de Aguiar, j. 7.6.2001.

V – EFEITOS DO INADIMPLEMENTO ANTECIPADO DO CONTRATO

Explica Araken de Assis que o substantivo "rescisão" designava o remédio resolutório no Código Civil de 1916, administrado em face de inadimplemento, repetido ainda em vários dispositivos, reforçando a ideia de pronúncia do juiz sobre o negócio jurídico. Em linha de rigor conceitual, "rescisão" seria o termo cabível para o desfazimento do negócio em virtude de estado de perigo e lesão. O Código Civil vigente, por sua vez, evoluiu na matéria, ao tratar a lesão e o estado de perigo como vícios do consentimento e sujeitos à sanção de anulabilidade e ao dispor a resolução como remédio para o inadimplemento superveniente à formação do contrato.[52]

Judith Martins-Costa bem explica o cabimento da resolução em face do inadimplemento antecipado do contrato. Pondera que a gravidade, a importância e a fundamentalidade do inadimplemento, aliadas à sua imputabilidade, é que permitem sua adequação à hipótese legal da resolução. Como no inadimplemento antecipado as obrigações acessórias e laterais descumpridas acabam por atingir a prestação principal, na linha de entendimento da relação obrigacional complexa, autoriza-se a resolução.[53]

A resolução é sempre colocada como efeito do inadimplemento antecipado nos demais artigos que trataram do tema,[54] como também na monografia pioneira de Fortunato Azulay[55] e na tese de Aline de Miranda Valverde Terra.[56]

É preciso, portanto, traçar as linhas básicas do direito de resolução. A matéria é ampla, comporta variações de regime e possui fundamento legal.[57]

---

52. Araken de Assis, *Resolução do Contrato por Inadimplemento*, 4ª ed., São Paulo, Ed. RT, 2004, pp. 85-88.

53. Judith Martins-Costa, "A recepção do incumprimento antecipado do contrato no Direito Brasileiro: configuração e limites", cit., *RT* 885/42-44.

54. Guilherme Magalhães Martins, "Inadimplemento antecipado do contrato", cit., *Revista Trimestral de Direito Civil* 36; Anderson Schreiber, "A tríplice transformação do adimplemento: adimplemento substancial, inadimplemento antecipado e outras figuras", cit., *Revista Trimestral de Direito Civil* 32; Raphael Manhães Martins, "Inadimplemento antecipado: perspectivas para sua aplicação no Direito Brasileiro", *RF* 391, Ano 103, Rio de Janeiro, Forense, maio-junho/2007; Cristiano de Sousa Zanetti, "Inadimplemento antecipado da obrigação contratual", cit., in Alberto Amaral Jr., Maristela Basso e Umberto Celli Jr. (coords.), *Arbitragem e Comércio Internacional: Estudos em Homenagem a Luiz Olavo Baptista*, pp. 322-329.

55. Fortunato Azulay, *Do Inadimplemento Antecipado do Contrato*, Rio de Janeiro, Brasília/Rio, 1977.

56. Aline de Miranda Valverde Terra, *Inadimplemento Anterior ao Termo*, cit.

57. Na doutrina nacional há duas obras bastante completas e atuais sobre a resolução, que servem de base ao quanto tratado nesse tópico: Ruy Rosado de Aguiar

A figura da resolução encontra-se no Código Civil com significados diferentes. Em casos de impossibilidade superveniente sem culpa do devedor (arts. 234, 238 e 248 do CC) há a chamada extinção *ipso jure* da relação obrigacional, sem necessidade de manifestação de vontade nem de procedimento judicial para dar a relação por resolvida. Ela ocorre por força direta de lei.[58]

Foi visto como a impossibilidade da prestação por fato inimputável ao devedor não constitui hipótese de inadimplemento antecipado. Logo, não é desta resolução que se trata, excluindo-se também a hipótese especial de resolução por manifestação de vontade, por fato inimputável ao devedor, referente à deterioração da coisa (art. 235).[59]

Não se confunda, também, a resolução *ipso jure* com a resolução por força de cláusula resolutiva expressa, prevista no art. 474 do CC, que opera de pleno direito. Esta resolução, de natureza convencional, apesar de não necessitar de procedimento judicial, precisa da manifestação de vontade do credor.[60] Sua relação com o inadimplemento antecipado assim como a relação deste com a cláusula resolutiva tácita serão tratadas mais adiante.

A resolução que interessa para este trabalho tem sentido mais estrito. Está positivada no art. 475 do CC, e, portanto, decorre da lei. Ela atua, essencialmente, em razão de um superveniente inadimplemento imputável ao devedor. É um direito formativo extintivo pelo qual seu titular desfaz, por manifestação de vontade e procedimento judicial, a relação obrigacional originada de um contrato.[61]

Por "direito formativo (ou potestativo) extintivo" entende-se o direito destituído de pretensão mas que opera por si, bastando seu exercício para modificar certa relação jurídica – no caso da resolução, para extingui-la.[62] É por isso que se diz que o direito de resolver depende de manifestação de vontade.

Jr., *Comentários ao Novo Código Civil: da Extinção do Contrato*, cit., vol. VI, t. II; Araken de Assis, *Resolução do Contrato por Inadimplemento*, cit., 4ª ed. Além dessas, seguro é sempre Pontes de Miranda, *Tratado de Direito Privado*, t. XXV, Rio de Janeiro, Borsói, 1959.

58. Ruy Rosado de Aguiar Jr., *Comentários ao Novo Código Civil: da Extinção do Contrato*, cit., vol. VI, t. II, pp. 502-503.

59. Idem, pp. 538-539.

60. Idem, p. 503.

61. Araken de Assis, *Resolução do Contrato por Inadimplemento*, cit., 4ª ed., p. 77; Ruy Rosado de Aguiar Jr., *Comentários ao Novo Código Civil: da Extinção do Contrato*, cit., vol. VI, t. II, pp. 447-460.

62. Ruy Rosado de Aguiar Júnior, *Comentários ao Novo Código Civil: da Extinção do Contrato*, cit., vol. VI, t. II, pp. 454-458.

V – EFEITOS DO INADIMPLEMENTO ANTECIPADO DO CONTRATO

A resolução atua no plano da eficácia do negócio jurídico, e, portanto, não alcança sua existência e sua validade. Entende-se que ela atinge parte da relação contratual, e não o contrato em si, nem todo seu conteúdo, mas a obrigação principal. Outras obrigações, decorrentes do contrato e da relação jurídica obrigacional, persistiriam, como a obrigação de sigilo, ou de não concorrência, ou até mesmo a de pagar o quanto estipulado em cláusula penal. A letra da lei, no entanto, refere-se à resolução do contrato.[63]

O entendimento mais interessante para explicar a atuação dinâmica da resolução é o que parte da relação obrigacional complexa, já tratada. Nesse sentido, Ruy Rosado de Aguiar Jr. entende a resolução como uma fase do processo obrigacional. Nela, o exercício do direito de resolução elimina a obrigação afetada pelo inadimplemento, mas o contrato continua existindo e servindo de base para o novo momento obrigacional que surge, no qual serão acertados os pontos relativos à restituição do que foi pago e à indenização. Portanto, ao mesmo tempo em que o direito de resolução é extintivo, é também gerador de novas obrigações. A fase da resolução finda com a integral realização dos efeitos da sentença resolutória.[64]

O efeito essencial da resolução, ao extinguir a parte principal da relação obrigacional, é a de liberar definitivamente o credor de sua prestação, liberando também o devedor. Por isso, sua função primordial é liberatória,[65] e, portanto, preventiva quanto ao risco de perda da própria prestação. A resolução, ainda, pode ou não ter efeitos retroativos, e, assim, traz a necessidade de restituição do que foi pago.[66]

A questão dos efeitos da resolução será tratada mais adiante, mas se pode adiantar que normalmente a resolução possui efeitos *ex tunc*, para que as partes sejam recolocadas na situação em que estavam antes da conclusão do negócio e da produção de seus efeitos. Todavia, tratando-se de contratos de duração, em princípio a resolução operaria com efeitos *ex nunc*.[67] A solução, contudo, varia não só quanto à natureza da prestação, mas também quanto ao efetivamente ocorrido no caso concreto, como se verá.[68]

63. Idem, pp. 470-472.
64. Idem, pp. 478-481.
65. Idem, pp. 473-474.
66. Idem, pp. 481-482.
67. Idem, pp. 501-502.
68. Idem, pp. 699-700.

Ainda com relação aos efeitos da resolução, se retroativos ou não, vale também uma observação terminológica. Pontes de Miranda entendia que a resilição era justamente a resolução com efeitos *ex nunc*.[69] Todavia, o Código Civil utiliza o termo "resilição" (art. 473) como modalidade extintiva do contrato, a ser exercida unilateralmente, mediante denúncia, quando houver permissão legal para tanto, sem vinculá-la a inadimplemento.

Como efeito da resolução também se encontra a questão da indenização dos prejuízos, que não decorre essencialmente da resolução, mas da responsabilidade. Contudo, a resolução coloca o dever de indenizar as perdas e danos em primeiro plano, centralizando-o. Esse dever, entretanto, por sua importância e relativa autonomia, será examinado em item a seguir.

A resolução do art. 475 é judicial, herança da tradição do Código Civil de Napoleão e marco distintivo do sistema continental para o sistema da *Common Law*, no tocante à inexecução contratual.[70] Nesse tipo de resolução é o ato jurisdicional que extingue o contrato. A sentença, nesse caso, possui carga preponderantemente constitutiva negativa. Há casos em que a lei permite a resolução extrajudicial, como na hipótese de cláusula resolutiva expressa ou ainda em leis especiais referentes a tipos contratuais específicos. Nesses casos, se a disputa sobre a resolução vier a juízo, a natureza do provimento jurisdicional, em princípio, não mais será constitutiva, mas apenas declaratória de situação jurídica já existente.[71]

Como neste trabalho os casos práticos de base são relativos a compromisso de compra e venda, será necessário, em momento seguinte, aprofundar um pouco os regimes de resolução para esse tipo de contrato, uma vez que para eles, em certos limites, a lei permite a resolução extrajudicial, anotando-se a presença de divergência jurisprudencial. Assim, é preciso esclarecer se a resolução pelo inadimplemento antecipado seria a resolução do art. 475 ou a resolução específica prevista na lei regente da espécie da modalidade de compromisso, como por exemplo, a de imóveis urbanos loteados ou a de unidades futuras de incorporação imobiliária. Também a resolução na alienação fiduciária merecerá atenção específica, em razão da diferenciada estrutura contratual e da sua semelhança, em termos de utilidade prática para o adquirente, com o compromisso

---

69. Pontes de Miranda, *Tratado de Direito Privado*, cit., t. XXV, p. 305.

70. Ruy Rosado de Aguiar Jr., *Comentários ao Novo Código Civil: da Extinção do Contrato*, cit., vol. VI, t. II, pp. 490-496.

71. Idem, ibidem.

de compra e venda com escopo de garantia. Observe-se, por fim, que a doutrina elenca várias outras espécies legais de resolução, previstas em leis específicas, para tipos contratuais especiais. Este trabalho foca-se na resolução legal do art. 475, nas resoluções especiais do compromisso de compra e venda e na resolução convencional, prevista no art. 474 do CC.[72]

Uma palavra merece ser dada a respeito do fundamento da resolução. As obras específicas, nacionais e estrangeiras, costumam listar as várias teorias que propõem um fundamento para a resolução. Podem ser citadas as teorias da causa, da condição resolutória tácita, da sanção ao inadimplemento, do equilíbrio entre as partes, da equidade.[73]

Este trabalho não pretende esmiuçar a figura vasta da resolução e concluir por um ou outro fundamento. Entretanto, entende-se que o quanto dito sobre a função preventiva e liberatória da resolução assim como sobre seu âmbito de aplicação, direcionado primordialmente aos contratos com obrigações recíprocas e interdependentes – ou seja: relacionado ao sinalagma genético e funcional –, bastante ajuda na sua compreensão.

Nesse sentido, a resolução é um remédio para manutenção do equilíbrio contratual perturbado supervenientemente. Entretanto, mais ampla e melhor que a noção de equilíbrio é a noção de fim do contrato, que inclui o equilíbrio e a função concreta do negócio, e que já foi estudada, e se relaciona diretamente com inadimplemento antecipado. Assim, entendemos que a resolução é um remédio que atua para reequilibrar a situação dos contratantes em virtude da superveniente perturbação do fim contratual.[74]

Dado esse necessário panorama geral, dada a amplitude da figura da resolução, é preciso, agora, tratar dos seus requisitos específicos, a fim de se verificar como eles se adaptam ao inadimplemento antecipado do contrato.

Na síntese de Ruy Rosado de Aguiar Jr., os requisitos para a resolução são: a presença de um contrato bilateral, o inadimplemento, um credor não inadimplente.[75] Não exatamente da mesma forma, tais requisitos aparecem também na obra de Araken de Assis.[76] O requisito

72. Idem, pp. 488-489.

73. Ruy Rosado de Aguiar Jr., *Comentários ao Novo Código Civil: da Extinção do Contrato*, cit., vol. VI, t. II, pp. 443-446; Araken de Assis, *Resolução do Contrato por Inadimplemento*, cit., 4ª ed., pp. 59-76.

74. Ruy Rosado de Aguiar Jr., *Comentários ao Novo Código Civil: da Extinção do Contrato*, cit., vol. VI, t. II, p. 506.

75. Idem, ibidem.

76. Araken de Assis, *Resolução do Contrato por Inadimplemento*, cit., 4ª ed.

do contrato bilateral pode aparecer também como campo de aplicação da resolução. Já, o requisito do credor inadimplente pode não ser necessário, pois, como visto e também será analisado em pormenores, há casos de inadimplemento antecipado em que o próprio devedor inadimplente pede a resolução. Já, o requisito do inadimplemento, por sua vez, é pressuposto essencial ao remédio.

No tocante aos contratos bilaterais valem as observações já tecidas quando da análise da exceção de contrato não cumprido. Dentre os possíveis significados da bilateralidade, para efeitos de resolução o que se exige é o nexo de interdependência entre obrigações correspectivas.[77] As obrigações correlatas são as principais, e em função delas é que devem ser examinadas as obrigações acessórias e laterais.

Não estão no âmbito de incidência da resolução os contratos bilaterais imperfeitos e os unilaterais. A onerosidade, por si só, não basta à resolução. Nesse sentido, o mútuo feneratício, unilateral e oneroso, não estaria abarcado pela resolução, por não haver disposição expressa que o aceite.[78]

A reciprocidade entre obrigações pode existir em contratos plurilaterais, caso em que o sinalagma tem aspecto indireto, voltado ao escopo contratual comum. Desse modo, ainda que as obrigações não sejam exclusivamente uma contra a outra, não se pode negar a correlação que existe entre a obrigação principal de cada uma das partes, possibilitando, assim, o remédio resolutório.[79]

Vê-se, assim, que a resolução, da mesma forma que a exceção de contrato não cumprido, atua em função da manutenção do equilíbrio do sinalagma funcional quando este se distancia da troca originária, perturbando a finalidade da resolução contratual. Diferentemente da exceção, que ainda provoca a correção do equilíbrio com a manutenção do contrato, na resolução tal reequilíbrio será feito mediante a relação de liquidação, com a restituição e a indenização.

O segundo requisito para a resolução é o do incumprimento ou inadimplemento. Requer-se que ele seja imputável, definitivo e grave.

Já se estudou a questão da imputabilidade do inadimplemento, em si considerada. Resta entendê-la, agora, como requisito da resolução.

---

77. Ruy Rosado de Aguiar Jr., *Comentários ao Novo Código Civil: da Extinção do Contrato*, cit., vol. VI, t. II, pp. 507-513.
78. Idem, pp. 513-518.
79. Idem, pp. 518-519.

V – EFEITOS DO INADIMPLEMENTO ANTECIPADO DO CONTRATO

Como acima mencionado, a resolução no regime do Código Civil vigente pode ocorrer com ou sem culpa, operando, quando não há imputabilidade, *ipso jure*, ou pelo caso especial de resolução pela deterioração da coisa, que demanda manifestação do credor. A imputabilidade, portanto, não é requisito ontológico da resolução, como figura ampla. No entanto, para a resolução legal do art. 475, o incumprimento deve ser imputável, para gerar para o credor o direito potestativo de resolver o contrato.[80]

O inadimplemento também deve ser grave, qualificado, de notável importância, com relação à economia do contrato, às legítimas expectativas das partes e ao seu fim negocial. A gravidade não está adstrita ao inadimplemento da obrigação principal. Se houver descumprimento de obrigação acessória ou lateral que torne impossível ou gravemente imperfeita a obrigação principal, o requisito estará cumprido.[81]

Por fim, o incumprimento deve ser definitivo. A definitividade advém ou da impossibilidade da prestação, ou da perda de interesse do credor na prestação, em decorrência de impossibilidade parcial, temporária, por cumprimento imperfeito ou insatisfatório ou pela mora.[82]

O regime da impossibilidade já foi analisado. Interessa mencionar, agora, ainda que brevemente, a situação de perda do interesse do credor em razão da mora e do cumprimento insatisfatório.

A mora é a ausência da prestação no tempo, lugar e forma estabelecidos. Apesar das variantes de lugar e forma, o elemento temporal é o que dá a característica marcante da mora.[83] A perda do interesse do credor, portanto, consiste na impossibilidade de se purgar a mora, ou seja, na impossibilidade de o credor receber a prestação.[84]

Por fim, a perda do interesse do credor, gerando a definitividade do incumprimento, pode advir de cumprimento insatisfatório. Seria, assim, a modalidade de incumprimento que mais se aproximaria da aludida violação positiva do contrato, ou por violação de obrigações acessórias e laterais, ou por gerar danos ao credor, ou por frustrar suas legítimas expectativas.[85]

---

80. Idem, pp. 537-539.
81. Idem, pp. 533 e 539-542.
82. Idem, p. 543.
83. Justamente em razão disso, a mora foi a modalidade de inadimplemento que menos se assemelhava ao inadimplemento antecipado, por seu marcante caráter temporal.
84. Ruy Rosado de Aguiar Jr., *Comentários ao Novo Código Civil: da Extinção do Contrato*, cit., vol. VI, t. II, p. 570.
85. Idem, pp. 574-579.

Verifica-se, assim, certa flexibilidade mesmo no trato da gravidade e da definitividade do inadimplemento autorizador da resolução. Não só o descumprimento da obrigação principal, mas também o das acessórias e laterais, assim como o cumprimento insatisfatório do contrato, e não só a impossibilidade da prestação, podem gerar o legítimo direito de resolver.

Resta examinar, assim, a perda do interesse do credor, critério chave para pertinência da resolução, quando não se estiver diante de uma cabal impossibilidade.

Segundo Ruy Rosado de Aguiar Jr., "a falha impede que se realize o fim do contrato, recusa ao credor satisfazer o seu interesse". A prestação inútil, portanto, é a que não supre a necessidade do sujeito credor. Esse interesse, para ser objetivamente considerado, deve advir justamente do sinalagma, apreendendo-se da sua natureza e da experiência comum a necessidade que a prestação iria satisfazer.[86]

A relação desse interesse com o fim do negócio é muito forte.

Vale a pena a transcrição de trecho da obra de Ruy Rosado de Aguiar Jr.:

> Os dados a considerar, portanto, são de duas ordens: os elementos objetivos, fornecidos pela regulação contratual e extraídos da natureza da prestação, e o elemento subjetivo, que reside na necessidade de o credor receber uma prestação que atenda à carência por ele sentida, de acordo com a sua legítima expectativa e tipicidade do contrato. Não se trata dos motivos ou desejos que, eventualmente, o animavam, mas da expectativa resultante dos dados objetivos fornecidos pelo contrato, por isso legítima.[87]

Prossegue o autor afirmando que a conduta das partes com relação ao cumprimento deve também ser levada em conta. Se o devedor deixou escoar prazos, não adotou providências necessárias, não propôs remediação da falha, exigiu encargos abusivos, tudo isso deve ser levado em conta para aferição da perda do interesse.[88]

A relação com a confiança no parceiro tendo em vista o fim contratual é notória nesse ponto.

Por fim, lembra, ainda, que o fim do negócio deve ser considerado, integrando o contrato, como um dado objetivo, revelador de um *plus* que o contrato deve satisfazer, numa relação teleológica.[89]

---

86. Idem, pp. 589-592.
87. Idem, p. 592.
88. Idem, p. 593.
89. Idem, p. 594.

V – EFEITOS DO INADIMPLEMENTO ANTECIPADO DO CONTRATO

Conclui-se, assim, que os requisitos do inadimplemento são a sua imputabilidade, a sua gravidade, derivada do descumprimento de obrigações tanto principais como acessórias e laterais, desde que em função daquelas, e perturbadoras do equilíbrio contratual. Ainda que haja qualquer tipo de cumprimento, mas insatisfatório, o critério do interesse do credor prepondera, de modo que sua perda gera o direito de resolver. Tal interesse deve ser avaliado objetivamente, de acordo com o fim do negócio, a finalidade contratual concreta, derivada da natureza da prestação, do conteúdo contratual, da experiência comum e da conduta entabulada pelas partes na vida de relação contratual.

O último dos requisitos para a resolução é o da ausência de inadimplência pelo credor. Assim, o credor, para resolver o contrato, não pode estar inadimplente da sua prestação.[90]

Vale aqui o quanto já observado sobre a legitimação causada pela exceção de contrato não cumprido, para a suspensão da prestação para a parte lesada. Assim, se o credor deixou de efetuar sua prestação legitimamente pela *exceptio*, ele não pode ser considerado inadimplente.

Esse requisito não pode, contudo, ser elevado a exigência imprescindível da resolução. Tanto é que são admitidos casos especiais de resolução pelo devedor, não só com relação ao inadimplemento antecipado, que será examinado a seguir em pormenores, mas também na hipótese do art. 237 do CC, quando o credor deixa de praticar atos necessários para a prestação do devedor ou quando situação de impossibilidade temporária inimputável e indefinida quanto à sua persistência submeta o devedor a situação intolerável.[91]

Resta apenas falar, mais especificamente, dos efeitos da resolução.

Como já afirmado anteriormente, a resolução, principalmente, libera os devedores de suas obrigações interdependentes e permite a restituição do que já tiver sido prestado. Com relação à desvinculação do contrato mais não precisa ser dito, lembrando-se de sua atuação no plano da eficácia, extinguindo as obrigações principais mas mantendo algumas outras, como a de indenizar, a de sigilo.

Já, com relação à restituição, importa analisar com mais detalhes como se opera tal efeito. A resolução cria, nesse ponto, uma relação de liquidação, na qual o que foi prestado deverá ser restituído na mesma relação de interdependência, adicionada a indenização pelos prejuízos.[92]

90. Idem, pp. 604-610.
91. Idem, pp. 613-615.
92. Idem, pp. 688-689.

A restituição, via pela qual as partes são recolocadas na situação em que estavam antes da celebração do contrato, faz parte da própria resolução, isto é, não é preciso um pedido específico restituitório. Ela deve ser feita em espécie (eficácia real), e se, não mais for possível, pelo equivalente. Os frutos também devem ser restituídos. No exemplo de Ruy Rosado de Aguiar Jr., se o comprador recebeu um imóvel, o usou para sua moradia ou o alugou, deverá restituir o imóvel e o valor recebido de aluguel ou, ainda, um preço pela sua ocupação, geralmente correspondente ao aluguel. Já, o vendedor deverá restituir o valor que recebeu como prestação, acrescido de juros e correção monetária.[93]

Os frutos devem ser restituídos independentemente de boa-fé ou má-fé, pois o fundamento desta recuperação é a correspectividade de obrigações. Os custos com a obtenção ou produção dos frutos, por sua vez, devem ser descontados. Já, benfeitorias, acessões ou acréscimos devem ser restituídos[94] e compensados, sendo viável sua retenção.[95]

A restituição guarda forte relação com o efeito retroativo. Sua vantagem está no fato de que, em caso de insolvência do devedor, a prestação já paga pelo credor não se sujeita ao concurso de credores, pois não integra o patrimônio do devedor.[96] A retroatividade é, justamente, na explicação de Pontes de Miranda, um "como se". Tem-se o negócio jurídico concluído como se concluído não tivesse sido.[97] Daí sua eficácia desconstitutiva, no sentido de retorno ao momento anterior à sua conclusão.

Observe-se, tão somente, a questão da retroatividade e da restituição em caso de obrigações de duração. Nessa hipótese, o efeito, em princípio, seria *ex nunc*, apenas para o futuro. No entendimento de Ruy Rosado de Aguiar Jr., impende verificar se o cumprimento parcial satisfez o interesse do credor, e pode ser recompensado com a manutenção de prestações já efetuadas. No exemplo do autor, em caso de empreitada para construção

93. Idem, pp. 690-694.
94. Araken de Assis, *Resolução do Contrato por Inadimplemento*, cit., 4ª ed., p. 168.
95. Ruy Rosado de Aguiar Jr., *Comentários ao Novo Código Civil: da Extinção do Contrato*, cit., vol. VI, t. II, pp. 694-695. Pontes de Miranda também entende pela restituição dos frutos, sem cogitar sobre a situação subjetiva do possuidor (*Tratado de Direito Privado*, cit., t. XXV, pp. 383-384). Araken de Assis entende que aos frutos se aplica a regra geral a respeito da boa-fé do possuidor, cessando esta no momento do descumprimento, e para o lesado no momento de ajuizamento da ação resolutória (*Resolução do Contrato por Inadimplemento*, cit., 4ª ed., pp. 168-169).
96. Ruy Rosado de Aguiar Jr., *Comentários ao Novo Código Civil: da Extinção do Contrato*, cit., vol. VI, t. II, p. 693.
97. Pontes de Miranda, *Tratado de Direito Privado*, cit., t. XXV, p. 307.

de cinco prédios a execução de três autoriza a resolução com efeitos *ex nunc*, mantendo o preço pago correspectivo a tal parte. Porém, se a obrigação era de construção de uma casa, e só foi realizada a estrutura, esse inadimplemento pode autorizar o efeito *ex tunc* integral.[98]

Araken de Assis recomenda a verificação da existência em concreto de prestações recíprocas consumadas e exauridas.[99]

Diz-se também que a resolução possui eficácia real. A eficácia real entre as partes diz respeito à coisa, isto é, só não será devolvida a coisa se esta tiver se perdido, caso em que se restituirá pelo equivalente.[100] Se houve transferência de propriedade de bem imóvel, o ato resolutivo deve ser levado a registro, para que a propriedade volte ao patrimônio do contratante originário.[101]

Essa eficácia real, contudo, só alcança terceiros se cumpridos os requisitos legais para sua oposição contra todos – por exemplo, levando-se o contrato ao Registro de Imóveis.[102]

Enfim, a resolução, em princípio, recolocará os contratantes na situação em que estavam antes da conclusão do contrato, restituindo-se as prestações pagas, com os acréscimos que eventualmente tiveram, fazendo-se a compensação com os custos, para que não haja qualquer enriquecimento de um com lesão ao outro.

A indenização, por ser direito autônomo, será analisada no próximo item.

Ao final, é preciso mencionar que um dos limites que se têm colocado à medida resolutória é a ocorrência de um adimplemento substancial, entendido este como um incumprimento de menor gravidade, que não retira a utilidade e função econômico-social da contratação.[103]

Nesse caso, a parte lesada não teria a alternativa resolutória do at. 475, restando a exigência do equivalente mais as perdas e danos.

---

98. Ruy Rosado de Aguiar Jr., *Comentários ao Novo Código Civil: da Extinção do Contrato*, cit., vol. VI, t. II, pp. 699-700.

99. Araken de Assis, *Resolução do Contrato por Inadimplemento*, cit., 4ª ed., p. 160.

100. Idem, p. 174.

101. Ruy Rosado de Aguiar Jr., *Comentários ao Novo Código Civil: da Extinção do Contrato*, cit., vol. VI, t. II, p. 696.

102. Idem, pp. 696-697.

103. Lucas Gaspar de Oliveira Martins, *Mora, Inadimplemento Absoluto e Adimplemento Substancial das Obrigações*, São Paulo, Saraiva, 2011, p. 81.

2.1 Resolução e inadimplemento antecipado do contrato

Dadas estas coordenadas sobre a resolução, é preciso verificar sua pertinência ao inadimplemento antecipado do contrato.

Em vista dos dois elementos básicos do inadimplemento antecipado – quais sejam: o inadimplemento de obrigações acessórias e laterais e a perda da função social do contrato –, logo se vê que se está diante de hipótese em que a resolução é plenamente cabível.

Em primeiro lugar, o inadimplemento. Este é o requisito central da resolução. É também o elemento primeiro do inadimplemento antecipado. Trata-se, como se viu, de inadimplemento de obrigação acessória e lateral. Viu-se, entretanto, que mesmo diante de descumprimento de obrigação acessória ou lateral é cabível a resolução quando o descumprimento afeta diretamente a viabilidade da obrigação principal. Em suma: é a gravidade do inadimplemento que autoriza a resolução, mesmo que se refira a obrigação acessória ou lateral. E todo o esforço de identificação do inadimplemento antecipado ilustra a gravidade do incumprimento ali ocorrido.

Não é demais lembrar que o inadimplemento antecipado está colocado no âmbito da responsabilidade contratual, de modo a suprir o requisito da imputabilidade.

Por outro lado, se a impossibilidade não configura inadimplemento antecipado, este, por sua vez, devido ao seu segundo elemento, a perda da função social do contrato, gera a perda do interesse do credor na manutenção do vínculo.

Com efeito, o inadimplemento antecipado é grave o suficiente para que, pela prospectiva impossibilidade de cumprimento da prestação no seu termo ou pela perda da confiança no cumprimento da finalidade contratual, ocorra a perda da função social do contrato.

Veja-se que não se trata de mera perda do interesse no recebimento da prestação, a justificar a recusa da purga da mora, no esquema da relação obrigacional simples. No caso do inadimplemento antecipado, como o fim do contrato ficou comprometido, o credor perde o interesse tanto no recebimento da prestação – porque o risco é altíssimo de que isso não ocorra – como também no cumprimento da sua prestação, para não cair em prejuízo ainda maior, no advento do termo contratual. É o contrato, enfim, como programa de atuação conjunta e cooperativa, que perde o interesse para a parte lesada pelo inadimplemento antecipado.

Cumprido esse trinômio do inadimplemento – imputabilidade, gravidade, definitividade (na vertente perda do interesse na manutenção do contrato, e não pela impossibilidade) –, não seria idôneo, justo ou razoável negar a resolução do contrato para a parte lesada. É por isso que ela tem cabimento.

Lembre-se, porém, do campo de aplicação da resolução. Ela está adstrita aos contratos bilaterais, entendidos estes como aqueles que possuem nexo de interdependência entre obrigações correlatas. Nos casos práticos examinados se estava diante de um contrato com prestações correspectivas. E, por isso, não houve problemas com relação à medida resolutória.

É de se ponderar, contudo, partindo-se da significativa alteração do Código Civil vigente com relação ao anterior no tocante a não mais alocar a resolução como figura típica dos contratos bilaterais, se tal restrição à sua incidência ainda persiste, sobretudo para o estudo em tela, no qual se poderia pensar em casos de inadimplemento antecipado em contratos unilaterais, que, em hipótese, demandariam o remédio resolutório.

Um exemplo seria a superveniência de ato contrário à devolução do bem objeto de comodato proferido antes do termo convencionado, até mesmo por declaração. Nesse sentido, Orlando Gomes afirma a possibilidade de o comodato ser rescindido pelo comodante antes do final do prazo contratual se o comodatário usa a coisa de modo diverso ou contrário ao estipulado – por exemplo, cedendo indevidamente o uso da coisa a outrem.[104]

Em outros casos de contratos unilaterais, mesmo diante do inadimplemento antecipado, num exercício de raciocínio, é possível conjecturar algumas soluções, com base na própria lei, sem o uso da resolução. Veja-se o exemplo do mútuo. Pelo art. 590, advindo notória mudança na situação econômica do mutuário, poderá ser exigida garantia da restituição. "Situação econômica" já é conceito jurídico indeterminado de conteúdo mais amplo do que "diminuição patrimonial". E, negando-se o reforço da garantia, incide a hipótese do art. 333, III, do CC, autorizando o vencimento antecipado. Assim, ainda que com reservas e alguma especificidade, haveria proteção legal ao credor, sem ser nos termos do inadimplemento antecipado, com o uso da resolução.

No mandato, ainda que gratuito, existe a possibilidade legal de sua revogação pelo mandante caso haja perda da confiança, suporte da relação entre mandante e mandatário.[105]

---

104. Orlando Gomes, *Contratos*, 26ª ed., atualizada por Antônio Junqueira de Azevedo e Francisco Paulo De Crescenzo Marino, coordenação de Edvaldo Brito, Rio de Janeiro, Forense, 2007, p. 389.

105. Idem, p. 432.

Na verdade, para os contratos bilaterais, no âmbito de uma categoria geral, é consagrada a utilização da exceção de contrato não cumprido ou da resolução contratual. E, por isso, viabiliza-se a aplicação dessa figura do inadimplemento antecipado do contrato. Como este trabalho possui uma vertente de ajuste sistemático entre o inadimplemento antecipado e os demais institutos de direito das obrigações, é preferível, por cautela e com segurança, afirmar essa possibilidade da resolução para a categoria geral dos contratos bilaterais.

Para contratos que não envolvam nexo de interdependência e reciprocidade entre obrigações, em princípio, a solução para casos de inadimplemento antecipado envolveria figuras e tratamento legal próprios de cada tipo contratual, como no exemplo do mútuo ou da revogação do mandato. Ainda assim, mesmo em caráter de exceção, não se vislumbra óbice à utilização da resolução, tal como no exemplo do comodato.

Tal situação indica mais uma necessidade de revisão dos requisitos da resolução no Direito Brasileiro do que uma limitação essencial ao inadimplemento antecipado. Repita-se, entretanto, que se trata de trabalho de acomodação entre uma figura nova e um terreno já existente. Por isso, é preferível trabalhar, em princípio, com as posições já sedimentadas, como é o caso da resolução ligada à bilateralidade, para a incidência do art. 475 do CC.

Com relação ao requisito do credor inadimplente, ele é plenamente válido para os casos de ausência de atividade preparatória ou instrumental à prestação principal. A ressalva dos casos de resolução pelo devedor por insuportabilidade das prestações será examinada a seguir.

Desponta, assim, no caso do inadimplemento antecipado, o uso da resolução, principalmente como medida liberatória, de cunho preventivo. O contratante lesado pelo inadimplemento antecipado, diante da perda da confiança no futuro adimplemento, diante da frustração da finalidade contratual, pretende mais é desvincular-se daquele ajuste, para satisfazer suas necessidades de outros modos, talvez encontrando outro parceiro, que melhor possa supri-lo.

A perda de sentido na manutenção de um pacto que no presente perdeu sua finalidade, por praticamente inalcançável seu resultado, faz surgir a necessidade da resolução, quase como uma consequência lógica, apta, principalmente, a fazer com que o contratante lesado, definitivamente, não seja mais devedor de um ajuste que não vingará. É, portanto, o caráter liberatório da resolução que mais se aproxima do inadimplemento antecipado.

Salta aos olhos o paralelo existente entre o pressuposto positivo da obrigação sujeita a termo de vencimento, que faz nascer um direito destituído de pretensão, com a resolução como direito formativo, ou seja, direito destituído de pretensão.

A força restituitória da resolução também se faz presente.

Principalmente, nos casos citados, com relação ao adquirente de lotes ou de futuras unidades autônomas, que pagaram por elas mas se viram frustrados na expectativa legítima que nutriam no contrato, mesmo antes de seu termo.

Nesse sentido, a resolução operou-se com efeitos *ex tunc*, com restituição total das parcelas pagas. Não se pôde, diante da concretude do inadimplemento ocorrido, encontrar qualquer correspondência entre parte dos valores pagos e algum início de cumprimento prestacional.

Com efeito, nos casos pesquisados havia ausência de regularização de loteamento ou ausência de início de construção de futuras unidades autônomas, de modo que nenhum benefício econômico foi trazido ao contratante lesado, a limitar a eficácia retroativa da resolução. O contratante inadimplente, nesses casos, não tinha nada que o abonasse.

É de se pensar, por fim, no confronto entre um adimplemento substancial e um inadimplemento antecipado, um a obstar e o outro a afirmar a possibilidade de resolução.

Em princípio, em termos puramente conceituais, o adimplemento substancial excluiria a possibilidade de um inadimplemento antecipado, uma vez que para este é necessária a perda da função social, ao passo que, justamente, a persistência desta função é que caracteriza o adimplemento substancial, mesmo que diante de um adimplemento imperfeito.

Contudo, se poderia pensar no seguinte caso: a incorporadora de um empreendimento imobiliário, com 80% da obra concluída, declara, antecipadamente, que não dará prosseguimento ao contrato, levando à conclusão de que a prestação não será cumprida no termo de vencimento, com perda da confiança na própria execução do restante da prestação devida. Ora, se fosse só um problema de 20% de uma obra faltantes, a gerar mora por parte da incorporadora, que entregaria, com atraso, a prestação devida, seria razoável a aplicação da teoria do adimplemento substancial, a sustar a resolução.

Contudo, se, mesmo diante de grande parte da prestação cumprida, paira não só a impossibilidade de cumprimento completo dela no seu termo, mas também desconfiança com relação à satisfação do fim contratual, seria caso de ocorrência de inadimplemento antecipado.

Ora, não é só a concretude de uma prestação que justifica a manutenção da função social de um contrato. A finalidade contratual também é preenchida e recheada pelo comportamento das partes, a indicar que há cooperação para atingimento dos fins propostos. A perda dessa confiança, mesmo com uma prestação relativamente cumprida, poderia dar ensejo a um inadimplemento antecipado do contrato, que autorize a resolução.

Tratando ainda dos efeitos da resolução, utilizando-se o exemplo de Ruy Rosado de Aguiar Jr. referente à empreitada para construção de cinco prédios, dos quais três são entregues, se poderia cogitar de que o inadimplemento das outras duas unidades se desse antecipadamente. Neste caso, a prestação a cargo do dono da obra, de pagamento do preço, ainda que por natureza instantânea, poderia ter sido diferida em parcelas durante a execução da obra. Ora, nesse caso, poderia ser estipulada resolução por inadimplemento antecipado com efeitos *ex nunc*, mantida a correspectividade entre as parcelas pagas das prestações correspectivas.

Em síntese, é possível verificar na jurisprudência e na doutrina como instrumentalizar aplicações da resolução para solucionar casos de inadimplemento antecipado do contrato. O que parece mais importante para bem aplicar a figura é a flexibilidade para ajustar detalhes ao quanto concretamente ocorrido no caso, sem descurar de seus elementos fundamentais, sempre seguindo o critério seguro da viabilidade e do cumprimento do fim contratual.

2.2 *A resolução no compromisso de compra e venda*

Passa-se a examinar, agora, especificamente em razão dos casos jurisprudenciais, as especificidades das medidas resolutórias nos diferentes regimes de compromisso de compra e venda.

O CC trata nos arts. 462 a 466 do contrato preliminar. Nos arts. 1.417 e 1.418 trata do direito real do promitente-comprador. Não há no Código Civil tratamento específico para o contrato de compromisso de compra e venda, o que faz do Código alvo de críticas, dadas a importância e a experiência jurídica consolidadas no trato desse negócio.[106] O Código de Defesa do Consumidor também incide se o compromisso estiver baseado em relação de consumo.

---

106. Francisco Eduardo Loureiro, "Responsabilidade civil no compromisso de compra e venda", in Regina Beatriz Tavares da Silva (coord.), *Responsabilidade Civil e sua Repercussão nos Tribunais*, 2ª ed., São Paulo, Saraiva, 2009, p. 189.

V – EFEITOS DO INADIMPLEMENTO ANTECIPADO DO CONTRATO

Seu regramento jurídico, por sua vez, com importantes normas sobre resolução, é dado por leis específicas, e varia conforme a natureza do imóvel. São três os regimes do compromisso de compra e venda: dos imóveis urbanos loteados, dos imóveis não loteados e dos imóveis incorporados.[107] Com relação aos imóveis loteados, a Lei 6.766/1979 dispõe, no seu art. 32, que, vencida e não paga a prestação, o contrato será rescindido 30 dias após a constituição em mora do devedor, por intimação por oficial de Registro de Imóveis. Apesar de a redação do dispositivo tratar de rescisão, constituição em mora e intimação, entende-se que se trata de notificação premonitória a fim de converter a mora, que é *ex re* – ou seja, constituída desde a ausência do pagamento no termo de vencimento –, em inadimplemento absoluto, que autoriza a resolução do contrato.[108]

Para os imóveis não loteados, o Decreto-lei 745/1969 impõe a prévia interpelação de 15 dias para constituição em mora do promissário-comprador, entendendo-se também como forma de se converter mora em inadimplemento absoluto. A favor desta interpretação está a evidência de que o pagamento atrasado, feito antes da interpelação, será acrescido de encargos moratórios.[109]

Com relação aos imóveis incorporados, a redação do art. 63 da Lei 4.591/1964 foi mais precisa, ao dispor que o prazo de 10 dias conferido ao adquirente inadimplente de três prestações do preço é para purgação da mora.

Convertida, então, a mora em inadimplemento absoluto, resta saber se a resolução estaria operada extrajudicialmente ou se se faz necessária a decretação dela por via jurisdicional. A matéria não está pacificada.

Para os imóveis não loteados, diante do que dispõe o Decreto-lei 745/1969, afirma-se, reconhecendo divergências, a necessidade de resolução judicial, ainda que diante de cláusula resolutiva expressa. Por isso, não se admite retomada do imóvel via possessória sem a prévia ação de resolução.[110]

---

107. Idem, pp. 189-190.

108. Idem, p. 201.

109. José Osório de Azevedo Jr., *Compromisso de Compra e Venda*, 6ª ed., São Paulo, Malheiros Editores, 2013, pp. 196-199.

110. Francisco Eduardo Loureiro, "Responsabilidade civil no compromisso de compra e venda", cit., in Regina Beatriz Tavares da Silva (coord.), *Responsabilidade Civil e sua Repercussão nos Tribunais*, 2ª ed., pp. 206-207; José Osório de Azevedo Jr., *Compromisso do Compra e Venda*, cit., 6ª ed., pp. 141-144, 155-162, 168-183, 193-195 e 196-199.

Já, para os imóveis loteados, a Lei 6.766/1979, no seu art. 32, estabelece que, após o prazo da intimação para pagamento, o contrato será considerado rescindido. Apesar do dispositivo legal, há entendimento jurisprudencial aplicando para os imóveis loteados o mesmo entendimento dos imóveis não loteados, pela necessidade de intervenção judicial.[111]

José Osório de Azevedo Jr. elenca razões para justificar tal posicionamento: (a) há que se verificar a presença de culpa pela ausência da prestação; (b) se no caso dos imóveis não loteados se exige resolução judicial, no caso de imóveis loteados, em que existe maior desequilíbrio de forças entre os contratantes, a resolução judicial é de rigor; (c) há necessidade de apuração de valores a serem restituídos em razão da resolução, o que não se faz na esfera extrajudicial.[112]

Já, para os compromissos firmados em razão de incorporação imobiliária, o art. 63 da Lei 4.591/1964 permite interpretação no sentido da desnecessidade de intervenção judicial, depois de notificado o comprador inadimplente, para resolução do contrato.[113]

É interessante notar que, mesmo diante de cláusula resolutiva expressa, há argumentação toda no sentido da necessidade da intervenção judicial para resolução do compromisso de compra e venda em sua forma mais usual, quando não se trata de relação entre loteador e adquirente.[114]

José Osório de Azevedo Jr. principia por explicar que a necessidade de intervenção judicial se dá, em primeiro momento, para coibir a resolução quando a culpa do compromissário-comprador é de grau leve, tendo efetivado grande parte do pagamento do preço e deixado de pagar poucas prestações, ao final da execução do contrato, com pequeno retardo. Neste caso, o oferecimento das prestações faltantes, com os encargos moratórios, em sede de contestação de ação de resolução seria ainda viável, de modo que não se poderia dar o contrato por extinto e, depois, convalescido. Por outro lado, não se poderia admitir que o mau pagador, frequentemente recaído em inadimplência, abusasse do direito

---

111. Francisco Eduardo Loureiro, "Responsabilidade civil no compromisso de compra e venda", cit., in Regina Beatriz Tavares da Silva (coord.), *Responsabilidade Civil e sua Repercussão nos Tribunais*, 2ª ed., pp. 208-209.

112. José Osório de Azevedo Jr., *Compromisso do Compra e Venda*, cit., 6ª ed., pp. 142-144.

113. Francisco Eduardo Loureiro, "Responsabilidade civil no compromisso de compra e venda", cit., in Regina Beatriz Tavares da Silva (coord.), *Responsabilidade Civil e sua Repercussão nos Tribunais*, 2ª ed., pp. 209-210.

114. José Osório de Azevedo Jr., *Compromisso do Compra e Venda*, cit., 6ª ed., p. 143.

de sempre oferecer as prestações devidas somente quando já proposta a ação de resolução. Justamente para evitar uma solução única para hipóteses tão discrepantes é que a resolução judicial se faz necessária, dando importância à atuação do juiz.[115]

Nesse sentido traz julgado prolatado por Ruy Rosado de Aguiar Jr., enquanto Ministro do STJ, no qual são tecidas as seguintes assertivas: "(...). Para a aceitação da purgação da mora deve-se considerar substancialmente a boa-fé do devedor, a sua lealdade em relação à outra parte, o seu empenho em realmente executar o contrato e adimplir sua obrigação. Daí por que o depósito pode acontecer antes ou depois do prazo da contestação, desde que essa demora não caracterize o propósito de ganhar tempo às custas do credor". Tal posicionamento consta também de seus comentários gerais à resolução por inadimplemento.[116]

Para José Osório de Azevedo Jr. essa necessidade de avaliação judicial da conduta circunstanciada dos contratantes para efetivação da resolução é a base para se entender o Decreto-lei 745/1969 como liquidando a cláusula resolutiva expressa nos compromissos de compra a venda ao dispor que, mesmo diante dela, é necessária a interpelação, afastando, assim, seus efeitos automáticos. A filiação do sistema brasileiro ao sistema francês, no qual o decreto judicial resolve o contrato, mantém essa prática, nos contratos imobiliários, desse recurso ao Judiciário mesmo diante de cláusulas contratuais em sentido oposto, observada a disposição legal específica. É nítido aqui um propósito prudencial e protetivo do contratante de boa-fé em contrato de alta importância social.[117]

Já, quanto à mora do compromitente-vendedor, para caracterizá-la não é necessário interpelação.[118] A resolução, por sua vez, rege-se pelo art. 475 do CC.[119]

Dado esse contexto do compromisso de compra e venda, resta saber se a resolução em caso de inadimplemento antecipado se opera extraju-

---

115. Idem, 152-157.
116. José Osório de Azevedo Jr., *Compromisso do Compra e Venda*, cit., 6ª ed., p. 158; STJ, 4ª Turma, REsp 30.023-3-SP, rel. Min. Ruy Rosado de Aguiar, j. 30.5.1994; Ruy Rosado de Aguiar Jr., *Comentários ao Novo Código Civil: da Extinção do Contrato*, cit., vol. VI, t. II, pp. 601-603.
117. José Osório de Azevedo Jr., *Compromisso do Compra e Venda*, cit., 6ª ed., pp. 168-180.
118. Idem, p. 200.
119. Francisco Eduardo Loureiro, "Responsabilidade civil no compromisso de compra e venda", cit., in Regina Beatriz Tavares da Silva (coord.), *Responsabilidade Civil e sua Repercussão nos Tribunais*, 2ª ed., p. 224.

dicialmente ou judicialmente, ou antes, se é necessário interpelação para a configuração do inadimplemento e se a presença de cláusula resolutiva pode ser invocada para alguma dessas soluções.

Nos casos de inadimplemento antecipado do compromitente-vendedor é possível notar que envolviam, muitas vezes, ou loteamentos ou incorporações imobiliárias, casos em que há disposições sobre resolução extrajudicial. Entretanto, como o contratante inadimplente, nesses casos, não foi o obrigado a pagamento de preço, não há dúvidas sobre a incidência do art. 475, com recurso à resolução judicial.

Também não há exigência de interpelação, muito menos de constituição em mora ou de conversão da mora em inadimplemento absoluto. Com efeito, de mora não se cogita no inadimplemento antecipado em razão de o pressuposto do termo de vencimento ainda não ter sido implementado, de modo que não há falar em exigibilidade da prestação principal.

Com relação à interpelação, foi aventada a possibilidade de, diante de circunstâncias que indicam um inadimplemento de deveres preparatórios, instrumentais, ou de cooperação e lealdade, se notificar o devedor a fim de esclarecimento da situação jurídica. Entretanto, essa notificação não é requisito do inadimplemento antecipado.

Na verdade, a configuração plena dos requisitos, não só do inadimplemento de deveres acessórios e laterais, mas também, e principalmente, da perda da função social do contrato, respectiva à ausência determinante de confiança no cumprimento contratual, ou impossibilidade de se prestar no termo de vencimento, deverá ser demonstrada em juízo, de modo que eventuais comunicações anteriores entre as partes podem revelar a presença de tais elementos, mas não são essenciais para tanto.

2.3 Cláusula resolutiva e inadimplemento antecipado do contrato

O que pode causar dúvida mais fundada é a presença da cláusula resolutiva ensejar, extrajudicialmente, a resolução por inadimplemento antecipado. Esse ponto merece embasamento e reflexão.

A primeira barreira a transpor é terminológica. Segundo José Osório de Azevedo Jr., "pacto comissório, cláusula resolutiva expressa ou condição resolutiva expressa são termos usados indistintamente, quando referentes à compra e venda".[120] Entretanto, ainda que válida a assertiva

---

120. José Osório de Azevedo Jr., *Compromisso do Compra e Venda*, cit., 6ª ed., p. 174.

para fins práticos, até mesmo para bem se entender o conteúdo de certas decisões judiciais, de posicionamentos doutrinários e de expressões legais, as figuras possuem significado distinto, em termos conceituais.

Primeiramente, convém distinguir a condição resolutiva da cláusula resolutiva. Condição é cláusula que subordina o efeito do negócio jurídico a evento futuro e incerto. A condição resolutiva extingue o direito que a ela se opõe, enquanto a suspensiva faz com que esse direito não seja adquirido até seu advento (arts. 121, 125 e 128 do CC). Verifica-se, assim, a amplitude da condição resolutiva. Ela influi na eficácia do negócio como um todo, extinguindo o direito subordinado. Já, a cláusula resolutiva é apenas uma disposição acessória adstrita a uma função específica.[121]

A cláusula resolutiva atribui o direito formativo extintivo de resolver o contrato ao contratante lesado por inadimplemento; portanto, é adstrita a esse fato, o inadimplemento, e gera um direito à parte, o de resolver, mas não simplesmente extingue algum direito pelo fato do inadimplemento. O direito de resolução negocial pode ou não ser exercido. Como visto com relação à resolução em geral, esta atua no plano da eficácia, extinguindo as obrigações principais e restituindo as partes ao *status quo ante*. É figura bem menos drástica do que uma condição resolutiva.[122]

No Código Civil, além das disposições já citadas sobre a condição resolutiva, há dispositivo sobre a cláusula resolutiva expressa e sobre a cláusula resolutiva tácita (art. 474), além de o art. 475, que cuida da resolução legal, estar inserido na seção denominada "Da Cláusula Resolutiva". O Código Civil de 1916 contribuiu para a confusão terminológica, pois dispunha sobre condição resolutiva expressa ou tácita em termos muito próximos aos do atual art. 474, porém na Parte Geral do Código, em seção referente às condições em geral. Ruy Rosado de Aguiar Jr. entende que tal dispositivo não tem correspondência no Código vigente.[123]

Mais um ponto de confusão tem origem histórica. Pela influência de juristas franceses, e até pela disposição do art. 1.184 do CC francês, entendeu-se que o fundamento da resolução legal seria uma condição tácita, presente em todos os contratos bilaterais.[124] Pontes de Miranda, por sua vez, já criticava tal entendimento, aludindo que "onde a lei esta-

---

121. Ruy Rosado de Aguiar Jr., *Comentários ao Novo Código Civil: da Extinção do Contrato*, cit., vol. VI, t. II, pp. 368-384.
122. Idem, ibidem.
123. Idem, p. 376.
124. Araken de Assis, *Comentários ao Código Civil Brasileiro*, cit., vol. 5, pp. 596-599.

tui a resolução, ou a resilição, seria superafetação imperdoável supor-se vontade tacitamente manifestada dos figurantes. Resolução tacitamente querida pode haver; mas é outra coisa".[125]

Ocorre que tal sobreposição de conceitos perdura até hoje, atribuindo-se à resolução por inadimplemento anterior ao termo o fundamento da cláusula resolutiva tácita.[126] Para este trabalho, a resolução que serve ao inadimplemento antecipado do contrato é a resolução legal e judicial do art. 475. Resta apenas saber se uma cláusula resolutiva expressa ou tácita pode servir para uma resolução extrajudicial em caso de inadimplemento antecipado.

Do quanto exposto, pode-se dizer que não se trata de verificar condição resolutiva no inadimplemento antecipado, tampouco o significado de cláusula resolutiva tácita é equivalente ao fundamento de resolução nos contratos bilaterais. Cláusula resolutiva tácita é cláusula específica, que adiante se verá.

Já, o pacto comissório possui dois sentidos. O primeiro seria muito próximo ao de cláusula resolutiva expressa, originado no art. 1.163 do CC de 1916, que expressamente o mencionava nos contratos de compra e venda. O segundo é a denominação que se dá à cláusula – à qual a lei atribui sanção de nulidade (art. 1.428 do CC) – que autoriza o credor pignoratício, anticrético ou hipotecário a ficar com o objeto da garantia se a dívida não for paga no vencimento. Daí se falar em proibição do pacto comissório.[127]

A cláusula resolutiva, depurada da noção de condição resolutiva expressa ou tácita e de pacto comissório, pode ser expressa ou tácita.

A cláusula resolutiva expressa, no dizer de Ruy Rosado de Aguiar Jr., "é a disposição acidental do contrato bilateral segundo a qual o contrato estará resolvido no caso de o devedor não cumprir, pelo modo previsto, determinada prestação relevante para a economia do contrato".[128]

Nota-se divergência entre este autor e Araken de Assis, para quem a cláusula resolutiva não se submete, como a resolução legal, ao campo dos contratos bilaterais.[129]

125. Pontes de Miranda. *Tratado de Direito Privado*, cit., t. XXV, p. 336.
126. Aline de Miranda Valverde Terra, *Inadimplemento Anterior ao Termo*, cit., p. 249.
127. Ruy Rosado de Aguiar Jr., *Comentários ao Novo Código Civil: da Extinção do Contrato*, cit., vol. VI, t. II, pp. 384-385.
128. Idem, p. 394.
129. Araken de Assis, *Comentários ao Código Civil Brasileiro*, cit., vol. 5, pp. 587-589.

Os dois autores são concordes, entretanto, ao afirmar que a resolução negocial opera, diante do inadimplemento, mediante manifestação do contratante interessado, mas sem necessidade de decretação judicial. Eventual ação envolvendo a aplicação da cláusula teria natureza declaratória, e não constitutiva, a fim de, tão somente, dar certeza ao fato de estar ou não o contrato resolvido.[130] É esse o sentido da expressão "de pleno direito" do art. 474 do CC, que não se confunde com resolução *ipso jure*, ou seja, que decorre por efeito imediato da lei, em caso de impossibilidade superveniente inimputável.

Pergunta-se, então: poderia tal cláusula servir a uma resolução extrajudicial em caso de inadimplemento antecipado?

Entendemos que não. Como se viu, o inadimplemento antecipado é medida excepcional. Seus contornos, que envolvem a perda da função social do contrato, perquirindo-se sobre confiança e possibilidade prospectiva do cumprimento contratual, necessitam de apreciação judicial, que valore a conduta dos contratantes, bem como imparcialmente verifique a probabilidade de efetivo cumprimento da prestação em seu termo. A perda da finalidade contratual não é algo singelo que poderia ficar a cargo de qualquer um dos contratantes. Não é da cultura jurídica brasileira a mesma dinâmica de repúdio e indenização pelo contrato desfeito da *Common Law*. Tal faculdade, se trazida sem maiores cuidados, poderia ensejar insegurança jurídica quanto ao cumprimento dos pactos e maior litigiosidade, com ações declaratórias e cautelares referentes à disposição de bens envolvidos em contratos dados por resolvidos.

O inadimplemento antecipado é tema delicado. A resolução possível para ele é a legal, que depende do provimento jurisdicional, a fim de se verificar um inadimplemento de prestações secundárias e uma perda da finalidade contratual. Duas tarefas que não devem ficar ao arbítrio das partes, tendo em vista a natureza dos questionamentos envolvidos.

Se para o caso de retardo no pagamento de parcelas do preço em compromisso de compra e venda entre particulares em pé de igualdade já se entende mais ponderada a posição que exige o pronunciamento judicial, justamente para verificação da imputabilidade e da regularidade das restituições, como forma de coibir abusos e de privilegiar o contratante de boa-fé, antes do termo, e para uma obrigação que não é a principal essas assertivas valem de forma ainda mais forte. Ainda que a vítima maior, nos

---

130. Ruy Rosado de Aguiar Jr., *Comentários ao Novo Código Civil: da Extinção do Contrato*, cit., vol. VI, t. II, p. 399; Araken de Assis, *Comentários ao Código Civil Brasileiro*, cit., vol. 5, pp. 589-590.

casos de inadimplemento antecipado por falta de atividade instrumental ou preparatória, seja o adquirente, talvez um consumidor, é necessária, para sua tutela, a intervenção de juiz ou árbitro, pois o problema não é só de culpa pelo atraso, mas principalmente de manutenção da finalidade contratual.

E – pontue-se – isto se afirma em termos gerais, sem restrição ao compromisso de compra e venda.

A cláusula resolutiva, entretanto, serve para trazer ao juiz, como elemento de fato, a caracterização de que, pairando séria dúvida quanto à confiança no cumprimento contratual em seu termo, menor o interesse na manutenção do vínculo. Ou seja: se há cláusula resolutiva expressa, é bastante plausível que um inadimplemento acarrete a frustração da finalidade contratual, perturbando de maneira grave a função social daquele contrato.

A cláusula resolutiva expressa, assim, não autoriza, por si só, a resolução sem intervenção jurisdicional. Mas deve ser levada em conta, como elemento do conteúdo negocial, para aferição da perda da função social de determinado contrato.

Observe-se que se pensa, aqui, em cláusula resolutiva referente à obrigação principal, sem maiores detalhamentos, tal como o art. 475 do CC, mas com fonte negocial. Se houver, de outro modo, cláusula resolutiva autorizando a resolução por inadimplemento de determinada obrigação acessória, não haveria óbice à sua utilização. Nessa hipótese, no entanto, não se está diante dos fatos do inadimplemento antecipado. Haveria simplesmente uma obrigação que, descumprida, autoriza a resolução, sem se cogitar de antecipação ou, mesmo, da perda da função social. Seria uma decorrência mais específica da autonomia privada.

Neste ponto é que se pode tratar também da cláusula resolutiva tácita. Ora, se a cláusula resolutiva expressa não basta para autorizar a resolução extrajudicial em caso de inadimplemento antecipado, menos ainda uma cláusula resolutiva tácita poderia fazê-lo. Entretanto, sua função interpretativa do negócio não é irrelevante. Justamente porque ela guarda relação com o termo essencial – diretamente relacionado com um pressuposto positivo do inadimplemento antecipado e com a função social do contrato.

É preciso ponderar, de início, que o sentido que se dá à cláusula resolutiva tácita não é o de cláusula implícita em todo contrato bilateral que autoriza a resolução. Para isso existe a resolução legal, típica dos contratos com obrigações correspectivas. A cláusula resolutiva tácita, disposta no art. 474 do CC, deve, portanto, ter um sentido prático próprio, uma eficiência original, ontológica e construtiva.[131]

Nesse sentido, muito elucidativas as lições de Ruy Rosado de Aguiar Jr.:

> Por convenção, de dois modos as partes podem dispor sobre a extinção do contrato por inadimplemento: (a) estabelecer no contrato cláusula expressa para definir o tempo e o modo de cumprimento da prestação, declarando que o descumprimento de exigência ali claramente definida significará a perda de interesse do credor no recebimento da prestação, e a consequente possibilidade da resolução do contrato por iniciativa deste: é a hipótese de extinção do contrato por efeito de cláusula resolutiva expressa prevista no art. 474, primeira parte; (b) não inserir no contrato cláusula expressa sobre a extinção, mas convencionar uma obrigação que somente poderá ser cumprida em certa data ou em determinadas circunstâncias, sem o quê o inadimplemento será considerado definitivo, podendo o credor resolver o contrato: é a cláusula resolutiva tácita, prevista no art. 474, segunda parte.[132]

O autor aproxima a cláusula resolutiva tácita do negócio a termo essencial objetivo. O termo essencial pode ser subjetivo ou objetivo. Subjetivo é o que decorre da vontade das partes expressamente manifestada no contrato. Logo, está mais próximo da cláusula resolutiva expressa. Já, o termo essencial objetivo não decorre de referência explícita, mas da natureza da prestação ou das circunstâncias objetivas do negócio. Refere-se à cláusula resolutiva tácita. Os exemplos são o do cantor que deve se apresentar em espetáculo determinado ou o do vestido de noiva que deve ser entregue até a data do casamento.[133]

A essencialidade do termo, portanto, significa exatamente isso: o termo precisa ser rigorosamente respeitado, pois do contrário a prestação será inútil ao credor.[134] Ele dá ensejo, justamente, à cláusula resolutiva tácita.

131. Araken de Assis, *Comentários ao Código Civil Brasileiro*, cit., vol. 5, p. 599.

132. Ruy Rosado de Aguiar Jr., *Comentários ao Novo Código Civil: da Extinção do Contrato*, cit., vol. VI, t. II, p. 421.

133. Idem, pp. 422-426.

134. Massimo Bianca, *Diritto Civile IV, L'Obbligazione*, Milão, Giuffrè, 2008, p. 213. A doutrina italiana distingue o termo acidental do necessário. O termo necessário é aquele que, mesmo sem ter sido previamente determinado, é de rigor, em razão da natureza da prestação, que requer um desenvolvimento no tempo. Já, o termo acidental é aquele que pode ou não ser estipulado, pois não tem relação de necessidade com a natureza da prestação. O termo necessário, portanto, não se confunde com o termo

Ora, se a cláusula resolutiva tácita não pode ensejar, por si só, a resolução extrajudicial por inadimplemento antecipado, possui, por outro lado, evidente função ao se cogitar a respeito da frustração da finalidade contratual em razão de uma prestação que tudo a leva a crer não será cumprida no prazo estipulado. Também a essencialidade do termo reforça o vínculo de confiança entre as partes, que se torna ainda mais indispensável numa visão prospectiva quanto ao futuro adimplemento. Tudo isso auxilia na busca de critérios objetivos para verificação de perda da função social em virtude de inadimplemento antecipado. Ou seja: a cláusula resolutiva tácita e o termo essencial são fatores a mais a ensejar a resolução judicial por inadimplemento antecipado.[135]

2.4 A resolução pelo devedor no inadimplemento antecipado do contrato

É preciso, agora, tratar do outro grupo de casos envolvendo o compromisso de compra e venda: os casos de declaração de impossibilidade de adimplir.[136] A especificidade maior aqui, como já dito, reside na autorização da resolução pelo devedor inadimplente. É, portanto, um uso original do direito civil brasileiro para a figura do inadimplemento antecipado, forjado na jurisprudência.

---

essencial. Este último tem importância justamente em razão de eventual atraso no pagamento da prestação.

135. O art. 474 do CC exige interpelação judicial para operação da cláusula resolutiva tácita. Ruy Rosado de Aguiar Jr. entende supérflua a exigência, pois a natureza da obrigação e os dados objetivos do contrato, por si sós, revelam a inutilidade da prestação. Aduz também que a resolução sempre depende de manifestação de vontade, de modo que duas declarações de vontade seriam desnecessárias para a conclusão do ato. Argumenta também que a exigência faria sentido se se tratasse de condição resolutiva tácita, tal como no Código Civil de 1916, o que não mais ocorre (*Comentários ao Novo Código Civil: da Extinção do Contrato*, cit., vol. VI, t. II, pp. 427-428). Apesar de entender desnecessária a interpelação judicial, pode-se dar um sentido a ela: tal como no compromisso de compra e venda, a interpelação serve para converter a mora em inadimplemento absoluto. Se na cláusula resolutiva tácita tudo se passa implicitamente, a forma serve para dar certeza à relação jurídica: o inadimplemento definitivo ocorreu. A partir daí, abre-se a alternativa: exigir o equivalente, mais perdas e danos, ou resolver o contrato, com efeitos diferentes nos dois casos, ainda mais se já houve pagamento de prestações.

136. TJSP, 4ª Câmara de Direito Privado, Ap 38.024-4/7, rel. Des. José Osório, j. 18.6.1998; TJSP, 4ª Câmara de Direito Privado, Ap 214.338-4/2-00, rel. Des. Jacobina Rabello, j. 26.10.2006; TJSP, 7ª Câmara de Direito Privado, Ap 526.138-4/0-00, rel. Des. Natan Zelinschi de Arruda, j. 1.4.2009; TJSP, 4ª Câmara de Direito Privado, Ap 55.120-4/0, rel. Des. Cunha Cintra.

Viu-se como o inadimplemento antecipado, nesses casos, envolve uma declaração de inadimplir ou de não poder continuar adimplindo, acarretando descumprimento de dever de lealdade e de cooperação para atingimento do fim contratual. Também neste caso há impossibilidade relativa, imputável ao devedor, de continuar honrando o pagamento. Sem que tenha incidido em mora, pois sua situação atual é de adimplência, prevê-se no futuro a impossibilidade de cumprimento da prestação no seu termo, com chances altamente razoáveis de o inadimplemento ocorrer. Há, no limite, legítima perda da confiança no cumprimento da finalidade contratual.

Em síntese: o contrato perdeu sua função social ao se deparar um dos contratantes com uma impossibilidade relativa de continuar honrando os pagamentos e, assim, obter definitivamente o bem a que visava, como também para o outro contratante, que se vê diante de situação de provável ausência de pagamentos do que lhe era devido, trazendo-lhe prejuízos evidentes, consistentes na ausência da remuneração correspectiva à prestação a que se obrigou, fazendo-o ver frustrada também a finalidade contratual para o que se propusera.

Nesses casos, normal seria que o contratante lesado pelo inadimplemento de dever lateral que acarreta perda da função social do contrato pleiteasse a resolução judicial, com base no inadimplemento antecipado. E isso seria bastante possível, pois há contrato bilateral, há inadimplemento grave, imputável e gerador de perda de interesse para o credor na manutenção do contrato. A eficácia restituitória da resolução lhe seria útil, pois poderia recuperar prestações já efetuadas, como, no caso, a recuperação da posse de imóvel entregue. Ele ainda teria perdas e danos a requerer, nos termos exatos do art. 475 do CC. Tal hipótese se assemelharia bastante à *anticipatory breach* da *Common Law*, justamente por ter origem num repúdio (*repudiation*) ao contrato.

Todavia, na jurisprudência brasileira foi o próprio devedor inadimplente que tomou a iniciativa da resolução, e seus pedidos foram aceitos pelos tribunais.

Entendemos que a figura do inadimplemento antecipado, com seus elementos e pressupostos, é a que melhor explica a materialidade deste inadimplemento e a perturbação contratual que ela gera, tal como já exposto.

Neste ponto é necessário explicar por que o próprio devedor inadimplente teve o direito de resolver o contrato, nessa situação. E não é possível uma explicação embasada em um só fundamento.

Para José Osório de Azevedo Jr., além da configuração do inadimplemento antecipado do contrato, muito importante é a questão da culpa. No caso concreto não se vislumbrava uma culpa grave do devedor inadimplente, muito menos dolo, mas uma culpa leve, causada por empecilhos econômicos, eventos não desejáveis, mas ordinários na vida do homem comum, tais como desemprego, crises econômicas, insuficiência de rendas para os custos familiares. Chegou-se até a afirmar motivos eticamente justificáveis. De modo que o inadimplemento, apesar de culpável, tinha um motivo, não torpe, a possibilitar alguma graduação nas consequências da responsabilidade. Além disso, o devedor nunca deixou o credor lesado, isto é, nunca havia entrado em estado de mora, mas antecipou-se, até de certa forma, lealmente, para resolver o problema.[137]

A situação do devedor, por sua vez, era de impossibilidade relativa: não havia patrimônio a saldar a dívida. Neste caso, a execução do saldo devedor não traria resultado eficiente. A restituição da posse do bem imóvel comprometido seria a medida mais vantajosa para o credor. Lembre-se, inclusive, que, por ser o contrato de compromisso de compra e venda com função de garantia, a propriedade do bem imóvel ainda estava no patrimônio do compromitente-vendedor. De modo que este ainda poderia vender novamente o bem em questão. A impossibilidade econômica, realmente, limita as alternativas de solução jurídica eficiente. A concretização da garantia, por sua vez, faz parte da função social do negócio jurídico então entabulado.

Além disso, no caso, a resolução, em favor do credor, era a medida de rigor, que apenas não havia sido tomada pelos compromitentes-vendedores pelo interesse de não restituir as prestações pagas pelo compromissário-comprador. Havia, então, uma situação que beirava o abuso, pois, garantidos quanto à propriedade do bem imóvel objeto do contrato, a não restituição do que lhes havia sido pago implicava situação bastante vantajosa, diante da situação toda.

Por outro lado, a autorização da resolução pelo devedor não encontrava óbice à altura. Não havia que se falar em violação à força obrigatória dos contratos, pois a razão do descumprimento era uma impossibilidade. E, não obstante, haveria responsabilização do inadimplente, com condenação em perdas e danos, justamente por força do contrato descumprido e resolvido. Ou seja: mesmo inadimplido, o contrato permanecia como fonte de obrigações, agora secundárias, de indenização. O contrato não

---

137. José Osório de Azevedo Jr., *Compromisso de Compra e Venda*, cit., 6ª ed., pp. 224-228.

se tornou um nada jurídico. Ele foi descumprido, mas continua com força obrigatória.

Surge, ainda, em favor do devedor inadimplente um elemento determinante. É que a simples manutenção da situação como estava, com o fim dos pagamentos, a devolução da posse e a manutenção da propriedade para os compromitentes-vendedores, fazia o devedor perder a totalidade das prestações do preço que havia pago. Essa situação viola frontalmente o art. 53 do CDC, que prevê a nulidade da cláusula de decaimento. Não só isso: tal situação gera enriquecimento indevido para o compromitente, às custas do compromissário. A resolução, na medida em que faz voltar ao *status quo ante*, impondo a restituição do que foi pago, é a medida judicial cabível, portanto, para reaver esse crédito do compromissário, com a vantagem de dar o contrato por extinto (segurança) e possibilitar reparação de danos, agora em favor dos compromitentes, compensando-se com a restituição de parcelas pagas. Há, portanto, nítida medida reequilibratória na ação de resolução tal qual exposta, atendendo ao fundamento e à finalidade desta figura.

Bastante elucidativa, aqui, a explicação de Cláudia Lima Marques:

> A cláusula de decaimento – e qualquer cláusula de perda das prestações pagas (ou limites da devolução) – é cláusula conexa à prestação principal, pois limita o dever de responder (*Haftung*) do fornecedor, limita, assim, na figura de Larenz, a "sombra" da obrigação principal (*Schuld*), e neste sentido deve ser analisada neste item. Efetivamente, no Brasil, devido à insuficiência de poupança privada e às dificuldades do crédito ao consumidor, submete-se o interessado em adquirir um bem imóvel ou um bem móvel de elevado valor a contratos elaborados unilateralmente pelo fornecedor, prevendo na maioria das vezes a alienação fiduciária do bem adquirido, a reserva de seu domínio, a sua hipoteca e uma série de outras cláusulas assecuratórias da posição do credor. Tais contratos, em verdade promessas, costumam concentrar os riscos naturais do negócio para a parte contratante mais fraca, o aderente. O desequilíbrio contratual daí resultante e a insegura realidade econômica do País, muitas vezes, tornam insustentável a manutenção do vínculo negocial. A consequência é, então, a frustração das expectativas do comprador-poupador, geralmente um consumidor, e a proteção *prima facie* daquele que elaborou o contrato, o fornecedor, e assegurou para si uma posição contratual vantajosa, a qual poderíamos denominar de posição dominante (*Matchposition*) do fornecedor de tais produtos no mercado.[138]

---

138. Cláudia Lima Marques, *Comentários ao Código de Defesa do Consumidor*, 3ª ed., São Paulo, Ed. RT, 2010, p. 1.075.

É nesse contexto que surge o art. 53, *caput*, do CDC, proclamando ser nula a cláusula abusiva que dá ao fornecedor o direito de, mesmo desfeito o negócio, reter as quantias pagas pelo consumidor.

A razão de tal dispositivo está em que a cláusula de decaimento atenta contra o direito de propriedade, a comutatividade dos contratos e contra a noção causal do Direito Brasileiro, que combate o enriquecimento sem causa.[139]

Ora, desta feita, é preciso atentar para o fato de que esse dispositivo, para além de cominar sanção de nulidade, está reconhecendo a existência de um direito de crédito do consumidor que paga dada quantidade de parcelas, cai em inadimplemento do contrato e tem o negócio desfeito, frente àquele que as recebeu.

Assim consta do citado *leading case* desta hipótese de inadimplemento antecipado: "No tocante ao valor retido, o art. 53, *caput*, do CDC veda a retenção de todas as parcelas pagas e, portanto, o devedor, mesmo inadimplente, era também credor da quantia já paga".[140]

Apenas observe-se que este direito já era reconhecido antes do advento do Código de Defesa do Consumidor, como reconhece Cláudia Lima Marques.[141] Entretanto, é inegável o desenvolvimento trazido por um dispositivo expresso que, por reconhecer algo ínsito ao direito civil – a vedação do enriquecimento sem causa –, serviu, ainda, de fundamento legal para invocação de um direito de resolução que, em última hipótese, existe para assegurar o direito maior, que é o de crédito.

Como lembra Ruy Rosado de Aguiar Jr., a imputabilidade não é requisito da resolução. Ela pode, como uma figura mecânica, restauradora do equilíbrio, operar ainda quando não haja culpa das partes. Também o devedor pode ser titular do direito de resolver, não somente o credor. A amplitude da figura resolutória, portanto, não cria entraves conceituais à admissão desse caso especial de resolução pelo devedor inadimplente, culpado e responsabilizado.[142]

---

139. Idem, p. 1.067.

140. TJSP, 4ª Câmara de Direito Privado, Ap 38.024.4/7, rel. Des. José Osório, j. 18.6.1998; José Osório de Azevedo Jr., *Compromisso de Compra e Venda*, cit., 6ª ed., pp. 224-230, ns. 144 e 145.

141. Cláudia Lima Marques, *Comentários ao Código de Defesa do Consumidor*, cit., 3ª ed., p. 1.077.

142. Ruy Rosado de Aguiar Jr., *Comentários ao Novo Código Civil: da Extinção do Contrato*, cit., vol. VI, t. II, pp. 469, 537-539 e 613-615.

É acertada ainda, a visualização do problema como de impossibilidade superveniente, como faz Francisco Eduardo Loureiro.[143] Interessa, sobretudo, apontar que essa não é uma impossibilidade plenamente liberatória. É liberatória do vínculo contratual só porque este perdeu sua função social. Mas não libera o devedor de se responsabilizar pelos prejuízos a que deu causa, pois a quebra contratual é a ele imputada.

Veja-se que essa solução parece muito satisfatória para resolução de casos muito difíceis, de certo apelo humanitário, mas que não encontravam solução satisfatória no Direito Brasileiro ou no estrangeiro.

É comum no trato do problema da alteração das circunstâncias, da onerosidade excessiva, ou da impossibilidade superveniente mencionar teorias como a da impossibilidade econômica, da exceção de ruína, da inexigibilidade.[144]

Antônio Junqueira de Azevedo chegou a mencionar, em estudo sobre a revisão contratual, o problema da onerosidade excessiva subjetiva como aquela em que não há propriamente desequilíbrio contratual objetivo, mas extrema onerosidade para uma das partes contratantes, advinda de circunstâncias particulares. Um dos modos de resolver o problema seria verificar a ocorrência de um contrato existencial, no qual há uma parte não empresária, que não tem intento de lucro, mas que visa a um bem necessário à sua subsistência, como a aquisição da casa própria. Nesses contratos poderia haver intervenção mais direta do juiz, em nome da função social, para reequilibrar a situação, em termos de equidade. É claro que tal pensamento encontra vozes divergentes, principalmente no tocante à segurança das relações de mercado.[145]

Para superar este conflito de visões jurídicas, Antônio Junqueira de Azevedo propõe esta nova dicotomia contratual entre contratos existenciais e empresariais. Deste modo, o contrato empresarial é aquele firmado entre empresários, pessoas físicas ou jurídicas, ou, ainda, entre um empresário e um não empresário, desde que este o faça com intento de lucro. Há, assim, um critério subjetivo (empresário ou não empresário),

---

143. Francisco Eduardo Loureiro, "Responsabilidade civil no compromisso de compra e venda", cit., in Regina Beatriz Tavares da Silva (coord.), *Responsabilidade Civil e sua Repercussão nos Tribunais*, 2ª ed., p. 213.

144. António Menezes Cordeiro, *Da Boa-Fé no Direito Civil*, 4ª reimpr., Coimbra, Livraria Almedina, 2011, pp. 1.007-1.021.

145. Antônio Junqueira de Azevedo, "Relatório brasileiro sobre revisão contratual apresentado para as Jornadas Brasileiras da Associação Henri Capitant", in *Novos Estudos e Pareceres de Direito Privado*, São Paulo, Saraiva, 2009, pp. 185-186.

em primeiro lugar, e um critério subjetivo-objetivo (intento de lucro), em segundo lugar. Em contrapartida, o contrato existencial é aquele firmado entre pessoas "comuns", não empresárias, ou entre um contratante empresário e uma pessoa que não tenha intento de lucro. Exemplos de contratos empresariais seriam os de distribuição, franquia, consórcio interempresarial. Já, como existenciais estariam os contratos de consumo, de trabalho, de aquisição da casa própria ou de obtenção de moradia, como a locação residencial. A par das categorias contratuais existentes, esta nova classificação indicaria para os contratos existenciais um regime jurídico no qual a intervenção judicial poderia ser mais forte do que no dos contratos empresariais.[146]

Pudemos constatar também como a onerosidade excessiva, tal como consagrada no Direito Brasileiro, limita-se ao desequilíbrio objetivo do contrato, sem envolver as situações particulares das partes contratantes, de modo que tanto doutrina quanto jurisprudência não tutelavam o contratante advindo em má situação econômica. Também não se vislumbrou a aplicação de teorias como a do limite do sacrifício ou da ruína econômica do devedor.[147]

É por isso que essa figura da resolução do contrato pelo devedor por conta de inadimplemento antecipado soa muito interessante. De certo modo, ela resolve esses problemas sem dar um pulo de um raciocínio principiológico para uma decisão concreta. Ela não apela para um juízo puramente de equidade, com razões dissociadas do direito comum. Na verdade, são utilizadas figuras básicas do direito obrigacional: impossibilidade relativa, culpa, responsabilidade, função social, resolução, restituição. A figura do inadimplemento antecipado é capaz de agrupar todas elas num sentido lógico, permitindo uma dogmática segura sobre casos tão sensíveis do ponto de vista social.

Não é demais observar o papel da jurisprudência criativa na construção desse modelo teórico sólido, com o juiz exercendo papel determinante na solução do caso concreto.

É preciso reiterar, ainda, que não se está diante de simples direito de arrependimento, a ser facultado a todo devedor insatisfeito com um mau negócio, pouco cioso dos seus compromissos.

146. Idem, ibidem. Tal posicionamento também consta da atualização procedida por Antônio Junqueira de Azevedo e Francisco Paulo De Crescenzo Marino da obra de Orlando Gomes, *Contratos*, cit., 26ª ed., pp. 100-101.

147. Luiz Philipe Tavares de Azevedo Cardoso, *A Onerosidade Excessiva no Direito Civil Brasileiro*, cit., pp. 20-23 e 114-115.

V – EFEITOS DO INADIMPLEMENTO ANTECIPADO DO CONTRATO

O arrependimento é questão de direito extremamente restrito. O Código de Defesa do Consumidor o permite nas hipóteses de contratação fora do estabelecimento comercial, pelo período de sete dias da conclusão do negócio (art. 49). Não se encontra mais no Código Civil disposição semelhante ao art. 1.088 do CC de 1916, que facultava o direito de arrependimento quando o ato necessitasse de forma pública.[148]

O Código Civil atual permite o arrependimento desde que pago pelo preço das arras penitenciais (art. 420). Assim, o direito potestativo de desistir do contrato não é exercido gratuitamente, mas pela perda das arras. Além de o direito não se presumir, mas resultar da vontade das partes, ele deve ser exercido dentro de marco temporal, consistente no início de cumprimento do contrato. Assim, o direito de arrependimento é comportamento contrário a qualquer medida executiva. No compromisso de compra e venda, inclusive, o direito de arrependimento foi banido justamente por viabilizar injustiças contra compromissários pelos loteadores interessados na valorização imobiliária, que, após pago o preço, se arrependiam do contrato, para vender o imóvel por valor muito maior. Assim, o direito de arrependimento é proibido pelo art. 25 da Lei 6.766/1979, bem como encontra óbice na Súmula 166 do STF, que o inadmite quando o preço está integralmente pago.[149]

No dizer de José Osório de Azevedo Jr., "é preciso que haja motivação ética e econômica suficiente para justificar o comportamento do compromissário, como, por exemplo, desemprego, graves dificuldades financeiras, morte ou doença na família etc., compelindo-o a dar por findo o contrato, diante da inércia do promitente-vendedor que se recusa a resolver amigavelmente a questão, deixando o compromissário na contingência de arcar com perdas e danos exageradas. (...)".[150]

Assim, o requisito da impossibilidade relativa de pagar é fundamental. Bem como é sempre pressuposto ao devedor ser imputada essa responsabilidade. A conduta do devedor, por sua vez, é mais no sentido de ser bom pagador e encontrar dificuldade no decorrer da execução, o que revela sua boa-fé, do que aquele que mal paga, usufrui do bem e nada teria a receber se o contrato fosse resolvido. Este utilizaria este

---

148. José Osório de Azevedo Júnior, *Compromisso do Compra e Venda*, cit., 6ª ed., pp. 228-229.

149. Francisco Eduardo Loureiro, "Arras", in Renan Lotufo e Giovanne Etore Nanni (coords.), *Obrigações*, São Paulo, Atlas, 2011, pp. 774-778.

150. José Osório de Azevedo Jr., *Compromisso do Compra e Venda*, cit., 6ª ed., p. 229.

remédio para consagrar o inadimplemento. Aquele usa o remédio para se compensar justamente de um investimento considerável frustrado por circunstâncias desfavoráveis.

Não há, portanto, arrependimento. E a segurança jurídica, prezada pelo mercado, advém do trato técnico da figura do inadimplemento antecipado, como exposto. Não seria demais afirmar que há, nesses casos, sem alarde, devida concretização de princípios como dignidade da pessoa humana, solidariedade, função social e boa-fé.

Com relação ao modo como opera tal resolução, dado seu caráter especialíssimo, ela só pode ser operada pela via judicial. Caso o compromitente-vendedor tenha interesse em promover a resolução por este tipo de inadimplemento antecipado, a resolução deve também ser judicial, pelos motivos já expostos. Como em princípio não há mora, não se perquire sobre a necessidade de interpelação. Até mesmo porque, nesses casos, há declaração prévia de inadimplir pelo compromissário-comprador, o que supre qualquer necessidade de notificação para acertamento de situação jurídica. Esses fatos, enfim, devem ser levados a juízo, para que se dê o devido equilíbrio às restituições contratuais.

Não é demais lembrar que a menção à resolução judicial pressupõe a falta de acordo entre as partes sobre a extinção do contrato e as devidas compensações. Se por via extrajudicial se chegar a um consenso sobre o fim da relação contratual, tal distrato é plenamente satisfatório.

Uma observação faz-se necessária. Há entendimento consolidado no TJSP no sentido de que o compromissário, mesmo inadimplente, pode pedir a resolução do contrato e a restituição das parcelas pagas.[151] Entendemos ser esta hipótese especial de resolução, mas que não consiste em inadimplemento antecipado do contrato, tal como ora estudado. O inadimplemento antecipado do contrato por declaração de impossibilidade relativa de adimplir tem lugar – repita-se – quando o compromissário ainda não inadimpliu a prestação principal. Esta situação jurídica estaria, por assim dizer, mais em sintonia com um padrão exigível de boa-fé.

Em síntese, as razões de admissibilidade desta espécie de resolução pelo devedor no inadimplemento antecipado do contrato são as seguintes: (i) não há prévia situação de mora, mas declaração de impossibilidade de

---

151. Tal orientação está consagrada na Súmula 1 da Seção de Direito Privado do TJSP: "O compromissário-comprador de imóvel, mesmo inadimplente, pode pedir a resolução do contrato e reaver as quantias pagas, admitida a compensação com gastos próprios de administração e propaganda feitos pelo compromissário-vendedor, assim como o valor que se arbitrar pelo tempo de ocupação do bem".

continuar adimplindo; (ii) existe, efetivamente, impossibilidade relativa, de modo a afastar, também, outra solução jurídica; (iii) existem parcelas pagas que devem ser restituídas, de forma que há crédito a ser tutelado; (iv) a concretização da garantia para o credor é uma decorrência natural da função social deste tipo de negócio jurídico, o compromisso de compra e venda; (v) há responsabilidade do devedor, que arcará com perdas e danos; (vi) ele também deve restituir o equivalente pelo uso do bem; (vii) a resolução no Direito Brasileiro possui fundamento legal e não está adstrita a um direito do credor lesado pelo inadimplemento; (viii) não pode haver intuito de fraude, de aproveitamento, mas conduta de acordo com a boa-fé objetiva.

Sobre tal problemática, uma pergunta merece também atenção: tal possibilidade de resolução pelo devedor poderia ser alçada a uma figura de teoria geral dos contratos?[152]

Vistos os requisitos acima apontados, que têm a serventia de demonstrar que não há violação a nenhum princípio fundamental do direito obrigacional, bem como utilizando-se da dicotomia entre contratos existenciais e empresariais, relembrando-se toda a análise já procedida a respeito do inadimplemento antecipado do contrato, poderíamos responder afirmativamente à questão. Ou seja: a possibilidade de resolução pelo devedor por inadimplemento antecipado do contrato faz parte da teoria geral dos contratos no Direito Brasileiro, cuja aplicação, até o momento, é típica dos contratos existenciais.

2.5 É cabível a resolução por inadimplemento antecipado pelo devedor na alienação fiduciária em garantia?

É interessante observar outro grupo de casos, mais ou menos semelhantes, que foram levados à jurisprudência, envolvendo a devolução de quantias pagas, por inadimplemento superveniente. Ocorre que em tais casos o problema ocorreu em contratos de alienação fiduciária em garantia.

Trata-se de casos em que devedores, com base no art. 53 do CDC bem como no entendimento jurisprudencial firmado a respeito do inadimplemento antecipado em compromisso de compra e venda, pleitearam a devolução de parcelas pagas por força de contrato de compra e venda com financiamento do preço mediante alienação fiduciária em garantia.

152. Tal pergunta foi formulada pelo professor Cristiano de Souza Zanetti durante a arguição da tese.

Os pedidos judiciais, entretanto, foram negados, em razão de o contrato de alienação fiduciária ser incompatível com cláusula de decaimento, devido à estrutura contratual e à forma pela qual é feito o reequilíbrio da relação obrigacional.[153]

Ocorre que, pela estrutura do contrato de alienação fiduciária em garantia, a relação contratual não é apenas de troca entre vendedor e comprador, como no caso do compromisso de compra e venda. Na verdade, existe uma venda e compra, mas ela é coligada a um contrato de mútuo garantido pela alienação fiduciária. Assim, o financiador, que pode ser uma construtora, incorporadora ou um terceiro, como um banco, empresta o dinheiro ao adquirente que realiza a compra. Contudo, o bem adquirido é alienado fiduciariamente ao financiador, que fica com a propriedade resolúvel do bem. As prestações vão sendo pagas pelo mutuário, de forma a quitar o débito existente. Quitado o débito, a propriedade é resolvida, e o bem passa à propriedade plena do adquirente. Se o mutuário se torna inadimplente, não há resolução com restituição de prestações pagas. Nos termos dos arts. 26 e 27 da Lei 9.514/1997, a propriedade fiduciária em garantia consolida-se no patrimônio do credor, que faz a venda extrajudicial do bem, com vistas a se ressarcir da quantia emprestada e inadimplida. Se o imóvel for vendido a preço superior ao da dívida, esta diferença deve ser entregue ao adquirente. Com isso, o mecanismo fecha o ciclo do reequilíbrio obrigacional. Não mediante a restituição das prestações pagas, mas com a excussão do imóvel objeto da garantia.

Não há, portanto, resolução de contrato com prestações correspectivas, de modo que não há, também, restituição das prestações pagas, uma contra a outra. Por isso, não há que se falar em cláusula de decaimento, nos termos do art. 53 do CDC, ou em perda das prestações pagas.

Há apenas um empréstimo garantido pelo bem imóvel. A garantia é a alienação fiduciária. As prestações pagas pelo mutuário são simples devoluções parciais daquilo que foi emprestado. A alienação fiduciária facilita a consolidação da propriedade no patrimônio do credor e sua excussão, para saldar a dívida.

Tudo se passa entre o valor do imóvel e o valor da dívida. Geralmente não se financia valor total do imóvel. Mas se, por hipótese, forem

---

153. TJSP, 4ª Câmara de Direito Privado, Ap 0382643-79.2008.8.26.0577, rel. Des. Francisco Loureiro, j. 21.7.2011; TJSP, 4ª Câmara de Direito Privado, EI 0380650-98.2008.8.26.0577/50000, rel. Des. Milton Carvalho, j. 27.9.2012; TJSP, 32ª Câmara de Direito Privado, Ap 0018548-40.2010.8.26.0320, rel. Des. Hamid Bdine, j. 27.9.2012; STJ, 4ª Turma, REsp 250.072-RJ, rel. Min. Ruy Rosado de Aguiar, j. 1.6.2000.

financiados 90% de seu valor e o adquirente não cumprir o contrato, faz-se a venda extrajudicial do bem. Em condições ideais o bem seria vendido pelo preço de mercado, de modo que com o financiador ficariam os 90% referentes ao valor financiado mais a quantia relativa a encargos contratuais do inadimplemento. O adquirente receberia os 10% que pagou pelo imóvel, com abatimento de tais encargos.

Por isso, não há que se falar em restituição das prestações pagas ou em cláusula de decaimento. O que o adquirente recebe, na qualidade de mutuário inadimplente, é a eventual diferença entre o valor da dívida e o valor pelo qual o bem foi vendido extrajudicialmente.

Há, portanto, na estrutura contratual uma diferença fundamental com relação ao compromisso de compra e venda. Por isso, as soluções jurisprudenciais deste não se aplicam à alienação fiduciária.

Nesse sentido, a se cogitar de eventual inadimplemento antecipado por impossibilidade relativa em alienação fiduciária, não há declaração de inadimplir possível, não há pedido de resolução possível ou restituição do que foi pago.

A solução para um problema econômico superveniente do adquirente deve se pautar por mecanismos de mercado: é preferível que o adquirente, antes de cair em mora, coloque o bem à venda, para que possa, sem incidir no mecanismo de leilões extrajudiciais nem ter de arcar com encargos contratuais, quitar a dívida e ficar com a diferença para si.[154]

Não se pode deixar de perceber, todavia, que, do ângulo do adquirente, daquele que pretende adquirir um imóvel mas não possui meios para tanto, e por isso precisa de crédito, tanto a alienação fiduciária como o compromisso de compra e venda possuem a mesma função: viabilizam a aquisição da propriedade imóvel a crédito, com o bem servindo de garantia de pagamento do preço.

É de se pensar, portanto, nessa mudança de estrutura contratual: do compromisso de compra e venda à alienação fiduciária. De um contrato de estrutura de troca a um contrato com estrutura complexa. De um contrato que permite forte intervenção judicial a um contrato em que sua inexecução é solucionada extrajudicialmente. De um contrato em que seu

154. Sílvio Luís Ferreira da Rocha defende, no âmbito do SFH, a suspensão da exigibilidade das prestações do mutuário que cai em desemprego e se vê impossibilitado de honrar os pagamentos ("Crédito habitacional como instrumento de acesso à moradia", *Revista de Direito do Consumidor* 36/176-184, São Paulo, Ed. RT, outubro-dezembro/2000).

reequilíbrio é construído por restituições correspectivas a um contrato em que seu reequilíbrio é dado pela excussão extrajudicial.

Uma crítica substancial ao mecanismo de excussão do contrato de alienação fiduciária em garantia é feita por Manoel Justino Bezerra Filho. Para o autor, a possibilidade de o comprador não ser minimamente compensado pelo investimento feito no contrato é uma injustiça grave, que fere o bom-senso e traz prejuízos sociais em uma área sensível como é a da moradia. Além disso, o sistema da alienação fiduciária é preponderantemente extrajudicial, deixando o Judiciário alheio a esse tipo de conflito.[155]

Em todo esse contexto há um ponto que realmente merece reflexão, a respeito do inadimplemento antecipado por impossibilidade superveniente do compromissário-comprador e sua relação com a alienação fiduciária em garantia. É que, como se viu, a construção de tal solução foi essencialmente jurisprudencial.

Com efeito, sobre o compromisso de compra e venda há vasta experiência jurisprudencial, de modo que a atuação dos juízes em prol de uma justiça comutativa, afastando cláusulas abusivas, freando demandas iníquas, ainda que com embasamento legal, e criando soluções inovadoras é até comum.[156]

155. Manoel Justino Bezerra Filho, "A execução extrajudicial do contrato de alienação fiduciária de bem imóvel – Exame crítico da Lei 9.514, de 20.11.1997", *RT* 819/65-76, Ano 93, São Paulo, Ed. RT, janeiro/2004. O autor aponta a necessidade de viabilizar o crédito imobiliário para resolver o déficit habitacional brasileiro. Informa que o atual sistema de financiamento imobiliário, mediante a alienação fiduciária em garantia, é uma tentativa de aumentar o crédito imobiliário. Para isso, os mecanismos de garantia devem ser eficientes, a fim de dar segurança ao mercado de valores mobiliários, de onde viria o crédito. Ocorre que, para o autor, a opção legislativa acabou por tirar o risco da atividade empresarial especulativa e colocá-lo todo a cargo dos adquirentes, que podem perder suas poupanças e sua moradia, sem nada receber em troca. Afirma que o mecanismo de leilões extrajudiciais não garante minimamente o recebimento de uma justa compensação frente à situação ocorrida. Por fim, avalia também que há uma tendência de afastar do Judiciário problemas graves como esse, mas que a judicialização do conflito volta, por exemplo, por meio de possessórias. Tais opiniões são bastante ponderáveis. Atualmente pode-se adicionar a elas o fato de que o epicentro da crise econômica de 2008 foi o sistema de crédito imobiliário americano, de onde o Brasil copiou o sistema de securitização. Assim, se, de um lado, tal sistema viabiliza oferecimento maior de crédito, por outro, além de causar injustiças comutativas concretas, traz um risco social imenso, ao acentuar o potencial destrutivo da especulação financeira.

156. Lembre-se também da Súmula 308 do STJ: "A hipoteca firmada entre construtora e o agente financeiro, anterior ou posterior à celebração da promessa de compra e venda, não tem eficácia perante os adquirentes do imóvel". Segundo Cláudio Luiz

É de se notar, portanto, essa diferença: um modelo de forte intervenção judicial, ao lado de um modelo de quase nenhuma intervenção judicial; um modelo orientado pela busca de soluções equitativas, de aplicação de institutos em prol da justiça comutativa, ao lado de um modelo orientado para a eficiência de mercado. Se um deles pode trazer insegurança jurídica, o outro também guarda riscos sociais consideráveis.

Há muitos questionamentos que podem ser feitos diante dessa realidade: o incremento do crédito habitacional, a interferência do Judiciário nos contratos e na solução de conflitos de direito civil, a eficiência do mercado, a justiça nas relações entre particulares. Quanto ao próprio uso dos diferentes contratos, poder-se-ia dizer que, enquanto o compromisso pode muito bem servir para a aquisição de lotes ou para negociação entre particulares em pé de igualdade, a alienação fiduciária é garantia realmente mais eficiente para financiamento de unidades autônomas futuras.

Mas, de tudo isso, parece-me que há realmente dois modelos distintos: o do compromisso de compra e venda e o da alienação fiduciária. Este último revela realmente uma tendência a sair do âmbito do Judiciário. Entretanto, não se pode afirmar que a mudança seja total e definitiva. Ao contrário, ainda há espaço para que a experiência e a prática jurídicas demonstrem quais os mecanismos contratuais mais justos e úteis. Nesse sentido, a narrativa e o detalhamento desta experiência jurídica e social com o inadimplemento antecipado no compromisso de compra e venda são dignos de servir como exemplo de uma Justiça segura e, ao mesmo tempo, humana.

2.6 As restituições no inadimplemento antecipado do contrato

Voltando ao inadimplemento antecipado no compromisso de compra e venda, é preciso mencionar posicionamento jurisprudencial que limita a resolução pelo compromissário até o momento de entrega das chaves ou da imissão na posse do imóvel. A justificativa seria a natural desvalorização sofrida pelo imóvel a partir do uso, de seu desgaste, com prejuízo para a construtora ou incorporadora.[157]

Tem total pertinência a crítica de Francisco Eduardo Loureiro a tal solução: a justificativa para a resolução nesses casos não é o arrependi-

Bueno de Godoy, trata-se de mais um exemplo criativo de construção jurisprudencial, que concretiza a operacionalidade da função social do contrato (*Função Social do Contrato*, 3ª ed., São Paulo, Saraiva, 2009, pp. 181-184).

157. STJ, 2ª Seção, REsp 476.780-MG, rel. Min. Aldir Passarinho Jr., j. 11.6.2008.

mento, mas a impossibilidade superveniente de arcar com as prestações. Por isso, vedar a resolução é limitar a solução pela execução da prestação devida ou aguardar a resolução pelo credor. Ora, nenhuma das alternativas é satisfatória, visto que não há patrimônio para saldar a dívida bem como não há sentido em se aguardar resolução pelo credor de um contrato que já perdeu sua função social. O caso, contudo, revela um problema, que é a dosagem da quantidade a ser restituída, abatida de perdas e danos sofridos pelo vendedor, bem como pela cobrança de preço referente à utilização do imóvel, que não pode ficar gratuita. Nesse ponto, a solução é justamente a de bem avaliar, com precisão, as verbas restituitórias, mas não vedar o exercício do direito à resolução. Pode até ocorrer que haja muito pouco a ser efetivamente restituído ao comprador depois de deduzidas as verbas devidas ao vendedor. Nem por isso a resolução deixará de ter valia, ante seu efeito liberatório.[158]

É preciso, portanto, especificar o que deve ser restituído.

Basicamente, numa relação de compromisso de compra e venda, quando resolvida, o compromissário deve restituir o imóvel, e o compromitente deve restituir as parcelas do preço pagas.

No inadimplemento antecipado pode ser que o compromissário não tenha recebido nenhuma prestação por parte do compromitente: não houve construção da unidade autônoma, ou, pela ausência de regularização do loteamento, sequer houve transmissão da posse do lote. Foi assim que ocorreu nos casos de descumprimento de obrigação acessória pelo compromitente-vendedor: a única prestação a ser devolvida era a dos compromissários-compradores.[159]

158. Francisco Eduardo Loureiro, "Responsabilidade civil no compromisso de compra e venda", cit., in Regina Beatriz Tavares da Silva (coord.), *Responsabilidade Civil e sua Repercussão nos Tribunais*, 2ª ed., pp. 213-214.
159. TJSP, 4ª Câmara de Direito Privado, Ap 263.614.4/6-00, rel. Des. Francisco Loureiro, j. 28.9.2006; TJSP, 4ª Câmara de Direito Privado, Ap 534.004.4/2-00, rel. Des. Francisco Loureiro, j. 10.7.2008; TJSP, 6ª Câmara de Direito Privado, Ap 76.826-4/5, rel. Des. Reis Kuntz, j. 20.5.1999; TJSP, 2ª Câmara de Direito Privado, Ap 234.491-4/6-00, rel. Des. Ariovaldo Santini Teodoro, j. 1.8.2006; TJSP, 3ª Câmara de Direito Privado, Ap 411.649-4/8-00, rel. Des. Beretta da Silveira, j. 5.9.2006; TJSP, 8ª Câmara de Direito Privado, Ap 222.548-4/4-00, rel. Des. Ribeiro da Silva, j. 1.6.2006; TJSP, 9ª Câmara de Direito Privado, Ap 994.03.110649-1, rel. Des. Piva Rodrigues, j. 9.3.2010; TJSP, 3ª Câmara de Direito Privado, Ap 9187302-49.2005.8.26.0000, j. 30.8.2011; TJSP, 1ª Câmara de Direito Privado, ACi, rel. Des. Cláudio Godoy, j. 20.9.2011; TJRJ, 8ª Câmara Cível, Ap 2005.001.19441, rel. Des. Luiz Felipe Francisco, j. 13.9.2005; TJRS, 3ª Turma Recursal Cível, Ap 71002537397, rel. Des. Jerson Moacir Gubert, j. 29.4.2010; STJ, 4ª Turma, REsp 309.626, rel. Min. Ruy Rosado de Aguiar, j. 7.6.2001.

V – EFEITOS DO INADIMPLEMENTO ANTECIPADO DO CONTRATO

A restituição do pagamento do preço deve ser, assim, integral. Significa isso que todas as parcelas devem ser restituídas, com atualização monetária, corrigidas a partir do desembolso.[160]

Os julgados também determinaram incidência de juros moratórios a partir da citação. Não houve determinação de pagamento de juros compensatórios. Nesse sentido, os julgados destoam de posicionamento exarado por Ruy Rosado de Aguiar Jr. no sentido de que devem ser restituídos os frutos, independentemente de boa-fé, compreendidos aqui os juros,[161] pois é certo que juros moratórios não se confundem com frutos do capital. Segundo o autor, eventuais aluguéis recebidos pelo compromissário devem também ser restituídos a título de frutos.

É de se notar, contudo, que mesmo em casos de resolução de compromisso de compra e venda fora da hipótese de inadimplemento antecipado a restituição do preço pago é sempre acrescida de correção monetária desde o desembolso de cada parcela e juros moratórios desde a citação.[162]

No caso de inadimplemento antecipado por ausência de cumprimento de dever preparatório ou instrumental, como a imputabilidade ficou totalmente a cargo do compromitente-vendedor, não houve qualquer retenção de parcela a título de indenização ou cobertura de despesas.

A indenização devida ao compromissário lesado será verificada no item a seguir.

Já, com relação aos casos de inadimplemento antecipado com resolução pelo compromissário-comprador a questão da restituição possui maiores detalhes.[163] Aqui, houve entrega do imóvel e uso pelo compromissário-comprador, assim como a imputação do inadimplemento antecipado está a cargo dele.

160. TJSP, 4ª Câmara de Direito Privado, Ap 534.004.4/2-00, rel. Des. Francisco Loureiro, j. 10.7.2008. Em sede de doutrina: Araken de Assis, *Resolução do Contrato por Inadimplemento*, cit., 4ª ed., pp. 170-173.

161. Ruy Rosado de Aguiar Jr., *Comentários ao Novo Código Civil: da Extinção do Contrato*, cit., vol. VI, t. II, p. 693.

162. TJSP, 6ª Câmara de Direito Privado, Ap 0001636-96.2011.8.26.0654, rel. Des. Francisco Loureiro, j. 7.11.2013.

163. TJSP, 4ª Câmara de Direito Privado, Ap 38.024-4/7, rel. Des. José Osório, j. 18.6.1998; TJSP, 4ª Câmara de Direito Privado, Ap 214.338-4/2-00, rel. Des. Jacobina Rabello, j. 26.10.2006; TJSP, 7ª Câmara de Direito Privado, Ap 526.138-4/0-00, rel. Des. Natan Zelinschi de Arruda, j. 1.4.2009; TJSP, 4ª Câmara de Direito Privado, Ap 55.120-4/0, rel. Des. Cunha Cintra.

Geralmente o abatimento de verbas devidas pelo compromissário-comprador dá-se com a retenção de parte das parcelas pagas, ou até mesmo pela utilização da cláusula de decaimento, com exclusão de outras verbas, sem maiores especificidades.[164] Contudo, é possível sua melhor identificação.

O que é importante notar é a existência de uma verba devida em virtude do uso do imóvel. A rigor, existe aí restituição de uma prestação de ceder o uso da coisa, que, como não pode ser devolvida *in natura*, deve ser concretizada pelo equivalente.[165] Se não houver restituição desta prestação, haverá enriquecimento do compromissário, que usará gratuitamente de um imóvel, às custas do compromitente.

Esse valor tem variado na jurisprudência. Para Ruy Rosado de Aguiar Jr. não pode ele equivaler ao valor de aluguel, pois não se trata de locação, mas de uso do imóvel como seu por quem o recebera em razão do compromisso.[166] Em julgado do TJSP estipulou-se verba no valor de 0,5% ao mês do valor do contrato, devidamente atualizado, durante todo o período de ocupação.[167] Utilizado, assim, parâmetro do aluguel, mas com referência ao valor do compromisso, encontra-se solução equitativa, que satisfaz a especificidade da verba remuneratória.

As acessões e benfeitorias devem também ser indenizadas.[168]

Quanto aos juros incidentes na restituição do preço pelo compromissário que declara o inadimplemento antecipado, surge divergência sobre seu termo inicial, se da data do trânsito em julgado da decisão que decreta a resolução[169] ou se da data da citação. A corrente que fixa o termo inicial de contagem a partir do trânsito em julgado padece do mesmo vício

164. José Osório de Azevedo Jr., *Compromisso do Compra e Venda*, cit., 6ª ed., pp. 230-231.

165. Araken de Assis, *Resolução do Contrato por Inadimplemento*, cit., 4ª ed., p. 173.

166. Ruy Rosado de Aguiar Jr., *Comentários ao Novo Código Civil: da Extinção do Contrato*, cit., vol. VI, t. II, p. 693.

167. TJSP, 4ª Câmara de Direito Privado, Ap 9188629-92.2006.8.26.0000, rel. Des. Francisco Loureiro, j. 25.8.2011.

168. Ruy Rosado de Aguiar Jr., *Comentários ao Novo Código Civil: da Extinção do Contrato*, cit., vol. VI, t. II, p. 695; Francisco Eduardo Loureiro, "Responsabilidade civil no compromisso de compra e venda", cit., in Regina Beatriz Tavares da Silva (coord.), *Responsabilidade Civil e sua Repercussão nos Tribunais*, 2ª ed., p. 218; TJSP, 1ª Câmara de Direito Privado, ED 0010755-83.2005.8.26.0007/50000, rel. Des. Cláudio Godoy, j. 8.10.2013.

169. STJ, 2ª Seção, REsp 1.008.610-RJ, rel. Min. Aldir Passarinho Jr., j. 26.3.2008.

já apontado de se considerar o inadimplemento antecipado como mera desistência, como se direito não fosse. Ora, a partir da citação já tem o compromitente ciência da pretensão legítima de restituição de parte das parcelas pagas, de modo que não há por que afastar a regra geral do art. 405 do CC.[170]

Juros moratórios também incidem sobre o valor a ser retido referente à taxa de ocupação. Ocorre que, aqui, a ação é proposta pelo adquirente, que é a parte devedora desta soma de juros. Por isso, é de se questionar se o termo inicial de sua contagem seria também a data da citação, ou se poderia ser estipulado outro marco inicial, como o trânsito em julgado da sentença que os fixa. Parece que esta última hipótese seria mais adequada.

Com efeito, no caso ora em exame, o autor da ação de resolução é o próprio adquirente, que se verá obrigado, em virtude do efeito restituitório da resolução, a pagar a taxa de ocupação, acrescida de juros moratórios. Seria estranho fixar o termo inicial desses juros, devidos pelo autor, na citação do réu. É de se observar que não há, nem seria preciso que houvesse, pretensão do réu ao recebimento de tal verba e de seus acréscimos, pois a eficácia restituitória independe de pedido expresso.[171] Dado que tal verba deve ser fixada em sentença, possui fonte na eficácia desconstitutiva da resolução, independe de pedido expresso e, nesse caso, é devida pelo próprio autor da demanda, melhor não criar novo requisito de procedibilidade, como um depósito preliminar de tal verba, mas adotar solução também já cunhada na jurisprudência, consistente na delimitação do termo inicial dos juros moratórios sobre a taxa de ocupação no trânsito em julgado da sentença.

Foi o que se fez em julgado que deu pela resolução de compromisso por inadimplemento imputável aos promitentes-vendedores, no qual se fixou taxa de ocupação a ser restituída pelos compromissários-compradores, com termo inicial no trânsito em julgado. Entendeu-se que a partir daí seria possível falar em mora quanto a tal obrigação, utilizando como base a hipótese inversa, acima citada, a respeito do entendimento do STJ sobre o termo inicial da contagem dos juros moratórios incidentes sobre a restituição das parcelas pagas.[172]

---

170. Francisco Eduardo Loureiro, "Responsabilidade civil no compromisso de compra e venda", cit., in Regina Beatriz Tavares da Silva (coord.), *Responsabilidade Civil e sua Repercussão nos Tribunais*, 2ª ed., p. 217.

171. Araken de Assis, *Resolução do Contrato por Inadimplemento*, cit., 4ª ed., p. 171.

172. TJSP, 1ª Câmara de Direito Privado, ED 0004651-73.2003.8.26.0292/50000, rel. Des. Cláudio Godoy, j. 17.12.2013.

Poder-se-ia objetar, ainda, a utilização de critérios distintos para hipóteses semelhantes: quanto às parcelas pagas os juros incidiriam desde a citação, mas quanto à taxa de ocupação, somente a partir do trânsito. Ora, tal diferença tem justificativa justamente no fato da posição que ocupam as partes no processo. Aquele que tem o ônus da ação possui o bônus da respectiva incidência dos juros moratórios.

Imagine-se, assim, caso de inadimplemento antecipado, por declaração de impossibilidade relativa de continuar pagando as prestações, em que a ação de resolução fosse proposta pelo alienante, e não pelo adquirente declarante. Nesse caso, o termo inicial dos juros de mora sobre a taxa de ocupação seria o da citação, pela ciência da pretensão, enquanto o termo inicial de juros moratórios sobre a restituição das prestações pagas seria o trânsito em julgado da decisão, quando, independentemente de pedido do réu, seria fixada a obrigação, e, então, se poderia falar em mora.

Feitas essas considerações, é possível sintetizar. Nos casos de inadimplemento antecipado em que o devedor é titular do direito de resolver, as restituições se fazem da seguinte forma: o compromitente restitui as prestações pagas atualizadas a partir do desembolso, a indenização fixada para as benfeitorias e acessões, tudo acrescido de juros de mora contados a partir da citação; o compromissário devolve a coisa e restitui quantia referente ao uso do imóvel pelo tempo de ocupação, fixada equitativamente, com juros moratórios a partir do trânsito em julgado.

Tais verbas são as que possuem natureza restituitória, essencialmente ligadas ao que foi efetivamente prestado. É de se mencionar, nesse contexto, julgado do STJ, em recurso especial representativo de controvérsia, no qual se ratificou o entendimento de que em compromissos de compra e venda submetidos ao Código de Defesa do Consumidor é abusiva a cláusula que determina a restituição dos valores devidos somente ao término da obra ou de forma parcelada na hipótese de resolução do contrato por culpa de qualquer dos contratantes. Em síntese de todo válida para este trabalho, pontuou-se, ainda, que a restituição deve ser imediata ao compromissário-comprador, integral se por culpa exclusiva do compromitente, ou parcial, caso tenha sido o comprador quem deu causa ao desfazimento.[173]

Finaliza-se, assim, a questão das restituições. Há, contudo, ainda mais uma categoria de verbas a serem indenizadas, referentes ao prejuízo que as partes tiveram com o inadimplemento imputável do contrato. Tais

---

173. STJ, 2ª Seção, REsp 1.300.418-SC, rel. Min. Luís Felipe Salomão, j. 13.11.2013, *DJe* 10.12.2013.

são, por exemplo, as despesas administrativas, fiscais, com intermediação de venda e publicidade feitas pelo compromitente-vendedor, quando culpado o compromissário-comprador. A cargo do compromissário--comprador, por sua vez, pode haver também prejuízos além da restituição integral do que foi pago. O tema toca a cláusula penal e a possibilidade de indenização por dano moral. É o que se passa a examinar.

3. Indenização

De acordo com a síntese de Araken de Assis, o art. 475 do CC concede, ao lado do direito de resolver, a pretensão de perdas e danos ao contratante lesado. O direito à indenização não é efeito direto e dependente da resolução. As perdas e danos estão ligadas, assim como à resolução, ao inadimplemento.[174] Entretanto, existe resolução sem que haja imputabilidade do inadimplemento. Já, as perdas e danos estão ligadas ao inadimplemento imputável.[175]

A indenização é, assim, uma sanção, baseada no ilícito, e, desse modo, representa um direito autônomo.[176] Com o exercício do remédio resolutório, observadas as restituições, a indenização vem a ocupar importante papel, ligado à responsabilidade contratual. Note-se, assim, essa diferença: as restituições provocadas pelo mecanismo resolutório são recomposições daquilo que foi prestado; a indenização por perdas e danos, com fundamento no ilícito imputável, está ligada aos prejuízos sofridos para além das restituições do que foi prestado.

No tocante ao inadimplemento antecipado, a alusão à indenização por perdas e danos como um dos seus efeitos ocorre, mas nem sempre.[177]

174. Araken de Assis, *Resolução do Contrato por Inadimplemento*, cit., 4ª ed., pp. 147-148.
175. Ruy Rosado de Aguiar Jr., *Comentários ao Novo Código Civil: da Extinção do Contrato*, cit., vol. VI, t. II, p. 701.
176. Araken de Assis, *Resolução do Contrato por Inadimplemento*, cit., 4ª ed., p. 149.
177. Guilherme Magalhães Martins, "Inadimplemento antecipado do contrato", cit., *Revista Trimestral de Direito Civil* 36/100; Anderson Schreiber, "A tríplice transformação do adimplemento: adimplemento substancial, inadimplemento antecipado e outras figuras", cit., *Revista Trimestral de Direito Civil* 32/25; Raphael Manhães Martins, "Inadimplemento antecipado: perspectivas para sua aplicação no Direito Brasileiro", cit., *RF* 391/18-183.
Interessante notar que Judith Martins-Costa acentua a resolução como efeito do inadimplemento antecipado ("A recepção do incumprimento antecipado do contrato no Direito Brasileiro: configuração e limites", cit., *RT* 885/30-48. Da mesma forma:

Aline de Miranda Valverde Terra aponta-o como efeito básico, sem maiores controvérsias, decorrente de qualquer inadimplemento, com aplicação do art. 389 do CC. Para quantificá-lo, ressalta a verificação do momento em que tenha ocorrido, a fim de possibilitar ao credor alternativas ao interesse descumprido, principalmente nos contratos com termo essencial. Tudo que o credor fizer para tentar se precaver do prejuízo deve ser indenizado, independentemente de sua eficácia. Em consequência, a atitude do credor a mitigar seu prejuízo é preferível à sua inércia frente à situação inevitável, agravando ainda mais os danos advindos.[178]

Raphael Manhães Martins, por sua vez, postula que ao credor não deve ser imposto ônus de aguardar até o termo estipulado para se ver ressarcido do inadimplemento sofrido. Aponta a necessidade da indenização para reposição dos gastos na relação perturbada, assim como garantia de não perder o que já investiu no contrato. Refere-se, por fim, à dificuldade de cálculo do prejuízo. Aliando-se a precedente do Direito dos Estados Unidos da América, defende que o dano seria calculado da seguinte forma: verifica-se o benefício que a parte prejudicada teria com o cumprimento da obrigação e se deduz, deste valor, os custos em que incorreria. Há, assim, posição de se conceder, a título de lucros cessantes, aquilo que a parte lesada lucraria com o contrato, se este tivesse sido adimplido. No caso de um imóvel, o dano seria o seu valor de mercado no termo de vencimento, deduzido o pagamento de seu preço. No caso de um escritório de um profissional, os danos poderiam representar o que teve de gastar para conseguir outra alternativa, somado ao que deixou de receber pela ausência da prestação.[179]

A questão quanto à quantificação da indenização é, realmente, complicada, e em breve será analisada. Com respeito ao dever de indenizar as perdas e danos, entendemos que ele decorre, no caso de inadimplemento antecipado do contrato, do fato da resolução contratual. Não se está a confundir o que é próprio da resolução com o que é próprio da responsabilidade civil. Ocorre que o inadimplemento antecipado, tal como o entendemos, provoca a perda da função social do contrato, e é esse o ponto chave que autoriza a resolução. A indenização faz parte de

---

Ruy Rosado de Aguiar Jr., *Comentários ao Novo Código Civil: da Extinção do Contrato*, cit., vol. VI, t. II, pp. 579-584; Araken de Assis, *Resolução do Contrato por Inadimplemento*, cit., 4ª ed., pp. 105-109.

178. Aline de Miranda Valverde Terra, *Inadimplemento Anterior ao Termo*, cit., pp. 238-248.

179. Raphael Manhães Martins, "Inadimplemento antecipado: perspectivas para sua aplicação no Direito Brasileiro", cit., *RF* 391/181-183.

um momento posterior, em que já se decidiu pela ocorrência do inadimplemento antecipado.

Não se duvida de que se possa ser indenizado por quebra de deveres acessórios e laterais, simplesmente, com base em tudo quanto foi exposto a respeito da relação obrigacional complexa. Todavia, esse tipo de indenização por descumprimento de dever, por si só, abrangeria outro trabalho, em que seus pressupostos, inclusive de exigibilidade, devem ser examinados. No plano do inadimplemento antecipado do contrato o que ocorre é a resolução, e, a partir dela, o dever de indenizar.

Lembre-se, também, que no caso exceção de contrato não cumprido viu-se que pode haver oposição de exceção por descumprimento de obrigação acessória. Daí não se conclui, todavia, que isso seja inadimplemento antecipado, tal como entendido neste trabalho. Como também essa hipótese não exclui a possibilidade de oposição de exceção em caso de inadimplemento antecipado.

Da mesma forma ocorre com a indenização por perdas e danos derivados de ilícito relativo. De forma alguma ela se esgota no inadimplemento antecipado. É categoria amplíssima, que pode envolver o descumprimento de obrigações acessórias e laterais. Já, o inadimplemento antecipado, em si, que autoriza a resolução, tal como disposto no art. 475, acaba por facultar também a indenização por perdas e danos derivada da responsabilidade contratual. É uma consequência lógica.

Resta averiguar, entretanto, nos casos jurisprudenciais, base deste trabalho, como foi tratada a questão da indenização. Nesse sentido, revela-se um detalhe importante na jurisprudência. Nos casos, a indenização por perdas e danos apareceu em uma minoria deles, e era mais um ponto satélite do que nuclear da demanda. Este, por sua vez, era relativo à resolução e à restituição das parcelas pagas. O trato da indenização foi sempre pontual, bastante limitado, e quase sempre apreciado como matéria de prova.

Com relação aos casos de inadimplemento antecipado do compromitente-vendedor, pode-se averiguar: (a) casos em que há pedidos de indenização por danos materiais ou morais, mas que foram rejeitados por ausência de prova, principalmente por não se presumirem nem os lucros cessantes, nem o dano moral;[180] (b) casos em que por circunstância

---

180. TJSP, 2ª Câmara de Direito Privado, Ap 317.624-4/9-00, rel. Des. Ariovaldo Santini Teodoro, j. 23.10.2007; TJSP, 2ª Câmara de Direito Privado, Ap 228.230-4/7-00, rel. Des. Ariovaldo Santini Teodoro, j. 18.7.2006; TJSP, 2ª Câmara de Direito Privado, Ap 170.517-4/0-00, rel. Des. Ariovaldo Santini Teodoro, j. 31.10.2006; TJSP,

especialíssima foi concedida indenização por dano moral;[181] (c) um caso em que houve aplicação da cláusula penal, como prefixação dos danos;[182] (d) dois casos em que houve comprovação de danos materiais.[183]

Verifica-se, assim, que o pleito indenizatório e, mais ainda, sua concessão são raridades. Parece haver um entendimento no sentido de que a devolução integral de quantias pagas causada pelo efeito restitutório da resolução já configura uma reparação satisfatória ao quanto ocorrido.

Já, nos casos de inadimplemento antecipado do compromissário-comprador a situação muda: aqui, foi autorizada retenção, por força de cláusula contratual, de parte das parcelas pagas, a título de indenização por despesas efetuadas bem como pela utilização do imóvel. Não há especificações maiores. A cláusula de retenção, na verdade, foi revisada, para ser retida quantia menor, justificada justamente para dedução das verbas acima apontadas: uma de cunho indenizatório, outra de cunho restitutório.[184]

Veja-se, portanto, que a solução prática da jurisprudência é mais simples que a preconizada pela doutrina. Não se nega a possibilidade do pleito indenizatório, que é decorrência lógica do inadimplemento, mas sua concessão depende de prova, bem como pode ser calibrada em cláusula penal ou de retenção.

3.1 Interesse positivo ou negativo

Em doutrina há uma divergência, ainda não plenamente solucionada, sobre o que se indeniza em caso de resolução contratual. Ruy Rosado de Aguiar Jr. entende que o que deve ser indenizado é o interesse positivo,

4ª Câmara de Direito Privado, Ap 534.004.4/2-00, rel. Des. Francisco Loureiro, j. 10.7.2008.
181. TJSP, 4ª Câmara de Direito Privado, Ap 456.337.4/3-00, rel. Des. Francisco Loureiro, j. 24.5.2007; TJSP, 2ª Câmara de Direito Privado, Ap 179.350-4/3-00, rel. Des. Ariovaldo Santini Teodoro, j. 30.5.2006; TJRS, 3ª Turma Recursal Cível, Recurso Inominado 71002537397, rel. Des. Jerson Moacir Gubert, j. 29.4.2010.
182. TJSP, 2ª Câmara de Direito Privado, Ap 159.042-4/1-00, rel. Des. Ariovaldo Santini Teodoro, j. 9.5.2006.
183. TJSP, 3ª Câmara de Direito Privado, Ap 411.649-4/8, rel. Des. Beretta da Silveira, j. 5.9.2006; TJSP, 3ª Câmara de Direito Privado, Ap 9187302-49.2005.8.26.0000, rel. Des. Carlos Alberto Garbi, j. 30.8.2011.
184. TJSP, 4ª Câmara de Direito Privado, Ap 38.024-4/7, rel. Des. José Osório, j. 18.6.1998; TJSP, 4ª Câmara de Direito Privado, Ap 214.338-4/2-00, rel. Des. Jacobina Rabello, j. 26.10.2006; TJSP, 4ª Câmara de Direito Privado, Ap 55.120-4/0, rel. Des. Cunha Cintra.

correspondente ao aumento de patrimônio que o contratante teria se o contrato tivesse sido cumprido.[185] Já, para Araken de Assis o dano a ser indenizado corresponde ao interesse negativo, isto é, os danos que advieram da não conclusão do negócio frustrado.[186]

Explica Araken de Assis que, como a resolução opera retroativamente, destruindo os efeitos do contrato no plano de sua eficácia, não há coerência lógica em se arbitrar danos correspondentes ao que se ganharia com o contrato cumprido. Ora, se existe a opção entre manter o contrato ou pedir sua resolução, a alternativa da resolução implica a recomposição com os danos pelo negócio desfeito, e não supondo sua manutenção.[187]

A posição tem coerência. Entretanto, Ruy Rosado de Aguiar Jr. defende que a proteção ao interesse positivo responde a um critério mais justo e equitativo, observando que a resolução não eliminou todos os efeitos do contrato, haja vista a relação de liquidação e, justamente, a obrigação de indenizar. Nesse sentido, a lei brasileira, principalmente ao aludir a lucros cessantes, como aquilo que razoavelmente se deixou de lucrar, deve ser interpretada como aludindo ao adimplemento faltante, isto é, ao dano positivo.

Jorge Cesa Ferreira da Silva aprofunda ainda mais a polêmica ao esclarecer que a expressão "danos emergentes e lucros cessantes" pode se referir tanto ao interesse positivo como ao interesse negativo. Nas suas palavras: "Não se deve confundir interesse negativo com lucro cessante, como se ele representasse o que se perdeu. Tanto no interesse negativo quanto no positivo, indenizam-se o que a parte perdeu e o que ela deixou de ganhar. Contudo, quando a indenização é pelo interesse positivo, inclui-se o que a parte perdeu com a inexecução do contrato e com o que ele lhe geraria de lucro. No interesse negativo essa previsão de lucro contratual inexiste, de modo que a indenização compreende aquilo que ela perdeu e aquilo que ela deixou de ganhar (oportunidades de outros contratos, perda de chances etc.), abstraindo-se os lucros contratuais que decorreriam da contratação que não foi concluída".[188]

185. Ruy Rosado de Aguiar Jr., *Comentários ao Novo Código Civil: da Extinção do Contrato*, cit., vol. VI, t. II, pp. 702-708.
186. Araken de Assis, *Resolução do Contrato por Inadimplemento*, cit., 4ª ed., pp. 149-152.
187. Idem, ibidem.
188. Jorge Cesa Ferreira da Silva, *Inadimplemento das Obrigações*, São Paulo, Ed. RT, 2007, p. 175.

José Osório de Azevedo Jr. afirma, de modo categórico, que na hipótese de resolução por culpa do compromitente-vendedor a reparação, para ser efetiva, deve levar em conta a valorização do imóvel que deixou de integrar o patrimônio do compromissário.[189]

No âmbito jurisprudencial, é preciso dizer que a posição de Ruy Rosado de Aguiar Jr. encontrou guarida no STJ. Em duas oportunidades, envolvendo resolução de compromisso de compra e venda, consignou-se que a indenização devida devia abarcar o dano positivo, consubstanciado no valor atual do imóvel que deixou de ser entregue. Constou, ainda, expressamente, da ementa de um deles que "o descumprimento do contrato de promessa de compra e venda de imóvel por parte da promitente-vendedora leva à indenização do promissário comprador, que tem o direito de receber, além da devolução do preço, a diferença do valor atual do imóvel. No caso dos autos, a expressão contida no art. 1.059 do CC, incluindo nas perdas e danos 'o que o credor razoavelmente deixou de lucrar', compreende a indenização pelo dano positivo, isto é, aquela suficiente para colocar o credor na situação em que estaria caso o contrato tivesse sido cumprido".[190]

Tal entendimento conta também com precedente no TJSP, no qual foi devida indenização por lucros cessantes em razão de resolução contratual por ausência de entrega de imóvel prometido por cooperativa, correspondente à valorização do imóvel, que deixou de integrar o patrimônio dos adquirentes.[191]

Em ocasião posterior o mesmo STJ assentou entendimento no tocante à resolução de compromisso de compra e venda imputável ao compromitente-vendedor e a devida indenização: houve resolução, com restituição da integralidade das parcelas pagas, e condenação na indenização de lucros cessantes, da seguinte forma: "A inexecução do contrato pelo promitente-vendedor, que não entrega o imóvel na data estipulada, causa, além do dano emergente, figurado nos valores das parcelas pagas pelo promitente-comprador, lucros cessantes a título de alugueres que poderia o imóvel ter rendido se tivesse sido entregue na data contratada.

189. José Osório de Azevedo Jr., *Compromisso do Compra e Venda*, cit., 6ª ed., p. 231.
190. STJ, 4ª Turma, REsp 403.037-SP, rel. Min. Ruy Rosado de Aguiar, j. 28.5.2002. V. também: STJ, 4ª Turma, REsp 109.174-SP, rel. Min. Ruy Rosado de Aguiar, j. 20.2.1997.
191. TJSP, 4ª Câmara de Direito Privado, Ap 990.10.211582-8, rel. Des. Francisco Loureiro, j. 5.8.2010.

Trata-se de situação que, vinda da experiência comum, não necessita de prova (art. 335 do CPC)".[192]

Lícito entender-se, daí, que no caso de resolução por inadimplemento absoluto de compromisso de compra e venda, imputável ao compromitente-vendedor, há restituição integral do preço pago, verba restituitória que compreende também o dano emergente, além de se indenizar o lucro cessante presumido, consistente nos aluguéis que poderiam ser rendidos, desde a data prevista para entrega até o ajuizamento da ação. É solução que se aproxima mais da indenização pelo interesse positivo.

Tal entendimento, apesar de contar com adesão considerável[193] e de ser praticamente unânime quando o pedido é apenas de indenização pelo atraso (mas não de resolução[194]), conta também com divergências. Nesse sentido, constou de acórdão do TJSP, em ação de resolução de compromisso de compra e venda por inadimplemento absoluto dos compromitentes-vendedores, que, "resolvido o negócio, tem-se o retorno das partes ao estado anterior (ditada inclusive pelo reembolso também pedido), e nesses termos não cabe raciocinar em projeção com o uso que se faria do objeto do contrato" – negando assim, a pretensão de lucros cessantes referentes a aluguéis.[195]

Esses posicionamentos doutrinários e jurisprudenciais ilustram a divergência existente no Direito Brasileiro sobre o que deve ser indenizado em caso de resolução contratual. Para chegar a uma posição razoável sobre a indenização no inadimplemento antecipado do contrato, mister se faz recolher mais alguns dados.

Tratando-se de compromisso de compra e venda, no que tange ao inadimplemento do compromissário-comprador a cláusula penal exerce papel importante. Apoiada nos arts. 413 do CC e 53 do CDC, a jurisprudência tem calibrado a cláusula, para indenizar o compromitente-vendedor no referente a despesas administrativas e fiscais, intermediação da venda, depreciação do imóvel de novo a usado e o já aludido período de

---

192. STJ, 3ª Turma, REsp 644.984-RJ, rela. Min. Nancy Andrighi, j. 16.8.2005 [*o art. 335 do CPC-1973 corresponde ao art. 375 do novo CPC*].

193. STJ, 3ª Turma, REsp/AgR 1.049.894-RJ, rel. Min. Vasco Della Giustina, j. 19.10.2010; STJ, Ag/AgR 692.543-RJ, rel. Min. Humberto Gomes de Barros, j. 9.8.2007.

194. TJSP, 1ª Câmara de Direito Privado, Ap 0071237-71.2012.8.26.0100, rel. Des. Cláudio Godoy, j. 26.11.2013.

195. TJSP, 2ª Câmara de Direito Privado, Ap 9053227-49.2000.8.26.0000, rel. Des. Fábio Tabosa, j. 18.10.2011.

ocupação (que possui natureza de verba restituitória, e não indenizatória). Também as arras servem tanto de parâmetro para fixação dos danos indenizáveis como também devem ser computadas nos valores pagos pelo compromissário-comprador a fim de se fazer o cálculo do reembolso e da retenção.[196]

José Osório de Azevedo Jr. mostra como varia o percentual de devolução, em virtude das circunstâncias de fato, nos casos de inadimplemento do compromissário-comprador: praticamente de 0% a 90%.[197]

Ainda que não haja uma certeza matemática, é possível afirmar, de tudo quanto exposto, que o inadimplemento antecipado do compromissário-comprador conta com maior facilidade para apuração das verbas a indenizar, que, dada a quantidade de casos, já foram mais ou menos identificadas pela jurisprudência: despesas administrativas, fiscais, com intermediação de venda e publicidade, a desvalorização natural do imóvel de novo a usado e a própria cláusula penal. Com isso, tem-se como chegar a patamares mais seguros para verificação do quanto a reter. Somado a essas verbas, não se pode esquecer do período de ocupação, cujo equivalente pecuniário deve ser restituído. É possível concluir, assim, que haverá casos em que a retenção de todas as parcelas pagas poderá não recuperar totalmente o vendedor de seus danos. Mantemos a posição de que tal situação não obsta à resolução, mas não impede a cobrança do crédito superior.

Pode-se notar, de tais verbas indenizatórias, que, em princípio, o que se indeniza nos casos de inadimplemento do compromissário-comprador são interesses que mais se aproximam dos negativos do vendedor, ligados à frustração do negócio e às verbas despendidas durante sua preparação, conclusão e execução. Esses critérios devem ser mantidos para fixação da indenização, ou do valor a ser retido, nos casos de inadimplemento antecipado pelo compromissário-comprador.

Mais difícil mostra-se o cálculo da indenização para os casos de inadimplemento antecipado do compromitente-vendedor. Como visto, houve poucos parâmetros jurisprudenciais: ou se indenizou por meio de cláusula penal;[198] ou foram indenizados os gastos com a defesa dos inte-

---

196. Francisco Eduardo Loureiro, "Responsabilidade civil no compromisso de compra e venda", cit., in Regina Beatriz Tavares da Silva (coord.), *Responsabilidade Civil e sua Repercussão nos Tribunais*, 2ª ed., pp. 214-216.

197. José Osório de Azevedo Jr., *Compromisso do Compra e Venda*, cit., 6ª ed., pp. 217-220.

198. TJSP, 2ª Câmara de Direito Privado, Ap 159.042-4/1-00, rel. Des. Ariovaldo Santini Teodoro, j. 9.5.2006.

resses dos compromissários em ações judiciais;[199] ou foram indenizados pagamentos a título de corretagem e análise de crédito.[200] Todas, verbas, portanto, ligadas à frustração do negócio.

Veja-se que nos casos analisados não há sequer condenação em lucros cessantes, seja pelo interesse negativo, seja pelo positivo. A menção que os julgados fazem a juros diz respeito sempre aos moratórios.[201]

A indenização referente a valores de aluguel parece-me descabida para casos de inadimplemento antecipado, por uma contradição natural: o inadimplemento ocorre antes do termo; logo, até aí não haveria imóvel construído, seja para moradia, seja para locação. Portanto, tais lucros cessantes, se presumidos, não corresponderiam ao caso concreto. Ainda no caso de lotes de terreno sem regularização mais difícil ainda a fixação de um valor de aluguel.

Poder-se-ia pensar, então, na provável valorização do imóvel na data de sua entrega. Contudo, tal parâmetro melhor serviria aos casos de resolução por inadimplemento absoluto, e não antecipado. É tormentoso calcular o valor provável de um bem que não existe, e que talvez sequer existirá em data futura. Essa, aliás, é uma das objeções feitas à *anticipatory breach* no próprio Direito Inglês e no Direito Americano.

Assim, ainda que se pretenda avaliar o interesse positivo em razão de inadimplemento antecipado, melhor seria limitar ao tempo do ajuizamento da ação de resolução o valor que teria o imóvel a ser construído. Isso poderia ser feito de forma mais simples, via perícia, até por ação cautelar de antecipação de prova. Os dados a serem colhidos seriam todos atuais. Por exemplo: quanto vale o direito do autor na data de ajuizamento da ação e quanto ele valeria caso o cronograma de execução do empreendimento fosse cumprido? Essa pode ser uma pergunta respondível em termos certos, como se exige do dano, ainda que dos lucros cessantes.

Além disso, essa forma de cálculo poderia mais se adequar à natureza antecipada do inadimplemento em tela. Visto que o contratante

---

199. TJSP, 3ª Câmara de Direito Privado, Ap 411.649-4/8, rel. Des. Beretta da Silveira, j. 5.9.2006.

200. TJSP, 3ª Câmara de Direito Privado, Ap 9187302-49.2005.8.26.0000, rel. Des. Carlos Alberto Garbi, j. 30.8.2011.

201. Lembrando-se que Araken de Assis, defensor da indenização pelo interesse negativo, refere-se aos frutos do dinheiro empregado pelo compromissário-comprador, que poderiam ser entendidos como lucro cessante do interesse negativo, correspondentes à aplicação de tal soma, por exemplo, na poupança (*Resolução do Contrato por Inadimplemento*, cit., 4ª ed., p. 151).

considera, antes do termo de vencimento, a perda da função social do contrato e, assim, não aguarda seu advento para se liberar do vínculo, é justo e proporcional que sua indenização seja limitada pelo marco temporal anterior também ao termo.

É de se ressaltar, outrossim, a importância da verificação de quanto efetivamente foi prestado pelo contratante lesado. Se ele cumpriu inteiramente sua prestação, os lucros cessantes por não tê-la empregado em outra atividade são mais mensuráveis. Se não houve contraprestação, talvez não haja lucros cessantes.

Vê-se, assim, na linha da jurisprudência, que a matéria indenizatória realmente depende muito das circunstâncias de fato e da prova que foi efetivamente trazida aos autos. Essa linha deve ser seguida nos casos de inadimplemento antecipado.

Entretanto, é necessário um posicionamento sobre o interesse positivo ou negativo em tal indenização. Dada a natureza do problema do inadimplemento antecipado do contrato, com perda da sua função social e a constituição de sua extinção antecipadamente, a proteção, nesses casos, ao interesse negativo soa mais coerente.

A comunicação do contratante lesado é a da perda do interesse no contrato tal qual ele está. Logo, seu maior interesse seria o de se desvincular dele e ser restituído e indenizado do que gastou. Até mesmo por não ter empregado investimentos em outra atividade. Entretanto, pleitear os lucros que adviriam de seu futuro adimplemento parece negar a essencialidade da figura e do remédio resolutório.

Diga-se, ainda, que uma das vantagens do inadimplemento antecipado é a de mitigar danos. Dada sua evidente ocorrência, o contratante lesado age, antes do termo, para evitar perdas e desenvolver, com outro parceiro, a cooperação necessária para seus interesses. Por essa razão, também, seria mais consentânea com sua natureza a proteção do interesse negativo.

Dados, porém, os precedentes jurisprudenciais em matéria de resolução de compromisso de compra e venda por inadimplemento absoluto do compromitente-vendedor, tutelando o interesse positivo, não é de se negar sua possibilidade para o inadimplemento antecipado. Nossa posição, como estudioso, expostas as soluções já ocorridas, é no sentido acima postulado. O inadimplemento antecipado do contrato, na sua essência, no Direito Brasileiro visa a liberar o contratante de um contrato que perdeu seu fim, restituí-lo das quantias pagas e indenizá-lo dos custos que teve com tal contratação.

3.2 Dano moral por inadimplemento antecipado do contrato

Por fim, cabe tratar do dano moral em virtude do inadimplemento antecipado. A jurisprudência concedeu, em casos específicos, dano moral pelo inadimplemento antecipado. Em um deles chegou-se a dizer que os danos morais eram presumíveis na espécie.[202] Em outros dois, porém, os danos morais foram atribuídos à conduta da outra contratante, que protestou títulos indevidamente e acionou sistemas de proteção ao crédito. Daí, propriamente, e não do inadimplemento antecipado, advieram os danos morais.[203]

Não se pode deixar de notar também outros casos em que foram pleiteados danos morais mas se julgou no sentido da sua não comprovação, principalmente por não se verificar situação de excepcionalidade, bem como por não haver registro de dor psíquica considerável para efeitos de dano moral.[204]

Nesse sentido, a jurisprudência é pacífica a reconhecer, em aspecto geral, a possibilidade do dano moral advindo de descumprimento contratual. Mas para que este se concretize efetivamente não basta o mero descumprimento, como situação corriqueira da vida, mas é necessário que o dano seja grave e que, de per si, agrida valor básico da personalidade, ligado ao núcleo valorativo da dignidade da pessoa humana.[205]

Desta forma, não se pode excluir, *a priori*, a possibilidade de dano moral advindo de inadimplemento antecipado do contrato. Contudo, não se pode concluir pelo inverso, ou seja, justamente que, pelo caráter excepcional do inadimplemento antecipado, por sua relação com a confiança contratual, pela gravidade do descumprimento, haveria sempre dano moral.

Como salientado, é necessário, para indenização por dano moral, além da plena configuração do inadimplemento antecipado do contrato, que no caso concreto se atinja, de forma grave e valorativa, a dignidade da pessoa humana do contratante.

202. TJSP, 2ª Câmara de Direito Privado, Ap 179.350-4/3-00, rel. Des. Ariovaldo Santini Teodoro, j. 30.5.2006.

203. TJSP, 4ª Câmara de Direito Privado, Ap 456.337.4/3-00, rel. Des. Francisco Loureiro, j. 24.5.2007; TJRS, 3ª Turma Recursal Cível, Recurso Inominado 71002537397, rel. Des. Jerson Moacir Gubert, j. 29.4.2010.

204. TJSP, 4ª Câmara de Direito Privado, Ap 534.004.4/2-00, rel. Des. Francisco Loureiro, j. 10.7.2008; TJSP, 2ª Câmara de Direito Privado, Ap 170.517-4/0-00, rel. Des. Ariovaldo Santini Teodoro, j. 31.10.2006.

205. TJSP, 1ª Câmara de Direito Privado, Ap 0701360-34.2012.8.26.0704, rel. Des. Cláudio Godoy, j. 26.11.2013.

4. Demanda de cumprimento: não cabimento

O último dos efeitos levantados pela doutrina, mas inocorrente na jurisprudência, é a demanda de cumprimento, ou seja, a execução forçada da prestação devida, quando caracterizado o inadimplemento antecipado do contrato.

Nesse sentido, Guilherme Magalhães Martins defende a possibilidade de execução específica no tocante à realização dos atos preparatórios, mencionando os dispositivos da legislação processual que visam à obtenção do resultado prometido ao credor. Obtempera, contudo, tal posição nos casos de obrigações instantânea e diferida, nas quais o ato devido somente é exigível no advento do termo.[206]

Raphael Manhães Martins também defende a execução específica, mas a entende dependente de circunstâncias do caso concreto. Explica que a possibilidade da execução específica não é apenas eticamente justificável, como também incentiva o devedor a prestar e a cooperar com o parceiro contratual, reforçando aspecto positivo ao tráfico social: a função do direito das obrigações seria, primordialmente, garantir o cumprimento da promessa original. Refere-se, especificamente, à atual possibilidade de antecipação de tutela, somada aos mecanismos coercitivos do direito processual, para comprovar a viabilidade prática da demanda de cumprimento.[207]

Abre exceção, contudo, para os casos de prestação instantânea e diferida, devido à sua inexigibilidade. Propõe, nesses casos, apenas a imposição de multas cominatórias, como forma de pressionar o devedor ao cumprimento, mas com incidência apenas a partir do vencimento. Reitera, no entanto, que em caso de ausência de atos preparatórios a execução específica é plenamente possível. Nesse sentido, poderia o credor até se valer da contratação de terceiro para realização do objeto do contrato, recaindo para o devedor originário os custos de tal medida.[208]

Aline de Miranda Valverde Terra, por sua vez, expressa a posição mais radical para o problema. Afirma a autora que, embora nos casos de inadimplemento antecipado ainda não se tenha verificado o termo de vencimento, a violação efetiva da prestação já ocorrida implica a perda do benefício do prazo ao devedor, de modo a tornar a prestação exigí-

---

206. Guilherme Magalhães Martins, "Inadimplemento antecipado do contrato", cit., *Revista Trimestral de Direito Civil* 36/100-101.

207. Raphael Manhães Martins, "Inadimplemento antecipado: perspectivas para sua aplicação no Direito Brasileiro", cit., *RF* 391/184-186.

208. Idem, pp. 186-187.

vel desde já. Logo, nos casos de inadimplemento antecipado haveria a presença não só do direito de crédito, mas também de sua exigibilidade, tornando o caso exatamente igual ao de uma obrigação inadimplida no termo. A tese da autora é a da absoluta relativização do termo de vencimento, tendo em vista o descumprimento do programa de cumprimento, entendendo o adimplemento como um processo complexo, de deveres plurais, todos voltados à consecução do resultado útil e justo esperado pelo credor. Dessa forma, qualquer violação ocorrida, ainda que antecipada, é violação da prestação devida. Daí a perda do benefício do prazo e a adequação da demanda de cumprimento.[209]

A autora explica que a opção pelos efeitos do inadimplemento antecipado do contrato está diretamente ligada ao fundamento que se atribui à figura. Assim, para os que entendem o inadimplemento antecipado como hipótese de violação positiva do contrato haveria somente os efeitos da resolução e da indenização. Contudo, na sua visão, o inadimplemento anterior ao termo fundamenta-se no inadimplemento da prestação devida e, por isso, deve receber todos os efeitos de qualquer inadimplemento. A posição está devidamente embasada e mostra-se também atenta à realidade fática. Prescreve a autora que, caso a prestação devida demande atos preparatórios, é necessário que seja determinado, na imposição da obrigação de fazer, um prazo compatível com o resultado que se pretende obter.[210]

A posição defendida neste trabalho, porém, é diversa.

Lembra-se aqui o quanto exposto por Judith Martins-Costa, Ruy Rosado de Aguiar Jr. e Araken de Assis a respeito da vedação de se exigir a obrigação devida antes do termo de vencimento fora das hipóteses especificadas em lei.[211]

Entendemos que esse obstáculo lembrado pelos autores é intransponível, salvo exceção, que se verá adiante. E tal entendimento não é meramente legalista, mas radica sua base na identificação do direito lesado bem como na natureza que se atribui ao inadimplemento antecipado.

Com efeito, viu-se, no tocante ao pressuposto positivo do inadimplemento antecipado, a presença de uma obrigação sujeita a termo de

209. Aline de Miranda Valverde Terra, *Inadimplemento Anterior ao Termo*, cit., pp. 238-256.
210. Idem, ibidem.
211. Judith Martins-Costa, "A recepção do incumprimento antecipado do contrato no Direito Brasileiro: configuração e limites", cit., *RT* 885/31; Ruy Rosado de Aguiar Jr., *Comentários ao Novo Código Civil: da Extinção do Contrato*, cit., vol. VI, t. II, p. 584; Araken de Assis, *Resolução do Contrato por Inadimplemento*, cit., 4ª ed., pp. 107-108.

vencimento. Ora, viu-se também como o termo de vencimento implica não meramente um detalhe ligado a efeitos práticos, mas uma delimitação do próprio direito adquirido. Trata-se, como visto, de direito desprovido de exigibilidade. Existe direito, existe crédito, mas a prestação não é exigível.

O direito existente fundamenta devidamente a exceção de contrato não cumprido, a resolução (que é direito sem pretensão) com a restituição do que foi pago e a indenização pelos custos com o contrato. Entretanto, esse direito, incompleto, não fundamenta a demanda de cumprimento. É a sua essência que limita o remédio legal.

E, de outra forma, não se pode criar, academicamente ou jurisprudencialmente, outra hipótese de vencimento antecipado da dívida fora daquelas que a lei já dispõe. Trata-se de outra figura. O inadimplemento antecipado do contrato, por sua vez, devidamente adaptado aos limites do sistema, mostra-se como uma solução para o credor, mas uma solução limitada por sua própria natureza e pela lei vigente.

Não somente o direito incompleto, desprovido de exigibilidade, impede a demanda por cumprimento. A própria configuração do inadimplemento antecipado do contrato revela que se trata de casos em que o contrato perde sua função social, que o fim contratual não é mais de ser alcançado. Há quebra grave da confiança na persecução desse fim, com praticamente certeza de sua não realização no termo estipulado. Isso leva à perda do interesse na manutenção do contrato. Consequentemente, há perda do interesse também na demanda de cumprimento.

A relação contratual está gravemente ferida: há perda de interesse em que aquele determinado devedor execute a prestação devida, como também há perda de interesse por ser o resultado praticamente inalcançável no tempo útil. Essa característica do inadimplemento antecipado, indispensável para sua configuração com segurança, e não como mera desistência de negócios duvidosos, faz perder também o interesse natural, prático, coerente e devido, na demanda de cumprimento.

Esse argumento embasa também, como visto no item anterior, a posição tomada quanto à indenização pelo interesse negativo: se a prestação principal não provoca mais o interesse do credor, a indenização deve ser não pelo que ela deixou de trazer, mas pelos custos que a sua frustração gerou. Da mesma forma, e anteriormente, se o que justifica o inadimplemento antecipado é a perda do interesse na prestação principal, na cooperação contratual para se alcançar o resultado programado, como agora exigir judicialmente este mesmo resultado, que se entendia inútil e frustrado?

Repita-se que o entendimento do inadimplemento antecipado como categoria jurídica requer, para segurança das relações obrigacionais, esse aspecto grave: não basta o inadimplemento de obrigações acessórias. É necessária a perda da função social do contrato. Identificada a frustração da finalidade contratual, resta aos contratantes somente isso: resolver o contrato, liberar-se de suas obrigações, ter de volta o que foi prestado, indenizar-se dos prejuízos com a contratação frustrada. A partir de então os contratantes terão toda a liberdade para escolher novos parceiros contratuais a fim de, por cooperação, alcançarem os resultados que pretendem.

4.1 Obrigação acessória exigida por norma cogente

Acima foi dito, entretanto, que há uma exceção. Resta explicá-la. Tal exceção está embasada, justamente, nos casos jurisprudenciais focados, isto é, em dados históricos do Direito Brasileiro.

Foi visto como um dos grupos de casos de inadimplemento antecipado envolvia o descumprimento de obrigações acessórias relativas à regularização de loteamento e ao registro da incorporação imobiliária. Tais obrigações, por sua vez, decorrem de lei: dos arts. 37 e ss. da Lei 6.766/1979 e do art. 32 da Lei 4.591/1964. Existe aí obrigação acessória no tocante à relação obrigacional complexa advinda do contrato. Porém, essa mesma obrigação é obrigação legal, imposta para tutela da coletividade de consumidores e até do interesse difuso da sociedade em não haver loteamentos e edificações irregulares.

Nesse caso, independentemente do inadimplemento antecipado, tais obrigações podem ser exigidas por quaisquer interessados, inclusive os contratantes. Não se trata da exigibilidade da prestação principal. Tampouco da exigibilidade de uma obrigação acessória qualquer. É a exigibilidade de uma obrigação derivada de norma cogente, em prol de interesses que ultrapassam os dos contratantes.

Assim, poderia ser objetado: ora, se se pode exigir o registro do loteamento ou o da incorporação, se está tutelando inadimplemento antecipado do contrato com demanda de cumprimento. Não é bem disso que se trata.

Na verdade, nesse tipo de demanda[212] não se está cogitando, em princípio, do interesse contratual, se está tutelando interesse coletivo ou

---

212. Cite-se, a título exemplificativo, do TJSP: 4ª Câmara de Direito Privado, Ap 0158529-07.2006.8.26.0100, rel. Des. Francisco Loureiro, j. 24.3.2011; 1ª Câ-

difuso, de consumidores e da regularidade urbana. A ausência, por si só, da regularização, sob o ponto de vista contratual, é violação de dever acessório e gera, conforme o caso, perda da confiança e até impossibilidade de cumprimento da prestação principal no seu termo de vencimento. Daí, ocorre a perda da função social. Entretanto, do ponto de vista de interesses difusos e coletivos, dos quais os adquirentes, contratantes, também podem ser sujeitos ativos, nos termos legais, há inobservância de norma cogente, que gera pretensão à regularização.

É difícil, porém, legitimar-se uma pretensão a mera obrigação preparativa. Pense-se, por exemplo, num contrato de empreitada: exigir a construção da obra – prestação preparatória – é praticamente exigir a prestação instantânea final – sua entrega. Ora, a vantagem de se decompor a relação obrigacional em obrigações principais e acessórias é vislumbrar melhor o que ocorre na complexidade das relações sociais e jurídicas. Daí não decorre que cada obrigação do vínculo possa ser, sempre e de todo modo, objeto de exigibilidade, de acordo com o interesse do credor. Numa relação obrigacional a exigibilidade que tem o credor, em princípio, é da prestação principal. A violação de obrigações acessórias e laterais pode ensejar remédios jurídicos: indenização no caso de violação positiva do contrato, resolução contratual e outros. No caso do inadimplemento antecipado ela gera, como se viu, a resolução, a exceção, a indenização. Não é por se tratar de violação a dever que todos os mecanismos legais reparadores são, automaticamente, disponibilizados ao interessado.

O inadimplemento antecipado do contrato, tal qual entendido neste trabalho, não é uma panaceia para se solucionar antecipadamente cada violação de dever ocorrida no processo da relação obrigacional complexa.

A relativização total do termo de vencimento bem como a equiparação total do inadimplemento antecipado com qualquer outra forma de inadimplemento, seja absoluto, por impossibilidade ou perda de interesse, ou relativo, não ajudam a entender a figura e a utilizá-la quando for realmente necessária.

O inadimplemento antecipado, como figura excepcional e limitada que é, tem campo de atuação restrito. Não é necessária uma equiparação

mara de Direito Público, Ap 9101908-35.2009.8.26.0000, rel. Des. Danilo Panizza, j. 12.6.2012; 3ª Câmara de Direito Privado, Ap 0043144-65.2010.8.26.0554, rel. Des. Beretta da Silveira, j. 18.6.2013; 5ª Câmara de Direito Privado, Ap 9000087-06.2009.8.26.0576, rel. Des. James Siano, j. 4.9.2013; 1ª Câmara de Direito Público, Ap 0002597-55.2008.8.26.0197, rel. Des. Luís Francisco de Aguilar Cortez, j. 26.11.2013; 5ª Câmara de Direito Privado, Ap 0322932-94.2009.8.26.0000, rel. Des. Edson Luiz de Queiroz, j. 27.11.2013.

total do Direito Brasileiro com uma figura importada da *Common Law*. Tampouco é proveitosa a exacerbação de todos os remédios obrigacionais para a solução de um problema pontual. É preciso harmonizar e adaptar as novas soluções jurisprudenciais com o que o sistema já havia construído em matéria obrigacional.

Nesse sentido, o uso que se fez do inadimplemento antecipado tem essa serventia: resolvem-se contratos que antes do advento de seu termo, por inadimplemento de deveres acessórios e laterais de um dos contratantes, perderam seu sentido, seu fim concreto. Há, nesse miolo, grave perda de confiança entre parceiros contratuais e impossibilidade prospectiva de cumprimento com relação ao fim contratual almejado. Por isso, a melhor solução é a liberação dos contratantes do vínculo e de suas obrigações, com restituição do que prestaram e com indenização do que gastaram. Essa é a forma de se resolver tal problema no Direito Brasileiro, com justiça e segurança.

VI
Considerações Finais

Pretendeu este trabalho sempre um diálogo entre o particular e o universal, buscando a interação entre o teórico e o prático, abarcando os elementos necessários para bem entender o fenômeno jurídico estudado.

O inadimplemento antecipado do contrato é mais uma espécie de inadimplemento, ao lado do inadimplemento absoluto, da mora e da violação positiva do contrato.

Não se trata de inadimplemento absoluto, pois não há impossibilidade da prestação. E, porque não implementado o termo de vencimento, não se pode falar em inadimplemento da prestação principal, tampouco em mora. Outrossim, a mora conserva a utilidade da prestação para o credor, o que não ocorre no inadimplemento antecipado, no qual o contrato perde sua função social.

Há descumprimento de deveres acessórios, preparativos e instrumentais, ou de deveres laterais, de lealdade e cooperação, que, apreciado em função da prestação principal, indica a perda da finalidade contratual, seja por impossibilidade prospectiva de cumprimento da prestação no seu termo, seja por perda da confiança no atingimento do fim contratual. O contrato perdeu sua função social.

Por isso, o inadimplemento antecipado o é em relação ao contrato. Não se trata de mero interesse na prestação. O contratante lesado perde também o interesse em continuar com suas obrigações. Ele almeja desvincular-se do contrato, daquela relação obrigacional, e não aguardar ou pressionar este determinado devedor a cumprir. Dele só se espera a restituição do que pagou e alguma indenização por danos sofridos. Principalmente, o contratante lesado quer se desvincular do contrato.

Não há também violação positiva do contrato. Não há prestação principal adimplida, e os danos não decorrem tão só de descumprimento de deveres sem relação com a prestação principal. A perda diz respeito ao fim contratual, à função social, ao que o contrato representa como programa econômico de utilidade para as partes.

Daí que sua posição é de uma quarta categoria entre as espécies de inadimplemento, com toda essa especificidade.

Visto, portanto, como o inadimplemento antecipado do contrato possui elementos próprios e constitui uma quarta espécie do gênero inadimplemento, é interessante tecer considerações sobre uma característica marcante da jurisprudência brasileira.

Aqui, é preciso ter em conta o quanto abordado sobre a *anticipatory breach of contract*. Viu-se que tal figura, nos Direitos Inglês e Americano, está principalmente ligada a um aspecto pragmático de suas economias: o contrato é um bem econômico, e, descumprido, deve ser indenizado o benefício perdido. O problema a ser resolvido é o do reparo do custo a mais, quem paga o prejuízo ocorrido, a vantagem não recebida.

Essa característica revela uma atenção maior à eficiência de mercado. Talvez seja esse o aspecto que esteja sendo mirado pelos Direitos da família romano-germânica que visam à assimilação da figura.

Ocorre que o Direito Brasileiro não tratou do inadimplemento antecipado de modo a importar esse tipo de concepção.

Em poucas palavras, o inadimplemento antecipado, aqui, foi utilizado como construção jurisprudencial criativa e original, como uma ferramenta que se ajustava de forma técnica e objetiva a diversos princípios do sistema e pôde solucionar casos práticos, equalizando relações obrigacionais que, supervenientemente, sofreram desequilíbrios graves.

Enfim, entendeu-se que a repetição de aplicações consagradas do regramento do inadimplemento não solucionava de maneira satisfatória os conflitos novos então trazidos aos tribunais. Foi necessário *criar* uma nova solução, adequada ao Direito Brasileiro, que o fizesse de modo bom. Este trabalho pretendeu esclarecer a parte dogmática deste processo. E a ferramenta nele utilizada foi o inadimplemento antecipado do contrato.

Nos casos de ausência de registro de loteamento, de ausência de registro de incorporação, da obra muito atrasada, era um adquirente, que investiu suas economias num empreendimento imobiliário, que se via frustrado no bem da vida almejado e, ainda, preso a um contrato, com risco de perder sua poupança, em detrimento de um empreendedor descuidado.

VI – CONSIDERAÇÕES FINAIS

Ora, os adquirentes, diante do descumprimento de deveres acessórios e laterais, viam-se prejudicados nos seus mais básicos interesses contratuais e em risco de perder muito mais, por conta de falhas graves do ponto de vista da atividade empresária: obras irregulares, ausência de condições econômicas para fazer o empreendimento. E isso ao mesmo tempo em que o dinheiro dos adquirentes, nas vendas a crédito, era exigido, a enriquecer o patrimônio dos maus empreendedores.

Da mesma forma, o inadimplemento antecipado do contrato foi utilizado para, diante da insuperável impossibilidade relativa de se continuar cumprindo, não se perder totalmente tudo que se havia investido em um contrato que não deu certo. Foi a insustentabilidade desta situação que fez surgir o direito de resolver, por inadimplemento antecipado, pelo próprio devedor que se declarava impossibilitado e responsável.

Veja-se, portanto, que, aqui, o inadimplemento antecipado foi utilizado para corrigir desequilíbrios, desigualdades, injustiças. Não se considerou tanto a possibilidade de se voltar ao mercado para haver o bem pretendido e ser indenizado pelo custo a maior, pela vantagem perdida. Considerou-se, diante da perda já ocorrida, restituir o que se deu, para compensar a iniquidade já sofrida.

Vê-se como, de fato, não há importação de figura nenhuma, mas solução concreta, nova, original, de um problema de igualdade, de justiça.

Nesse sentido, desponta a atividade jurisdicional desenvolvida para tanto. Foi a jurisprudência, com todos os operadores do Direito a ela ligados, que se utilizou dessa nova figura para reequilibrar a balança do sinalagma contratual rompido.

Ao contrário da *anticipatory breach*, em que a atividade judicial se dá para indenizar danos, aqui, a atividade judicial se deu para restituir atribuições patrimoniais.

Não se pode fechar os olhos para essa característica da atividade judicial reequilibradora desenvolvida no inadimplemento antecipado do contrato. É claro – e este trabalho o demonstrou – que essa atividade foi feita toda pautada na lei e nos conceitos jurídicos, sofisticadamente instrumentalizados. Não se pode falar em ativismo judicial, como se fosse o mero arbítrio de um ou outro juiz o que determinou a solução. Ao contrário, a solução jurídica trabalhada pode ser muito bem justificada tanto no mais simples princípio do direito das obrigações – o devedor deve pagar – como também na boa-fé e na função social do contrato.

Mas não se pode negar ter havido, determinantemente, uma prática jurisdicional, criativa e construtiva, a reequilibrar, compensar, uma relação jurídica e econômica desequilibrada, por meio da figura do inadimplemento antecipado do contrato, possibilitadora da restituição de atribuições patrimoniais prestadas.

Cumpria narrar técnica e, agora, valorativamente o uso que se fez do inadimplemento antecipado do contrato. E, diante dele, pode-se afirmar, tranquilamente, que as soluções foram corretas e boas.

Mais do que importação de uma figura, resolveu-se, criativamente, um problema de justiça, de acordo com a realidade jurídica e social brasileira.

Bibliografia

AGUIAR JR., Ruy Rosado de. *Comentários ao Novo Código Civil: da Extinção do Contrato*. vol. VI, t. II. Rio de Janeiro, Forense, 2011.

_____. In: TEIXEIRA, Sálvio de Figueiredo (coord.). *Comentários ao Novo Código Civil*. vol. VI, t. II ("Da Extinção do Contrato"). Rio de Janeiro, Forense, 2011.

ALMEIDA COSTA, Mário Júlio. *Direito das Obrigações*. 3ª ed. Coimbra, Livraria Almedina, 1979; 7ª ed. Coimbra, Livraria Almedina, 1999.

ALVES, Alaôr Caffé, LOMAR, Paulo José Villela, e MUKAI, Toshio. *Loteamentos e Desmembramentos Urbanos, Comentários à Nova Lei n. 6.766, de 19.12.1979*. São Paulo, Sugestões Literárias, 1980.

ALVIM, Agostinho. *Da Inexecução das Obrigações e suas Consequências*. 2ª ed. São Paulo, Saraiva, 1955.

AMARAL JR., Alberto, BASSO, Maristela, e CELLI JR., Umberto (coords.). *Arbitragem e Comércio Internacional: Estudos em Homenagem a Luiz Olavo Baptista*. São Paulo, Quartier Latin, 2013.

ANTUNES VARELA, João de Matos. *Das Obrigações em Geral*. 7ª ed., 3ª reimpr., vol. II. Coimbra, Livraria Almedina, 2007; 10ª ed., vol. I. Coimbra, Livraria Almedina, 2006.

ASSIS, Araken de. *Comentários ao Código Civil Brasileiro*. vol. 5 ("Do Direito das Obrigações"). Rio de Janeiro, Forense, 2007.

_____. *Resolução do Contrato por Inadimplemento*. 4ª ed. São Paulo, Ed. RT, 2004.

ATIYAH, Patrick S. *An Introduction to the Law of Contract*. 5ª ed. Oxford, Clarendon, 1996.

_____. *The Rise and Fall of Freedom of Contract*. Oxford, Clarendon, 2003.

AZEVEDO JR., José Osório de. *Compromisso de Compra e Venda*. 6ª ed. São Paulo, Malheiros Editores, 2013.

_____. *Direitos Imobiliários da População Urbana de Baixa Renda*. São Paulo, Sarandi, 2011.

AZULAY, Fortunato. *Do Inadimplemento Antecipado do Contrato*. Rio de Janeiro, Brasília/Rio, 1977.

_____. "Inadimplemento contratual antecipado". In: LIMONGI FRANÇA, Rubens (coord.). *Enciclopédia Saraiva do Direito*. vol. 43. São Paulo, Saraiva, 1977.

BASSO, Maristela, AMARAL JR., Alberto, e CELLI JR., Umberto (coords.). *Arbitragem e Comércio Internacional: Estudos em Homenagem a Luiz Olavo Baptista*. São Paulo, Quartier Latin, 2013.

BECKER, Anelise. "Inadimplemento antecipado do contrato". *Revista de Direito do Consumidor* 12/68-78. São Paulo, Ed. RT, outubro-dezembro/1994.

BENDER, Helen Hadjiyannakis, CALAMARI, John D., e PERILLO, Joseph M. *Cases and Problems on Contracts (American Casebook Series)*. 3ª ed. St. Paul. Minn., West Group, 2000.

BIANCA, C. Massimo. *Diritto Civile IV, L'Obbligazione*. Milão, Giuffrè, 2008.

_____. *Diritto Civile V, La Responsabilità*. Milão, Giuffrè, 1994.

BEZERRA FILHO, Manoel Justino. "A execução extrajudicial do contrato de alienação fiduciária de bem imóvel – Exame crítico da Lei 9.514, de 20.11.1997". *RT* 819/65-76. Ano 93. São Paulo, Ed. RT, janeiro/2004.

CALAMARI, John D., BENDER, Helen Hadjiyannakis, e PERILLO, Joseph M. *Cases and Problems on Contracts (American Casebook Series)*. 3ª ed. St. Paul. Minn., West Group, 2000.

CARDOSO, Luiz Philipe Tavares de Azevedo. *A Onerosidade Excessiva no Direito Civil Brasileiro*. Dissertação de Mestrado. São Paulo, USP, 2010 (disponível em *http://www.teses.usp.br/teses/disponiveis/2/2131/tde-19112010-082708/pt-br.php*).

CARIOTA FERRARA, Luigi. *Il Negozio Giuridico nel Diritto Privato Italiano*. Nápoles, Morano Editore, s/d.

CARNEIRO DA FRADA, Manuel António de Castro Portugal. *Teoria da Confiança e Responsabilidade Civil*. Coimbra, Livraria Almedina, 2004.

CAVALLI, Cássio. *Mora e Utilidade: os **Standards** da Utilidade no Modelo Jurídico da Mora do Devedor*. Rio de Janeiro, Editora FGV, 2011.

CELLI JR., Umberto, AMARAL JR., Alberto, e BASSO, Maristela (coords.). *Arbitragem e Comércio Internacional: Estudos em Homenagem a Luiz Olavo Baptista*. São Paulo, Quartier Latin, 2013.

COMPARATO, Fábio Konder. *Ética: Direito, Moral e Religião no Mundo Moderno*. São Paulo, Cia. das Letras, 2006.

CONSTANTINESCO, Léotin-Jean. *Inexécution et Faute Contractuelle en Droit Comparé (Droit Français, Allemand, Anglais)*. Stuttgart, W. Kohlhamer Verlag, ou Bruxelas, Librairie Encyclopedique, 1960.

CONTE, Giuseppe. "Appunti in tema di mancato compimento dell'attività preparatoria e di risoluzione anticipata del contratto". *Rivista del Diritto Commerciale* 3-4/155-174. Março-abril/1990.

COUTO E SILVA, Clóvis Veríssimo do. *A Obrigação como Processo*. reimpr. Rio de Janeiro, FGV, 2007.

DAVID, René. *Os Grandes Sistemas do Direito Contemporâneo (Direito Comparado)*. 2ª ed. Lisboa, Meridiano, 1978.

DAWSON, Francis. "Metaphors and anticipatory breach of contract". *Cambridge Law Journal* 40(1)/83-107. Abril/1981.

DENOOYER, Dena. "Remedying anticipatory repudiation – Past, present, and future?". *SMU Law Review* 52. 1999.

FONSECA, Arnoldo Medeiros da. *Caso Fortuito e Teoria da Imprevisão*. 3ª ed. Rio de Janeiro, Forense, 1958.

GAGLIARDI, Rafael Villar. *Exceção de Contrato não Cumprido*. São Paulo, Saraiva, 2010.

GAMBARO, Antonio, e SACCO, Rodolfo. *Sistemi Giuridici Comparati*. reimpr. Turim, UTET, 1998.

GENICOM, Thomas. *La Résolution du Contrat pour Inexécution*. Paris, LGDJ, 2007.

GILSON, Bernard. *Inexécution et Résolution en Droit Anglais*. Paris, LGDJ, 1969.

GODOY, Cláudio Luiz Bueno de. *Função Social do Contrato*. 3ª ed. São Paulo, Saraiva, 2009.

GOMES, Orlando. *Contratos*. 26ª ed., atualizada por Antônio Junqueira de Azevedo e Francisco Paulo De Crescenzo Marino, coordenação de Edvaldo Brito. Rio de Janeiro, Forense, 2007.

GONÇALVES, Carlos Roberto. *Direito Civil Brasileiro*. vol. III ("Contratos e Atos Unilaterais"). São Paulo, Saraiva, 2004.

JUNQUEIRA DE AZEVEDO, Antônio. "Ciência do Direito, negócio jurídico e ideologia". In: *Estudos e Pareceres de Direito Privado*. São Paulo, Saraiva, 2004.

_____. "Diferenças de natureza e efeitos entre o negócio jurídico sob condição suspensiva e o negócio jurídico a termo inicial. A colaboração de terceiro para o inadimplemento de obrigação contratual. A doutrina do terceiro cúmplice. A eficácia externa das obrigações" (parecer). In: *Estudos e Pareceres de Direito Privado*. São Paulo, Saraiva, 2004 (pp. 208-225).

_____. *Estudos e Pareceres de Direito Privado*. São Paulo, Saraiva, 2004.

_____. *Negócio Jurídico: Existência, Validade, Eficácia*. 4ª ed. São Paulo, Saraiva, 2002.

_____. *Negócio Jurídico e Declaração Negocial (Noções Gerais e Formação da Declaração Negocial)*. Tese para o concurso de Professor Titular de Direito Civil na Faculdade de Direito da USP. São Paulo, 1986.

_____. *Novos Estudos e Pareceres de Direito Privado*. São Paulo, Saraiva, 2009.

_____. "Relatório brasileiro sobre revisão contratual apresentado para as Jornadas Brasileiras da Associação Henri Capitant". In: *Novos Estudos e Pareceres de Direito Privado*. São Paulo, Saraiva, 2009 (pp. 182-198).

JUSTEN FILHO, Marçal. *Comentários à Lei de Licitações e Contratos Administrativos*. 14ª ed. São Paulo, Dialética, 2010.

KRAUS, Jody S., e SCOTT, Robert E. *Contract Law and Theory*. 4ª ed. Newark, LexisNexis, 2007.

LAITHIER, Yves-Marie. *Étude Comparative des Sanctions de l'Inexécution du Contrat*. Paris, LGDJ, 2007.

LARENZ, Karl. *Metodologia da Ciência do Direito*. Lisboa, Fundação Calouste Gulbenkian, 1978.

LESGUILLONS, Henry (org.). *As Garantias Bancárias nos Contratos Internacionais*. Versão brasileira L. O. Baptista e J. A. Tavares Guerreiro (orgs.) São Paulo, Saraiva, 1985.

LIMONGI FRANÇA, Rubens (coord.). *Enciclopédia Saraiva do Direito*. vol. 43. São Paulo, Saraiva, 1977.

LIU, Qiao. "Inferring future breach: towards a unifying test os anticipatory breach of contract". *Cambridge Law Journal* 66(3)/574-604. Novembro/2007.

LOMAR, Paulo José Villela, ALVES, Alaôr Caffé, e MUKAI, Toshio. *Loteamentos e Desmembramentos Urbanos, Comentários à Nova Lei n. 6.766, de 19.12.1979*. São Paulo, Sugestões Literárias, 1980.

LOTUFO, Renan. *Código Civil Comentado: Obrigações – Parte Geral (Arts. 233 a 420)*. vol. 2. São Paulo, Saraiva, 2003.

_____. *Código Civil Comentado: Parte Geral (Arts. 1º a 232)*. 2ª ed., vol. 1. São Paulo, Saraiva, 2004.

_____, e NANNI, Giovanne Ettore (coords.). *Teoria Geral dos Contratos*. São Paulo, Atlas, 2011.

LOUREIRO, Francisco Eduardo. "Responsabilidade civil no compromisso de compra e venda". In: SILVA, Regina Beatriz Tavares da (coord.). *Responsabilidade Civil e sua Repercussão nos Tribunais*. 2ª ed. São Paulo, Saraiva, 2009.

_____. "Arras". In: LOTUFO, Renan, e NANNI, Giovanne Ettore (coords.). *Obrigações*. São Paulo, Atlas, 2011 (pp. 759-779).

MARCHI, Eduardo C. Silveira. *Guia de Metodologia Jurídica*. 2ª ed. São Paulo, Saraiva, 2009.

MARINO, Francisco Paulo De Crescenzo. "Responsabilidade contratual. Efeitos". In: LOTUFO, Renan, e NANNI, Giovanne Ettore (coords.). *Teoria Geral dos Contratos*. São Paulo, Atlas, 2011 (pp. 409-431).

MARINS, Lucas Gaspar de Oliveira. *Mora, Inadimplemento Absoluto e Adimplemento Substancial das Obrigações*. São Paulo, Saraiva, 2011.

MARQUES, Cláudia Lima. *Comentários ao Código de Defesa do Consumidor.* 3ª ed. São Paulo, Ed. RT, 2010.

_____. *Contratos no Código de Defesa do Consumidor: o Novo Regime das Relações Contratuais.* 5ª ed., revista, atualizada e ampliada, incluindo mais de 1.000 decisões jurisprudenciais. São Paulo, Ed. RT, 2005.

MARTINS, Guilherme Magalhães. "Inadimplemento antecipado do contrato". *Revista Trimestral de Direito Civil* 36. Rio de Janeiro, Padma, outubro-dezembro/2008.

MARTINS, Rafael Manhães. "Inadimplemento antecipado: perspectivas para sua aplicação no Direito Brasileiro". *RF* 391. Ano 103. Rio de Janeiro, Forense, maio-junho/2007.

MARTINS-COSTA, Judith. *A Boa-Fé no Direito Privado: Sistema e Tópica no Processo Obrigacional.* São Paulo, Ed. RT, 1999.

_____. "A recepção do incumprimento antecipado do contrato no Direito Brasileiro: configuração e limites". *RT* 885/30-48. São Paulo, Ed. RT, julho/2009.

_____. *Comentários ao Novo Código Civil.* vol. V, t. I ("Do Direito das Obrigações, do Adimplemento e da Extinção das Obrigações"). Rio de Janeiro, Forense, 2003; 2ª ed., vol. V, t. II ("Do Inadimplemento das Obrigações"). Rio de Janeiro, Forense, 2009.

MASNATTA, Héctor. *Excepción de Incumplimiento Contractual.* Buenos Aires, Abeledo-Perrot, 1967.

MENEZES CORDEIRO, António. *Da Boa-Fé no Direito Civil.* 4ª reimpr. Coimbra, Livraria Almedina, 2011.

_____. *Da Modernização do Direito Civil.* Coimbra, Livraria Almedina, 2004.

MICHELON, Cláudio. *Direito Restituitório: Enriquecimento sem Causa, Pagamento Indevido, Gestão de Negócios.* São Paulo, Ed. RT, 2007.

MOSCO, Luigi. *La Risoluzione del Contratto per Inadempimento.* Nápoles, Casa Editrice Dott. Eugenio Jovene, 1950.

MUKAI, Toshio, ALVES, Alaôr Caffé, e LOMAR, Paulo José Villela. *Loteamentos e Desmembramentos Urbanos, Comentários à Nova Lei n. 6.766, de 19.12.1979.* São Paulo, Sugestões Literárias, 1980.

MURARO, Giovanni. "L'inadempimento prima del termine". *Rivista di Diritto Civile.* Ano XI, Parte Seconda. Pádua, CEDAM, 1965 (pp. 140-149).

NANNI, Giovanne Ettore, e LOTUFO, Renan (coords.). *Teoria Geral dos Contratos.* São Paulo, Atlas, 2011.

NIFNABER, P. M. "The effect of anticipatory repudiation: principle and policy". *Cambridge L .J.* 213. 1962.

NORONHA, Fernando. *Direito das Obrigações.* 3ª ed. São Paulo, Saraiva, 2003.

NUSDEO, Fábio. *Curso de Economia: Introdução ao Direito Econômico.* 3ª ed. São Paulo, Ed. RT, 2001.

PERILLO, Joseph M., BENDER, Helen Hadjiyannakis, e CALAMARI, John D. *Cases and Problems on Contracts (American Casebook Series)*. 3ª ed. St. Paul. Minn., West Group, 2000.

PONTES DE MIRANDA, Francisco Cavalcanti. *Tratado de Direito Privado*. t. II. Rio de Janeiro, Borsói, 1954; 2ª ed., t. XXII. Rio de Janeiro, Borsói, 1958; 2ª ed., t. XXIII. Rio de Janeiro, Borsói, 1958; t. XXV. Rio de Janeiro, Borsói, 1959.

POPINEAU-DEHAULLON, Catherine. *Les Remèdes de Justice Privée à l'Inexécution du Contrat: Étude Comparative*. Paris, LGDJ, 2008.

PRADO, Maurício Almeida. *Le **Hardship** dans le Droit du Commerce International*. Paris, FEC, ou Bruxelles, Bruylant, 2003.

PUTORTÌ, Vincenzo. *Inadempimento e Risoluzione Anticipata del Contratto*. Milão, Giuffrè, 2008.

_____. "La risoluzione anticipata del contratto". *Rassegna di Diritto Civile* 1/121-167. Nápoles, Saggi, 2006.

ROCHA, Sílvio Luís Ferreira da. "Crédito habitacional como instrumento de acesso à moradia". *Revista de Direito do Consumidor* 36/176-184. São Paulo, Ed. RT, outubro-dezembro/2000.

ROPPO, Vincenzo. *El Contrato del Dos Mil*. Bogotá, Universidad Externado de Colombia, 2005.

ROWLEY, Keith A. "A brief history of anticipatory repudiation in american contract law". in *U. Cin. L. Rev* 69. 2001.

SACCO, Rodolfo, e GAMBARO, Antonio. *Sistemi Giuridici Comparati*. reimpr. Turim, UTET, 1998.

SCHREIBER, Anderson. "A tríplice transformação do adimplemento: adimplemento substancial, inadimplemento antecipado e outras figuras". *Revista Trimestral de Direito Civil* 32. Rio de Janeiro, Padma, outubro-dezembro/2007.

SCOTT, Robert E., e KRAUS, Jody S. *Contract Law and Theory*. 4ª ed. Newark, LexisNexis, 2007.

SERPA LOPES, Miguel Maria de. *Exceções Substanciais: Exceção de Contrato Não Cumprido **(Exceptio Non Adimpleti Contractus)***. Rio de Janeiro, Freitas Bastos, 1959.

SILVA, Jorge Cesa Ferreira da. *A Boa-Fé e a Violação Positiva do Contrato*. 2ª tir. Rio de Janeiro, Renovar, 2007.

_____. *Adimplemento e Extinção das Obrigações*. São Paulo, Ed. RT, 2007.

_____. *Inadimplemento das Obrigações*. São Paulo, Ed. RT, 2007.

SILVA, Regina Beatriz Tavares da (coord.). *Responsabilidade Civil e sua Repercussão nos Tribunais*. 2ª ed. São Paulo, Saraiva, 2009.

STRUB, M. Gilbey. "The Convention on the International Sale of Goods: anticipatory repudiation provisions and developing countries". *International and Comparative Law Quarterly* 38. Julho/1989.

TEIXEIRA, Sálvio de Figueiredo (coord.). *Comentários ao Novo Código Civil.* vol. VI, t. II ("Da Extinção do Contrato"). Rio de Janeiro, Forense, 2011.

TERRA, Aline de Miranda Valverde. *Inadimplemento Anterior ao Termo.* Rio de Janeiro, Renovar, 2009.

TREITEL, Guenter H. *The Law of Contract.* 6ª ed. Londres, Stevens & Sons, 1983.

TRIMARCHI, Pietro. "Interesse positivo e interesse negativo nella risoluzione del contratto per inadempimento". *Rivista di Diritto Civile* 48/637-648. N. 5. Milão, setembro-outubro/2002.

VILLELA, João Baptista. "Inadimplemento contratual antecipado". In: LIMONGI FRANÇA, Rubens (coord.). *Enciclopédia Saraiva do Direito.* vol. 43. São Paulo, Saraiva, 1977 (pp. 104-106).

_____. *Sanção por Inadimplemento Contratual Antecipado: Subsídios para uma Teoria Intersistemática das Obrigações.* Belo Horizonte, Del Rey, 1966.

VILLELA, João Baptista, *et. al. Princípios UNIDROIT Relativos aos Contratos Internacionais/2004 [Versão em Língua Portuguesa].* São Paulo, Quartier Latin, 2009.

WHITTAKER, Simon. "How does French Law deal with anticipatory breaches of contract?". *International and Comparative Law Quaterly* 45. Julho/1996.

ZANETTI, Cristiano de Sousa. "Inadimplemento antecipado da obrigação contratual". In: AMARAL JR., Alberto, BASSO, Maristela, e CELLI JR., Umberto (coords.). *Arbitragem e Comércio Internacional: Estudos em Homenagem a Luiz Olavo Baptista.* São Paulo, Quartier Latin, 2013 (pp. 312-332).

00553

GRÁFICA PAYM
Tel. [11] 4392-3344
paym@graficapaym.com.br